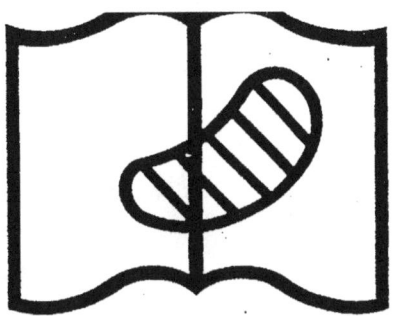

Original illisible
NF Z 43-120-10

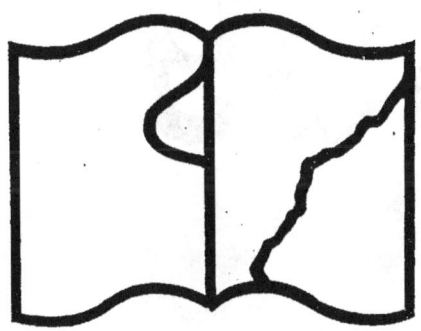

Texte détérioré — reliure défectueuse
NF Z 43-120-11

"VALABLE POUR TOUT OU PARTIE

1859

Lk² 438

VOYAGE EN BRETAGNE

— FINISTÈRE —

PARIS. — TYPOGRAPHIE MORRIS ET COMP., RUE AMELOT, 64.

ÉDOUARD VALLIN

VOYAGE EN BRETAGNE
—FINISTÈRE—

PRÉCÉDÉ

D'une Notice sur la Bretagne au XIXᵉ siècle

Quatre Gravures et une Carte in-4° Jésus.

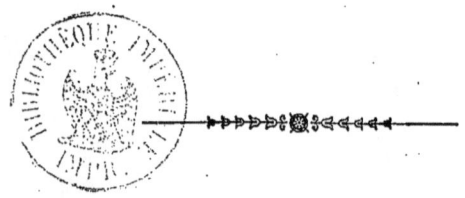

PARIS
COMPTOIR DE LA LIBRAIRIE DE PROVINCE
50, RUE JACOB, 50

1859

La Bretagne est un pays à part et qui ne ressemble en rien aux autres provinces de la France. Défendue par sa position géographique, par ses mœurs, sa langue et ses coutumes, elle n'a jamais pu devenir complétement française, et a toujours conservé un cachet particulier qui la distingue. Pour ces raisons-là mêmes, elle dut exciter de tout temps la curiosité ; et les récits faits par les voyageurs qui s'aventuraient dans ces contrées ressemblaient assez à ceux de ces hardis conteurs de notre époque qui font de gros volumes fort amusants, mais pleins de détails aussi invraisemblables que possible.

Des romanciers avaient entendu dire que le ciel de l'Armorique était sombre, que l'atmosphère était sans cesse chargée de brouillards, que le pays était montagneux, couvert de forêts épaisses ou de bruyères immenses, au milieu desquelles se dressaient les monuments mystérieux d'un culte disparu. Ils savaient encore que le peuple de ces contrées était triste, rêveur, dur à la fatigue, courageux comme un lion, superstitieux comme un enfant, et alors ils créèrent dans leur imagination une Bretagne de fantaisie qui ne ressemblait nullement à la véritable; mais peu importait, il s'agissait de produire des effets saisissants et de captiver l'attention du lecteur. Les dramaturges imitèrent ou plutôt copièrent servilement les romanciers qui leur avaient fourni une nouvelle mine à exploiter, et bientôt l'on vit représenter des pièces écrites en un style bâtard et d'un goût contestable ; mais le but était atteint, et les gens naïfs venaient assister avec empressement aux drames *corsés* de ces messieurs. Il paraîtrait même que le paisible bourgeois des steppes désertes du Marais a frémi bien des fois dans sa loge en entendant le récit des forfaits du peuple breton ; on dit même qu'à une époque très-peu éloignée de nous, des hommes audacieux furent sur le point d'avertir le gouvernement; en un mot, si l'on avait parlé à ces braves gens des mœurs des Japonais ou des habitants du Kamtchatka, ils auraient, sans aucun doute, été moins étonnés qu'en apprenant les coutumes et les usages des sauvages habitants de Plounéour-Trez, de Guisseny et de Kerity-Penmarc'h.

Les historiens, ou du moins ceux qui revendiquent ce titre, sont venus, en dernier lieu, abuser de la crédulité publique, et ont répété, après Cambry, des fables et des mensonges indignes d'hommes sérieux ; aussi l'opinion publique, basée sur ces jugements divers, est-elle restée pendant longtemps peu favorable à la Bretagne. Aujourd'hui tout a changé, le pays sauvage s'est civilisé tout à coup, et les Bretons sont actuellement des gens avouables; cependant, comme le pays et les habitants ne sont pas beaucoup plus connus que par le passé, nous avons songé à donner un rapide aperçu du caractère breton, et à tracer un itinéraire pour visiter ces contrées lointaines. Avant peu la Bretagne deviendra à la mode, et les Parisiens, avides de nouveautés, seront charmés, nous n'en doutons pas, de faire connaissance avec le vieux sol armoricain. Ils parcourront hardiment nos campagnes, sans trop redouter les rencontres fâcheuses des sorciers ou des esprits malfaisants, et, de retour dans leurs foyers, ils regretteront, de n'avoir pas connu plus tôt un pays aussi curieux et aussi original. Ils maudiront mille fois les salons déserts ou monotones des villes d'eaux où ils vont s'ennuyer annuellement, puis, au printemps suivant, ils reviendront visiter une autre partie de la Bretagne, et, la seconde fois comme la première, ils verront avec plaisir nos menhirs, nos dolmens, nos anciens châteaux et nos belles églises.

Quoique Breton, nous avions reculé devant la tâche difficile qui nous était imposée lorsqu'on nous proposa de faire ce guide. Cependant, comme nous savions depuis longtemps que tôt ou tard on ferait paraître sur le même sujet un petit volume écrit à Paris et au coin du feu, nous prîmes notre parti, et, sans songer si nous étions à la hauteur de ce travail, nous nous décidâmes à partir pour Rennes. Le premier pas une fois fait, il ne s'agissait plus que de visiter ce que nous étions venu voir; aussi, pendant deux mois, nous avons parcouru la Bretagne en tous sens, et le plus souvent à pied; car c'est le seul moyen de se faire une idée nette d'un pays, et de connaître les mœurs de ses habitants. Bien d'autres avant nous ont écrit sur la Bretagne, et fort souvent, il faut l'avouer, nous avons eu recours aux ouvrages de Freminville et de Souvestre.

Nous avons également fait divers emprunts à MM. Aymar de Blois et Pol de Courcy; mais nous avons tout particulièrement pillé l'excellent ouvrage de M. de la Villemarqué, et à ce sujet nous dirons à nos lecteurs et à ceux qui consentiront à faire dans leur sac une petite place à notre *Voyage en Bretagne,* qu'ils doivent emporter avec eux le *Barzaz Breiz* [1], s'ils veulent comprendre la poésie des mœurs et des coutumes bretonnes, et reconstruire dans leur imagination nos châteaux forts et nos manoirs dont les chants populaires et les légendes nous ont conservé le souvenir.

Paris, 5 mai 1859.

---

[1] *Barzaz Breiz.—Chants populaires de la Bretagne,* par M. le vicomte Hersart de la Villemarqué, membre de l'Institut; 2 vol. in-18; chez Franck, rue Richelieu, 67.

EXPLICATION

DE QUELQUES MOTS FRÉQUEMMENT EMPLOYÉS.

Dolmen signifie, en breton, table de pierre. Le dolmen est composé d'une ou de plusieurs pierres plates soutenues par d'autres pierres enfoncées en terre. On croit généralement que ces dolmens servaient, dans la religion druidique, d'autels pour les sacrifices ; mais aujourd'hui un certain nombre d'archéologues pensent que ces monuments sont des tombeaux, et ils se basent sur ce fait que dans le principe les dolmens ont tous été recouverts de terre comme ceux que l'on rencontre encore quelquefois, et que ce n'est que peu à peu, et par suite des progrès de l'agriculture, qu'ils ont été découverts.

Le Menhir ou Peulven (pierre longue, pilier de pierre) est une pierre placée verticalement sur le sol, qui atteint quelquefois des proportions considérables. On croit généralement que ces pierres servaient à marquer la sépulture des chefs puissants chez les Celtes. Ces piliers de pierre se retrouvent fréquemment près des dolmens ou des cromlec'hs, et, dans ce cas, ils indiquaient peut-être le voisinage du sanctuaire druidique ou de l'autel.

Le CROMLEC'H (lieu courbe) est composé d'un nombre plus ou moins considérable de peulvens ou menhirs de petites dimensions (généralement neuf ou douze) formant une enceinte circulaire quelquefois à double rang. Il n'est pas rare de voir un menhir plus considérable placé au centre. Les archéologues regardent les cromlec'hs comme des enceintes sacrées où se réunissaient les druides pour conférer ensemble des affaires politiques et religieuses.

Le TUMULUS est un amas ou butte de terre cachant habituellement un ou plusieurs dolmens dans lesquels on rencontre fréquemment des débris d'ossements et surtout des colliers, des *celtæ*, ou haches de pierre, et même quelquefois, des bracelets en or semblables à ceux que l'on voit au Musée de Cluny, et qui ont été découverts dans le tumulus de Carnoët, près Quimperlé. (Voir page 286.)

Les ROULERS, ou pierres branlantes, sont des roches d'un volume quelquefois fort considérable et qui sont placées en équilibre sur d'autres roches à demi enfouies dans le sol. (Voir page 276.)

Ces pierres, élevées, dit-on [1], par les druides, jouaient un assez grand rôle chez les Celtes, et la facilité avec laquelle on les mettait en mouvement était interprétée de différentes façons par ceux qui les consultaient.

---

[1] On admet généralement, aujourd'hui, que les pierres branlantes sont des jeux de la nature exploités par les druides pour leurs cérémonies divinatoires.

I

La Bretagne en 1859. — Caractère breton. — Superstitions. — Monuments druidiques. — Fontaines. — Feux de la Saint-Jean. — Fêtes, pardons et pèlerinages. — Vie privée des Bretons. — Mœurs. — Naissance. — Demande en mariage. — Repas de noces. — Première nuit. — Usages. — Mort. — Funérailles. — — Fête des morts.

Le système d'organisation départementale n'a altéré en rien l'affinité des mœurs et des traditions communes à la Bretagne armoricaine, et, chose plus curieuse, les dissemblances qui existaient jadis entre les habitants des quatre Évêchés sont aujourd'hui les mêmes ; mais, de ce contact rapide et inattendu, il devait résulter naturellement une sorte d'incompatibilité de caractère qui se témoigne quelquefois par des luttes ou seulement par des discussions plaisantes. Voyez le Léonnard avec sa démarche grave et lente, mais un peu théâtrale, auprès du Trégorrois, fier de sa gaieté et de son insouciance; comparez le Kernéwote, à l'air rusé et nonchalant, avec le Vannetais turbulent et buveur, et vous comprendrez que ces hommes, qui se ressemblent essentiellement au point de vue de l'unité des mœurs et des traditions, doivent trouver sans cesse, dans la différence même de leurs caractères, une cause inévitable de froideur ou de mépris. Mais, ce qui confond ces quatre catégories d'individus, c'est un esprit éminemment religieux et une superstition effrénée, et, sur ce terrain, les champions disparaissent ou se fusionnent si étroitement, qu'il est difficile de distinguer les nuances de caractères et d'opinions qui pourraient faire reconnaître les habitants des quatre Évêchés.

Resté fidèle à ses traditions, à ses souvenirs, qu'importent au Breton les événements du jour et les mille et une modifications que l'on croit devoir suivre servilement dans un certain monde? quant à lui, il n'est nullement avide de nouveauté; il a le passé, le grand livre du passé, dont il fait sa lecture favorite. C'est chez lui qu'il faut aller chercher cette religion du souvenir que beaucoup de peuples semblent avoir oubliée; mais il faut convenir aussi que cette fidélité de principes est quelquefois funeste, car elle touche de bien près à la routine, et il n'est pas rare d'entendre un paysan vous dire naïvement : « Mon père faisait ainsi, je fais de même. » Divin respect! déplorable routine, qui aurait pour conséquence inévitable de mener à la barbarie, ou, tout au moins, d'empêcher d'en sortir.

On comprendra, d'après cela, combien le paysan, dans sa naïveté, doit mépriser ceux qui ont renié les coutumes bretonnes et veulent, à tout prix, sortir de la classe dans laquelle ils sont nés. Le barde breton a personnifié, dans les vers suivants, le type de ce paysan à peine dégrossi qui veut faire le monsieur, et prendre les allures délibérées des gens de la ville :

> Voici monsieur Flammik avec son air matois,
> Il n'est plus paysan et n'est pas un bourgeois.
> Sous un habit nouveau, méprisant ses aïeux,
> Au tondeur aux moutons il vendit ses cheveux.
> Il revient de l'école; écoutez son jargon :
> Ce n'est pas un Français, ce n'est plus un Breton.
> Attablé le dimanche aux cabarets voisins,
> Il se moque du diable, il se moque des saints.
> Tel est monsieur Flammik, fils d'un bon campagnard.
> Notre agneau blanc se change en un petit renard[1].

Le premier titre, aux yeux du Breton, est celui d'honnête homme; aussi, quelque position que l'on occupe, on n'est plus rien pour lui du moment qu'on a cessé de mériter l'estime publique. Défiant par nature, il se décide toujours lentement à faire ce qu'on lui propose, mais il rachète ce défaut par une fidélité à toute épreuve aux promesses qu'il a faites, et, lorsqu'il vous présente sa main et qu'il frappe dans la vôtre, vous pouvez vous rassurer et être persuadé qu'il ne reviendra pas sur ses décisions.

Le Breton fait, en quelque sorte, partie du sol qui l'a vu naître; aussi l'on ne rencontre guère que chez lui cet amour du pays dont il devient souvent la victime

---

[1] Brizeux, *Primel et Nola*, page 133.

lorsque, pour une cause ou pour une autre, il est obligé de quitter le sol armoricain. Est-il appelé sous les drapeaux? s'agit-il de défendre la France, sa mère adoptive? ah! il n'est pas longtemps à se décider, il ne se fait pas prier, il part en jetant un regard de regret sur son petit coin de terre qu'il va peut-être quitter pour toujours, et il se bat comme un lion, car il veut toujours mériter le titre que Napoléon Ier donnait aux Bretons. Il a à soutenir la réputation de son pays, et, cependant, le regret est quelquefois plus fort, la nostalgie le gagne, le tourmente; il regrette ses landes désertes, ses montagnes abruptes, enfin son cher pays, dont il cherche vainement l'image dans les contrées qu'il parcourt. Pauvre affligé, sa santé s'altère, son courage va lui faire défaut; mais qu'il entende par hasard un air du pays chanté par un de ces malheureux voyageurs bas-bretons que nous voyons quelque fois au milieu de nos villes implorant la charité publique, et étalant leur misère sur les degrés de nos théâtres ou de nos églises; que le chant populaire de l'*ann hini goz*[1] vienne, par exemple, frapper son oreille, oh! alors, il retrouve sa

---

[1] Voici la traduction de ce chant national :

> C'est la vieille qui est mes amours,
> Oui, c'est la vieille assurément!
> La jeune est bien jolie,
> Mais la vieille a de l'argent.....
> C'est la vieille qui est mes amours,
> Oui, c'est la vieille assurément!
>
> Et, cependant, lorsque j'y pense,
> C'est la jeune qui fait battre mon cœur!....
> Bah! c'est la vieille qui est mes amours,
> Oui, c'est la vieille assurément!

joie et sa gaieté, un frais parfum de bruyère est arrivé jusqu'à lui, il se croit encore dans sa Bretagne chérie, et son courage lui revient, car il sait que bientôt il pourra aller revoir sa mère bien-aimée, son vieux père, ses amis, et sa fiancée qui l'attend.

De retour au pays, le Breton oublie tout ce qu'il a vu, il reprend sans hésiter ses anciennes habitudes, et son attachement aux vieilles coutumes est tellement puissant, qu'il ne songe même pas à introduire quelques modifications dans sa manière de vivre. Cette antipathie prononcée pour le changement, cet amour excessif de la routine était peut-être motivé dans le principe, car les Bretons ont eu à lutter pendant tant de siècles pour conquérir leur indépendance qu'ils ont conservé, jusqu'à ce jour, la crainte de se donner des maîtres.

Les premiers missionnaires qui vinrent lutter contre l'idolâtrie ne purent jamais la déraciner complétement, et le culte druidique s'est perpétué dans toute la Bretagne en se mettant en quelque sorte sous la protection du christianisme; ainsi la plupart des pierres druidiques sont restées presque partout un objet d'adoration et de terreur. Les menhirs sont des piliers auxquels on a jadis attaché le diable; les dolmens sont la demeure

> Je ne vais jamais au marché
> Quelle ne me donne de quoi boire bouteille!
> C'est la vieille qui est mes amours,
> Oui, c'est la vieille assurément!
>
> La vieille a de grands mulons de blé,
> La jeune, hélas! n'a rien!
> C'est la vieille qui est mes amours,
> Oui, c'est la vieille assurément!

des poulpiquets, espèce de petits nains noirs qui dansent à la clarté des étoiles autour de leurs maisons de pierre. Malheur au voyageur attardé qui se laisse surprendre par ces malins génies! il est forcé d'entrer dans leur ronde infernale et de danser parfois jusqu'à ce qu'il tombe mort de fatigue.

Souvestre, dans son *Foyer breton*, a raconté, au sujet des nains, plusieurs de ces récits charmants qui font encore l'effroi des paysans et que les mères racontent le soir, au coin du feu, à leur jeune famille. Il s'agit toujours de la méchanceté de ces petits hommes, qui se font un vrai plaisir de tourmenter les pauvres mortels, et surtout les audacieux qui se hasardent aux environs de leurs demeures. Tantôt c'est un tailleur téméraire qui parvient à se faire délivrer d'une affreuse bosse qu'il portait entre les deux épaules en trouvant une variante aux chants des poulpiquets; tantôt c'est un meunier malin et sensuel qui veut aller voler la bourse de cuir pleine d'or que les nains portent sur leur épaule; mais le jeune audacieux revient au logis avec une chevelure rouge et une bosse dont les petits hommes lui ont généreusement fait cadeau.

Les fontaines sont encore l'objet d'un culte superstitieux : ainsi il en est peu qui n'aient une vertu quelconque. Celle de Bodilis apprend aux jeunes filles si elles se marieront dans l'année, celle de Saint-Jean-du-Doigt guérit les maux d'yeux, et celle de Saint-Laurent, près du Ponthou, prévient les douleurs et les rhumatismes.

Le gui, la plante sacrée des druides, a encore aujourd'hui des vertus merveilleuses : il guérit de la fièvre, procure des forces pour la lutte, et donne la fécondité à tous les animaux stériles qui le prennent en boisson. Les Bretons l'appellent *louzou ar groas* (l'herbe de la croix).

Le culte des astres a laissé peu de traces de son passage ; cependant le paysan breton fait encore le signe de la croix lorsqu'il voit la première étoile monter à l'horizon, et, chaque année, à l'époque de la Saint-Jean, on allume des feux qui rappellent les anciennes fêtes du soleil. La religion catholique a détourné la signification primitive de cet usage, et le feu que l'on allumait jadis en l'honneur du soleil a été placé sous l'invocation d'un saint fêté par l'Église à l'époque du solstice d'été. Cependant on n'a pas tout abandonné relativement à l'ancien culte, et les premiers missionnaires firent preuve d'une grande intelligence en conservant des anciens usages tout ce qui n'était pas en opposition avec la loi du Christ. Ainsi on a maintenu sans crainte les danses qui s'exécutaient en rond autour du feu sacré pour figurer le cours des astres, et, aujourd'hui, le spectacle d'une bande joyeuse et insouciante dansant autour de ce foyer improvisé produit quelque chose de bizarre et de fantastique qui frappe et émeut lorsqu'on assiste pour la première fois à cette étrange cérémonie. Il faut aller en Bretagne pour se faire une idée de ces fêtes champêtres. Aussitôt qu'il fait nuit, les feux commencent à s'allumer çà et là, et bientôt c'est par milliers que les flammes rouges et bleues se reflètent sur l'azur du ciel. C'est alors que les *pennérès* font preuve d'agilité ; voyez comme elles dansent, elles ne songent point que la soirée commence et que leur tâche est lourde ; car, si elles veulent se marier dans l'année, elles doivent visiter neuf feux avant minuit. Il est encore d'usage de conduire les bestiaux près de ces bûchers et de les faire sauter par-dessus le brasier sacré, pour les préserver du mauvais air (*avel fal*) et de la maladie.

Cette coutume d'allumer des feux à l'époque des solstices existe en Italie, en Allemagne et en Norvége ; et aujourd'hui encore, dans le Poitou, pour célébrer la Saint-Jean, « on entoure d'un bourrelet de paille une roue de charrette ; on allume le bourrelet avec un cierge bénit, puis l'on promène la roue enflammée à travers les campagnes qu'elle fertilise, si l'on en croit les gens du pays. Ici les traces du druidisme sont évidentes. Cette roue qui brûle est une image grossière, mais sensible, du disque du soleil, dont le passage féconde la terre [1]. »

Outre ces cérémonies, qui ont conservé quelques traces d'idolâtrie, il en est d'autres qui appartiennent exclusivement au christianisme. De ce nombre sont les pardons ou fêtes patronales qui attirent généralement un grand concours de pèlerins. Dans le principe, des indulgences étaient accordées à ceux qui assistaient aux offices célébrés en l'honneur du saint, et les fidèles, jaloux de mériter ces récompenses accordées à leur zèle pieux, accouraient en foule ; mais de nos jours, que la foi s'est attiédie même au fond de nos campagnes, ces fêtes sont pour beaucoup de gens une heureuse occasion de plaisir ou de débauche.

[1] Souvestre, *le Finistère en* 1836, p. 95.

L'aspect général des pardons est fort original, et cette foule, attirée en un même lieu, pour des raisons diverses, n'est pas moins curieuse à examiner. Dès le matin, les charrettes arrivent, les tentes se dressent, les tavernes improvisées se font belles et engageantes, les marchands de fruits et de gâteaux se rangent sur le bord du chemin et apprêtent leurs étalages affriolants, les colporteurs suspendent aux bords des haies les *guerz*[1] les plus émouvants et les plus nouveaux. Déjà la foule grossit, et déjà aussi tous ces petits spéculateurs essayent une affaire et tâtent le client. Ici, c'est un marchand timide et novice qui ne sait trop comment engager les passants à acheter ses chapelets et ses médailles; là, au contraire, est un malin qui parle bas pour donner un air mystérieux à sa négociation; c'est un Normand qui marchande les chevelures de deux pauvres paysannes qui l'écoutent avec attention et pensent déjà à ce qu'elles achèteront avec la somme qu'il leur promet. Voyez, en effet, ces boutiques, comme elles sont tentantes; que d'étoffes, que de beaux mouchoirs! Et ces loteries, quels succès ne présentent-elles pas? Oh! la chance sera grande, le jeu est si facile, on gagnera certainement. Que d'illusions, que de plaisirs en un seul jour! Mais les cloches sonnent, il faut quitter toutes ces merveilles, et aller faire son offrande au saint patron. Poules, agneaux, beurre, miel, tels sont les présents d'usage; cependant, ne croyez pas qu'il en soit toujours ainsi : tel saint ne reçoit que du beurre, tel autre seulement des

---

[1] Les *guerz* ou ballades bretonnes sont généralement destinés à célébrer les amours, les morts ou les miracles surprenants; en un mot ce sont toujours des récits d'événements intimes et particuliers.

poules blanches et des rayons de miel. Cette coutume peut paraître bizarre, et l'on est porté à se demander comment nos bienheureux patrons peuvent utiliser ces dons faits en pure perte pour eux; mais rien ne se perd, croyez-le bien, et le soir même, après la fête, tous ces produits sont vendus au pied de la croix par le ministère d'un marguillier et laissés au plus fort enchérisseur.

Après les offices, les danses commencent, l'orchestre se prépare, des barriques vides sont roulées à une des extrémités du champ où va être établie la salle de danse; enfin, le hautbois, le biniou et le tambourin cherchent péniblement à se mettre à l'unisson, et, pendant ce temps, les *pennérès*, assises sur les fossés, attendent l'invitation des jeunes gens, qui choisissent lentement leurs danseuses. Et n'allez pas croire que les minois les plus fripons ou les plus modestes soient ceux qui séduisent nos jeunes Bas-Bretons! La beauté est appréciée comme elle le mérite, mais les écus sont aussi bons à prendre, et les malins gars regardent d'avance combien leur danseuse porte de galons d'argent à son bras gauche. La danse va commencer, le tournoi va se livrer entre les jeunes gens et les jeunes filles; mais les *pennérès* les plus attaquées seront celles qui portent le plus de galons, car ce sont elles qui sont les plus riches. A une époque où la soif des richesses, où ce besoin incessant de jouissances qui dévore le dix-neuvième siècle était encore ignoré, les jeunes gens, plus simples et plus naturels dans leurs allures, attendaient l'inclination, et, une fois venue, ils se laissaient aller au mouvement de leur cœur et demandaient au père la main de la *penné-*

rès, sans s'inquiéter de ce qu'elle pouvait posséder. Aujourd'hui tout a changé. Les mariages ne se font plus dans les pardons ; c'est un acte que l'on médite longtemps et que l'on épluche comme un contrat de vente. Il faut un sac à opposer à un sac, et le tout réuni doit signifier bonheur ou, du moins, belle affaire.

Il est déjà loin de nous le temps où les jeunes gens se rendaient à la foire de Penzé dans le but de trouver une femme de leur goût. Il fallait voir les *pennérès*, vêtues de leurs habits de fête, assises les unes près des autres sur le parapet du pont de Penzé ; certes, c'était un curieux spectacle que celui de cette *foire aux filles*, comme l'appelaient ironiquement les Normands, et cette façon de négocier un mariage pouvait accuser les derniers germes d'une barbarie mal éteinte, mais depuis longtemps ces mariages impromptus ne se concluent plus à Penzé, et les jeunes gens, en venant à la réunion annuelle, savent d'avance à quoi s'en tenir sur la position de celle qu'ils désirent prendre pour femme.

De tout temps les jeunes filles bretonnes ont été libres à l'égal des jeunes anglaises, aussi il n'était pas rare de voir dans les pardons de jeunes couples se promenant à l'écart et se tenant par le *doigt du cœur* (le quatrième), ou bien ayant la main dans la poche l'un de l'autre ; mais, aujourd'hui, la jeunesse bretonne s'observe et ces tendres privautés ne s'accordent plus guère, par la raison même que, les mariages étant assimilés à des marchés conclus à la hâte, les chances de rupture ou de dédit sont devenues plus grandes, et, de part et d'autre, on désire avant tout ne point se compromettre.

Ainsi tout dégénère, et les danses bretonnes elles-mêmes ne sont plus que des rondes entremêlées de quelques figures qui représentaient jadis le mouvement des astres, et que l'on ne comprend plus maintenant. Cependant, c'est encore un mérite de bien savoir conduire la danse, et les bons danseurs sont très-recherchés, car il n'est pas aisé de bien diriger ces rondes immenses composées de gens que la danse plonge dans une sorte d'ivresse frénétique qui se remarque particulièrement chez les Kernéwotes, plus gais et plus insouciants que les Léonnais ou les Trégorrois. Pendant les courts instants de repos accordés aux musiciens et aux gens fatigués, un tailleur ou un matelot joue quelquefois le rôle de bouffon et ils égayent la société de leurs lazzis et de leurs contorsions, et alors il faut voir la joie et entendre les cris de cette foule avide de plaisir qui se remet à la danse avec une nouvelle ardeur.

Tous les pardons ont une physionomie commune, mais, cependant, chacun d'eux a un caractère particulier qui le distingue. A Roscoff, les femmes ou les filles de matelots se rendent à la chapelle pieds nus et le cierge bénit à la main pour demander le salut de leur mari ou de leur père. Au pardon de Notre-Dame-de-Bon-Secours, à Guingamp, la procession a lieu la nuit, et c'est un bizarre coup d'œil que de voir ces longues files de pèlerins s'avancer au milieu des ténèbres tenant chacun un cierge allumé. Le *conducteur* des pèlerins chante un cantique en l'honneur de madame Marie de Bon-Secours, et la foule s'avance lentement en psalmodiant les répons; mais à peine le cantique est-il achevé, que les rangs se rompent et les cris de joie, les rires éclatants succèdent au recueillement. A Saint-Éloi, près Landerneau, on conduit les chevaux entendre la messe. A Lanriouaré les pèlerins font nu-pieds ou à genoux le tour du cimetière des 7777 saints, et, en présence de tant d'humilité, on s'étonne à bon droit de voir des gens qui payent des mendiants pour faire à leur intention le tour de ce mystérieux cimetière ; mais l'aristocratie de l'argent n'est pas inconnue en Bretagne plus qu'ailleurs, et le paysan breton se croit, comme un autre, le droit d'avoir des vices et des travers d'esprit.

La vie privée des Bretons est remplie d'usages étrangers à nos mœurs, et pour cela même fort curieux à étudier. A la naissance d'un enfant, l'accouchée envoie du pain blanc et du vin chaud à toutes les femmes enceintes de son village, poétique coutume qui semble avoir pour but d'unir par une communauté d'idées et de sentiments la jeune mère et celles qui attendent encore ce doux nom. L'accouchée reçoit ensuite la visite de toute les jeunes mères du voisinage, qui viennent l'une après l'autre présenter le sein au nouveau-né, car, à leurs yeux, la bouche innocente de ce petit ange porte bonheur.

Aussitôt la naissance de l'enfant, le père choisit le parrain et la marraine, car il s'est bien gardé de le faire d'avance, dans la crainte d'insulter à la Divinité. Le baptême se fait en grande cérémonie. Le repas a lieu chez une parente de l'enfant ou bien à l'auberge du village. Le vin bleu circule à pleins verres, la joie est grande, surtout si c'est un garçon, car le Breton, fier de sa force, témoigne assez plaisamment son mépris pour le sexe féminin en décorant du nom de *fausse couche* l'apparition malencontreuse d'une fille au sein de sa famille. Déjà la nuit est arrivée, et les convives ne songent pas encore à se retirer, aussi il n'est pas rare de voir hommes et femmes sortir de table en un état complet d'ivresse; c'est, du reste, l'habitude du Breton, qui se croit obligé de noyer également dans le vin sa joie et sa tristesse.

Le mariage n'est pas une mince affaire en Bretagne, aussi offre-t-il aux diplomates une belle occasion de montrer leur talent. Le tailleur de l'endroit est généralement le personnage influent et le maître de la situation; il connaît sur le bout du doigt le nom des filles à marier, il sait la fortune de celle-ci, les espérances de celle-là et les qualités particulières de chacune, enfin c'est un personnage à part que l'on peut définir en quelques mots. Il est le plus souvent contrefait, et, pour cela même, un objet de pitié ou de mépris chez un peuple qui regarde la force comme le plus beau don que puisse accorder la nature. Son existence nomade s'écoule dans les fermes où il séjourne souvent plusieurs jours de suite; aussi s'il est choyé par les femmes, dont il flatte la coquetterie, il est méprisé par les hommes, qui ne parlent de lui qu'en ajoutant : sauf votre respect, comme lorsqu'il s'agit d'un animal immonde.

Le *couturier*, comme on l'appelle ironiquement, n'est point admis à prendre son repas à la même table que les autres, il mange après avec les femmes dont il est le protégé. C'est à table qu'il faut le voir, sa joie est sans bornes, il sait toutes les chansons nouvelles, les cancans connaissent le chemin de son oreille, aussi jamais il n'éprouve d'embarras pour raconter les chroniques scandaleuses du canton qu'il a bien soin de rendre aussi dramatiques que possible.

On conçoit facilement que, dans cette étroite intimité avec les femmes, le tailleur doit posséder la clef de bien des cœurs, deviner les regrets et comprendre les soupirs étouffés, et, par cela même, être mieux que personne en état de bien conduire une affaire amoureuse. Aussitôt qu'il a été chargé par un jeune homme de *porter la parole* à une *pennérès*, il se rend à la ferme qu'elle habite et cherche à la voir en secret. Sa conversation ne porte d'abord sur rien de bien mystérieux : il parle de la pluie et du beau temps, puis de la récolte, puis du prochain pardon, des amoureux qu'elle y rencontrera, et enfin il glisse adroitement quelques mots sur le prétendant dont il vient plaider la cause. C'est, bien entendu, un jeune homme accompli : il conduit la charrue comme pas un, et à la lutte il ne craint personne; puis c'est un garçon de moyens qui doit avoir quelque chose dans son coffre, quelques épargnes sans doute et de beau linge. La *pennérès* entend tout cela avec plaisir, et le malin messager comprend qu'il ne lui reste plus que quelques mots à dire. Il allait, dit-il, oublier de parler de sa tournure et, cependant, il a si bon air le dimanche, que toutes les filles de la paroisse s'arrêtent pour le voir passer lorsqu'il sort de la messe ; puis il est si bon, si gai, enfin c'est un bien beau parti, et, en présence de toutes ces vertus, la pauvre fille, troublée, ne résiste plus, et le rusé tailleur obtient enfin la permission de parler à la famille.

Si le jeune homme est agréé par les parents, le tailleur, portant à la main une baguette de genêt [1], le leur amène accompagné de son plus proche parent. Les chefs de la famille font connaissance et s'entretiennent de l'objet de leur visite; mais, pendant ce temps, les amoureux se retirent à l'écart et s'abandonnent au plaisir d'être ensemble. Doux entretiens, chastes caresses, riants projets d'avenir occupent ces courts instants, l'amant est humble et soumis, il est tendre et caressant, et sa jeune amie l'écoute et le regarde en pleurant de joie. Si les mariages sont devenus en Bretagne, comme ailleurs, une affaire de spéculation, il faut avouer que ce moment d'expansion laissé à deux cœurs qui s'aiment tendrement, en dépit des parents préoccupés avant tout de leur négociation avantageuse, rachète en partie l'odieux du système, et donne une leçon de morale à notre monde guindé et cérémonieux chez lequel on semble mesurer aux futurs les heures d'entretien, et chercher surtout à ce qu'ils ne se parlent jamais sans témoin. Ah ! s'ils allaient se connaître, le mariage pourrait manquer, et la jeune fille compromise par cette rupture même trouverait peut-être difficilement un parti aussi avantageux. Mais elle ne sera peut-être pas heureuse, dirait un sage conseiller. Il faut qu'elle se marie, répond tacitement la famille, les époux

[1] C'est ce qui lui a fait donner son nom de *Bazvalan* (baguette de genêt.)

se connaîtront et le bonheur viendra après, — ou ne viendra pas, ajouterait encore la voix de l'honnête homme. Pressez-vous donc, achetez des dispenses ; l'Église demande trois semaines de publications de bans, réduisez, réduisez le plus possible ; dans onze jours on a encore le temps de se connaître, et voilà le plus grand mal à éviter. Heureusement ce dernier raffinement de sagesse n'a pas encore gagné la Bretagne, et, aujourd'hui, les parents des futurs ne craignent pas de laisser écouler six semaines ou deux mois entre les fiançailles et le jour du mariage.

Lorsque les deux amants se sont bien entendus, ils rentrent à la maison en se tenant par la main et s'approchent de la table où sont réunis les parents ; on apporte alors du pain blanc et du vin, le jeune homme et la jeune fille mangent avec le même couteau et boivent dans le même verre, puis, après avoir arrêté les principales conditions du contrat, on désigne un jour pour réunir les deux familles.

Avant de signer le contrat, les parents des futurs se font une visite d'étiquette qui ressemble en tout point à une visite domiciliaire ; aussi, on se prépare plusieurs jours à l'avance à cet inventaire mal dissimulé ; on cire les lits clos et les coffres de chêne ; les bassines de cuivre, brillantes comme l'or, sont symétriquement suspendues aux rayons bien garnis du vaissellier, puis l'armoire entr'ouverte laisse voir les piles de linge blanc. Et dans l'écurie, quel luxe inaccoutumé ! les chevaux sont délicatement nourris et paraissent heureux de se coucher sur une litière fraîche devant un râtelier bien fourni ; l'étable n'est pas moins soignée, et le cellier regorge de barriques artistement entassées. Tout brille, tout reluit, tout sent l'aisance et le bien-être dans cette maison, et, certes, les parents du jeune homme doivent être bien disposés pour la famille de la future. Malheureusement cette opulence est le plus souvent factice, les bassins de cuivre et le linge sont empruntés, les chevaux sont gorgés d'avoine depuis la veille, et ce changement dans leurs habitudes les rend gais et fringants, les barriques du cellier sont vides, mais qu'importe? l'effet est produit et les parents de la jeune fille, en présence du notaire, se montreront plus exigeants et demanderont une dot plus considérable. Enfin, le fiancé arrive avec sa famille, on se salue, on se complimente et l'on se dispose à commencer l'inventaire de la maison. Une fois cette visite terminée, on arrête les clauses du contrat, on se frappe dans la main, et tout est dit entre les pères.

Quelques jours avant le mariage, les fiancés vont, chacun de leur côté, faire leurs invitations. Le jeune homme, accompagné de sa fille d'honneur, et la jeune fille avec son garçon d'honneur, s'arrêtent à la porte de chaque maison, et l'invitation se fait en des termes solennels et arrêtés d'avance. Et ne croyez pas qu'ils éprouvent des refus, les Bretons aiment trop les fêtes et la danse pour laisser échapper une aussi belle occasion, et chacun s'empresse de remercier, le verre en main, de l'honneur qu'on lui fait; aussi est-elle bien rude la tâche des *inviteurs*, forcés, pendant tout le cours de leur mission, de faire raison aux nombreuses rasades qui leur sont offertes.

Enfin le jour du mariage est arrivé. Dès le matin une foule joyeuse d'invités vient chercher la fiancée pour la conduire à l'église. Le fiancé est à leur tête avec son garçon d'honneur et ses plus proches parents, le *bazvalan* se tient aux côtés de son protégé; mais ses fonctions ont changé de nature. A un signal convenu, il s'avance vers le seuil de la maison où sont réunis les parents de la mariée, et alors commence un dialogue en vers bretons auquel un autre rimeur, que l'on appelle *breutaer*, doit prendre part au nom de la jeune fille.

LA DEMANDE[1].

I

LE BAZVALAN.

Au nom du Père tout-puissant, du Fils et de l'Esprit saint, bénédiction dans cette maison, et joie plus que je n'en ai.

LE BREUTAER.

Et qu'as-tu donc, mon ami, que ton cœur n'est pas joyeux?

LE BAZVALAN.

J'avais une petite colombe dans mon colombier avec mon pigeon, et voilà que l'épervier est accouru comme un coup de vent, et il a effrayé ma petite colombe, et l'on ne sait ce qu'elle est devenue.

LE BREUTAER.

Je te trouve bien requinqué pour un homme si affligé; tu as peigné tes blonds cheveux comme si tu allais à la danse.

[1] *Chants populaires de la Bretagne*, par M. de la Villemarqué, tome II, page 295.

LE BAZVALAN.

Mon ami, ne me raillez pas; n'avez-vous pas vu ma petite colombe blanche? Je n'aurai de bonheur au monde que je n'aie retrouvé ma petite colombe.

LE BREUTAER.

Je n'ai point vu ta petite colombe, ni ton pigeon blanc non plus.

LE BAZVALAN.

Jeune homme, tu mens; les gens du dehors l'ont vue voler du côté de ta cour, et descendre dans ton verger.

LE BREUTAER.

Je n'ai point vu ta petite colombe, ni ton pigeon blanc non plus.

LE BAZVALAN.

Mon pigeon blanc sera trouvé mort, si sa compagne ne revient pas; il mourra, mon pauvre pigeon; je m'en vais voir par le trou de la porte.

LE BREUTAER.

Arrête, ami; tu n'iras pas, je vais moi-même voir.

(Il entre dans la maison, et revient un moment après.)

Je suis allé dans mon courtil, mon ami, et je n'y ai point trouvé de colombe, mais quantité de fleurs, des lilas et des églantines, et surtout une gentille petite rose qui fleurit au coin de la haie; je vais vous la chercher, si vous le voulez, pour rendre joyeux votre esprit.

(Il entre une seconde fois dans la maison, puis revient en tenant une petite fille par la main.)

LE BAZVALAN.

Charmante fleur, vraiment! gentille et comme il faut pour

rendre un cœur joyeux! Si mon pigeon était une goutte de rosée, il se laisserait tomber sur elle.

(Après une pause.)

Je vais monter au grenier, peut-être y est-elle entrée en volant.

LE BREUTAER.

Restez, bel ami; un moment, j'y vais moi-même.

(Il revient avec la maîtresse du logis.)

Je suis monté au grenier, et je n'y ai point trouvé de colombe, je n'y ai trouvé que cet épi abandonné après la moisson.
Mets-le à ton chapeau, si tu veux, pour te consoler.

LE BAZVALAN.

Autant l'épi a de grains, autant de petits aura ma colombe blanche sous ses ailes, dans son nid, elle au milieu, tout doucement.

(Après une pause.)

Je vais voir au champ.

LE BREUTAER.

Arrêtez, mon ami, vous n'irez point; vous saliriez vos beaux souliers; j'y vais moi-même pour vous.

(Il revient avec la grand'mère.)

Je ne trouve de colombe en aucune façon; je n'ai trouvé qu'une pomme, que cette pomme ridée depuis longtemps, sous l'arbre, parmi les feuilles; mettez-la dans votre pochette, et donnez-la à manger à votre pigeon, et il ne pleurera plus.

LE BAZVALAN.

Merci, mon ami; pour être ridé, un bon fruit ne perd pas son parfum; mais je n'ai que faire de votre pomme, de votre fleur, ni de votre épi; c'est ma petite colombe que je veux; je vais moi-même la chercher.

LE BREUTAER.

Seigneur Dieu! que celui-ci est fin! Viens donc, mon ami, viens avec moi; ta petite colombe n'est pas perdue : c'est moi-même qui l'ai gardée dans ma chambre, en une cage d'ivoire, dont les barreaux sont d'or et d'argent; elle est là toute gaie, toute gentille, toute belle, toute parée.

> (Le Bazvalan est introduit; il s'asseoit un moment à table, puis va prendre le fiancé. Aussitôt que celui-ci parait, le père de famille lui remet une sangle de cheval qu'il passe à la ceinture de sa future. Tandis qu'il boucle et qu'il délie la sangle, le Breutaer chante :

J'ai vu dans une prairie une jeune cavale joyeuse.

Elle ne songeait qu'à bien, qu'à s'ébattre dans la prairie,

Qu'à paître l'herbe verte et qu'à s'abreuver au ruisseau.

Mais par le chemin a passé un jeune cavalier si beau!

Si beau, si bien fait et si vif! les habits brillants d'or et d'argent.

Et la cavale, en le voyant, est restée immobile d'étonnement;

Et elle s'est approchée doucement, et elle a allongé le cou à la barrière;

Et le cavalier l'a caressée, et il a approché sa tête de la sienne;

Et puis après il l'a baisée, et elle en a été bien aise;

Et puis après il l'a bridée, et puis après il l'a sanglée.

Après cette curieuse cérémonie, les fiancés se rendent à la mairie, puis à l'église. C'est alors qu'il faut voir, dans son ensemble, ce joyeux cortége s'avancer sans ordre à travers la campagne. La richesse et la variété des costumes, l'ardeur de ces couples heureux qui se disputent le prix de la course, entraînés par les petits chevaux bretons, fiers de porter en ce jour de fête un double fardeau; les cris, les appels, les rires et les chants de ces villageois offrent un spectacle curieux et animé; mais la gaieté va cesser pour faire place au recueillement, car voici déjà l'église, et, au pied de l'autel, le paysan va retrouver son calme et retremper son âme dans la prière.

Au sortir de l'église les courses redeviennent rapides et désordonnées, et les *pennérès* effrayées sont obligées de demander grâce aux impétueux cavaliers qui les ont en croupe. Enfin le cortége est arrivé à la demeure de la mariée, où doit avoir lieu le gala; le biniou, la bombarde et le tambourin saluent l'arrivée des convives, et bientôt les cinq ou six cents invités se mettent à table sans savoir quand ils en sortiront, car, généralement, ces fêtes dégénèrent en orgie, et souvent les estomacs les plus robustes ne peuvent supporter la quantité prodigieuse de viandes et de liquides absorbés dans ces repas homériques. A chaque service, le biniou et la bombarde font entendre leurs accords au moment où les servants enlèvent ou apportent les plats, et, dans certains cantons, des rondes s'organisent pendant le repas, sans doute dans le but de faciliter la digestion des viandes rôties et des *fars* de blé noir.

Après le repas on danse jusqu'à la nuit pour clore cette bienheureuse journée, où quelques-uns n'ont éprouvé que fatigue et lassitude, et les mariés sont de ce nombre; cependant leur corvée ne touche point encore à sa fin. A l'approche de la nuit, les jeunes époux sont conduits à leur demeure, et la cérémonie, tout à la fois imposante et bouffonne, du coucher de la mariée, va commencer avec toutes les apparences d'une demi-intimité. Les parents et les amis les plus proches sont réunis dans la chambre nuptiale; bientôt les mariés, vêtus de blanc, apparaissent chacun à leur tour, et sont solennellement placés dans le lit clos, puis, au milieu du plus profond silence, le plus ancien de la famille entonne le *Veni Creator*, et tous les assistants chantent en chœur.

Lorsque l'hymne est terminée, on présente encore, dans quelques cantons, une soupe de lait aux mariés; il faut voir alors l'hilarité qu'excite cette collation emblématique, car les cuillers sont percées, et les croûtons sont réunis en chapelets, au grand désespoir des jeunes époux, qui font des efforts surprenants pour mettre un terme à cette mystification. Certains cantons ont encore conservé des coutumes fort bizarres, que personne, de nos jours, ne songe à abandonner; mais comme la simple énonciation de ces usages nous entraînerait trop loin, nous nous bornerons à renvoyer nos lecteurs aux *Derniers Bretons* de Souvestre, et à l'excellent ouvrage de M. de la Villemarqué [1], que les touristes doivent toujours avoir dans leur sac, s'ils veulent connaître et comprendre les mœurs de notre vieille Armorique.

Les gens de la noce, venus quelquefois de plusieurs lieues à la ronde, ne peuvent regagner leur demeure; du reste, les fêtes recommencent le lendemain, et la bande joyeuse consentirait difficilement à quitter le

---

[1] *Chants populaires de la Bretagne*; 2 vol. in-18. Paris, A. Franck, rue Richelieu, 69.

théâtre du plaisir à la fin du premier acte ; il faut donc attendre au lendemain et même au surlendemain pour songer au départ; mais, d'ici là, il faut se reposer, il faut dormir un peu, après tant de fatigues et d'émotions d'un nouveau genre, aussi le lit sera-t-il bientôt dressé, car quelques bottes de paille disposées sous les tables du festin vont faire tous les frais de ce campement. Et certes, le spectacle de cette foule avinée, brisée de fatigue et passant en quelque sorte sous le joug du plaisir qui l'a vaincue, est une des choses les plus intéressantes, et qui méritent le mieux l'étude du philosophe.

Jusqu'ici nous avons pu remarquer que tous les actes de la vie du Breton étaient empreints d'une teinte religieuse, et, même au milieu des cérémonies les plus plaisantes et les plus grotesques en apparence, nous avons vu percer le sentiment religieux qui domine toute l'existence de ce peuple, mais c'est surtout à sa mort qu'apparaît toute sa piété.

Dès que quelqu'un est malade dans une maison, on va, tout d'abord, déposer un cierge allumé devant l'autel de la Vierge ou du saint de la paroisse, puis, alors seulement, les remèdes traditionnels, les spécifiques les plus connus sont employés sans méthode et sans mesure, bien heureux quand le médecin est requis avant que les merveilleuses panacées aient produit leur effet. Cependant il faut convenir qu'aujourd'hui le médecin est appelé assez promptement, et reconnaître les services réels qu'il a rendus, depuis vingt-cinq ans surtout, dans cette province de Bretagne si lente à accepter, même un bienfait, et si fidèle aux sentiers funestes de la routine. Si l'état du malade ne s'améliore pas, on avertit immédiatement un prêtre; car le Breton ne tremble pas devant la mort et la visite du ministre de Dieu est loin de l'affecter ou de le troubler. Le prêtre lui-même, le vrai prêtre breton, qui connaît la nature du terrain sur lequel il doit agir, fait à son pénitent le tableau le plus terrible de l'éternité dans laquelle il va entrer. Pourquoi adoucir les images, pourquoi pallier les teintes sombres de cet horizon que l'on va atteindre? Le Breton ne frémit pas, il pleure doucement ses fautes, reçoit avec résignation les conseils du prêtre et se dispose à recevoir les derniers sacrements.

Les assistants agenouillés s'associent en silence aux prières de l'Église, et prient avec ferveur pour leur frère qui va mourir. Mais, là-bas, quelle est cette foule qui pleure et sanglote autour de cet agonisant? Pourquoi cette terreur? Pourquoi ces traits livides qui font ressembler ces hommes agenouillés à des morts sortis du tombeau? L'homme couché dans ce lit, ce prêtre en étole blanche qui accomplit son saint ministère, ces cierges, cette croix et ce bénitier, voilà la cause de cet effroi, voici le bras, voici les armes qui inspirent cette terreur! Eh quoi, l'œuvre de réconciliation vous fait trembler! Ah! vous n'êtes pas Bretons, vous êtes lâches, et vous ne croyez pas.

L'âme vient de partir, elle est partie tranquille et joyeuse, c'est à peine si elle regrette la terre qu'elle vient de quitter, car bientôt elle retrouvera près d'elle tous ceux qui lui furent chers. Les parents, les amis encore agenouillés baissent la tête devant la volonté de Dieu et se soumettent à ses lois sans murmurer : aussi, avec quel calme les parents du défunt vont présider à l'ensevelissement! comme ils vont prier du fond du cœur devant la dépouille de celui qu'ils ont tant aimé! Ah! soyez-en sûrs, ils ne chargeront pas un ensevelisseur patenté ni un veilleur à gages de remplir le pénible ministère qui leur reste à accomplir! Et demain, quand le mort sera conduit à sa dernière demeure, ils suivront à pied le funèbre cortége; ils ne craindront pas, eux, de laisser voir leurs larmes, ils ne redoutent pas le ridicule, leur douleur n'est pas de ce monde. Ils ne fuiront pas non plus les émotions du cimetière, ils s'associeront aux prières du prêtre, faisant au nom de l'Église ses derniers adieux à un fils chéri parti pour un long voyage; ils prieront avec plus d'ardeur, à ce moment suprême de la séparation, et, comme pour s'en convaincre, ils écouteront d'une oreille avide le frôlement sourd de la corde de chanvre glissant sur le cercueil. Riez donc, sceptiques, mais riez donc! tout est parti, n'est-ce pas? Ce spectacle est très-divertissant; nous, nous découvrons notre tête et nous tombons à genoux.

Les derniers devoirs ont été rendus par les parents en deuil à l'être chéri qu'ils viennent de perdre; mais tout ne se borne pas là, le souvenir de cette journée restera longtemps gravé dans leur cœur. Le corps est parti, mais l'âme souffre peut-être là-haut, et alors des messes seront dites à son intention; puis, bientôt viendra le *jour des Morts*, et les prières recommenceront avec plus d'élan et de ferveur.

C'est le lendemain de la Toussaint qu'il faut parcourir nos campagnes, c'est en ce triste jour que la

Bretagne en deuil se lève comme un seul homme pour aller prier sur les tombes ; les cloches tintent leur glas funèbre; les chemins sont encombrés de gens qui se dirigent en silence vers l'église du canton, et la douleur peinte sur tous les visages indique le devoir pieux que ces pèlerins vont accomplir. Ce n'est pas une promenade au milieu d'un cimetière somptueux, ce n'est point une fête de commande, ce n'est pas le *Longchamp* de la douleur fausse et hypocrite; c'est une douleur véritable, c'est un pèlerinage pieux, où l'on se rend à pied, et non pas en voiture. Le costume est simple, ce n'est point une exhibition de toilettes de deuil, portées par des déesses de la Mode ou des filles de magasin payées à l'heure pour accroître la clientèle de telle ou telle maison de nouveautés, c'est la manifestation d'un peuple pieux et plein de respect pour ses morts ; enfin, l'on ne va point au cimetière pour assister à une parade et causer, tout en fumant, de bal et d'orgie, mais bien pour se recueillir et pour prier Dieu.

Va, pauvre coin de terre, pauvre pays de Bretagne, conserve tes traditions et tes pieuses coutumes, et donne au monde une leçon de morale et de convenance, car il a besoin d'aller à l'école de la dignité et du respect de soi-même !...

II

INTÉRIEUR DES HABITATIONS. — Ameublement. — VIE DE FAMILLE. — Aristocratie du sexe. — HOSPITALITÉ. — Le mendiant est le *nouvelliste* des campagnes. — Préjugés. — Satire contre les Normands.

Si le philosophe ou le touriste veulent étudier nos mœurs bretonnes, c'est au fond de nos campagnes, et particulièrement dans les fermes isolées, qu'ils retrouveront encore les usages perdus et les traditions oubliées depuis plus d'un demi-siècle par les habitants des villes. Les métairies sont particulièrement favorables à cette étude, car les laboureurs vivent, en quelque sorte, dans la solitude, et ont peu de rapports avec les habitants des fermes voisines. Ces habitations sont généralement couvertes en chaume; une fenêtre étroite éclaire quelquefois l'intérieur, mais le plus souvent la porte est la seule ouverture qui laisse passer l'air et la lumière. L'ameublement se compose de lits clos et de bahuts noircis par le temps et la fumée, d'une large table entourée de bancs, sur laquelle est placé un énorme pain bis, qui attend tout le jour les attaques des travailleurs, d'un *vaisselier* où sont rangés symétriquement des écuelles de bois ou de terre grossière, quelques assiettes de faïence, puis enfin des bassines de cuivre, dont le nombre constitue la véritable richesse de ce modeste mobilier. Au plafond sont suspendus des quartiers de porc fumé et des tourtes de saindoux. Des deux côtés de l'âtre sont deux *murettes* (bancs en maçonnerie) qui servent de siéges, et c'est autour de ce foyer que les gens de la ferme passent leurs longues soirées d'hiver, à la lueur d'une chandelle de résine, dont la lumière vacillante et blafarde répand sur l'ensemble de cet intérieur une teinte fantastique généralement favorable à l'effet produit par les légendes racontées par le chef de la famille. Une pendule en bois et une Vierge en plâtre garnissent habituellement le dessus de la cheminée; enfin, quelques images de sainte Anne ou de saint Urlou complètent l'ameublement. Les étables sont placées en dehors de la ferme et adossées généralement au pignon [1] de la maison principale; elles sont basses, humides, peu aérées, et ne sont jamais fermées à clef; aussi il arrive quelquefois que des maraudeurs s'introduisent nuitamment et volent des vaches ou des moutons. Derrière la maison se trouve quelquefois un petit jardin, où le métayer cultive quelques légumes pour les besoins de sa famille; le reste du terrain est occupé par les champs labourés.

Il y a des fermes plus riches que celles que nous

[1] En Bretagne on entend par pignon le côté de la maison où il n'existe ni porte ni fenêtre. *Les amoureux vont causer derrière le pignon* (expression vulgaire), veut dire qu'ils cherchent la solitude et désirent n'être point vus.

venons de décrire en quelques mots, mais il y en a aussi de beaucoup plus pauvres, et il n'est pas rare encore aujourd'hui de rencontrer de misérables chaumières où les hommes et les bestiaux ne sont séparés que par une sorte de cloison à hauteur d'appui; aussi pendant bien longtemps la malpropreté bretonne a été proverbiale, et à cet égard on a commis une injustice en faisant en quelque sorte une exception, car l'on peut poser en principe que dans tous les pays du monde la malpropreté est toujours relative à la fertilité du sol, à la facilité de vivre et à l'aisance des habitants, et la Bretagne est la première à confirmer cette règle invariable, puisque dans certaines régions favorisées les habitants sont généralement propres, et que dans d'autres le contraire existe fatalement.

Le paysan breton, même le plus riche, n'a d'autre jouissance que d'augmenter le trésor qu'il a péniblement amassé. Il se nourrit comme son valet, mange de la viande une fois la semaine, et le reste du temps de la bouillie, du *far* de blé noir et de la galette. Du reste, l'avarice du paysan breton est le résultat de son ignorance, et à mesure qu'il s'instruira, il comprendra que l'argent qui dort au fond de son coffre lui fait perdre, chaque année, une partie du revenu que pourraient lui donner ses terres, soumises à une culture plus intelligente et plus perfectionnée. Par suite de ses instincts qui le poussent à vivre dans une épargne sordide, il vit sur un pied d'égalité avec ses valets de charrue et ses ouvriers; tous mangent ensemble et sont nourris de la même façon, mais il y a exception pour les femmes qui, pendant ce temps, s'occupent du ménage, servent les plats et ne se mettent à table que lorsque le maître et les valets l'ont quittée.

L'autorité du chef de famille est grande et imposante, tout doit se soumettre à ses volontés ; mais la femme joue toute sa vie un rôle secondaire, elle est la très-humble servante de son mari et a rarement voix au conseil, à moins qu'il ne s'agisse de l'intérêt de ses enfants, car c'est à peu près dans cette seule circonstance que sa voix est écoutée. Au premier abord, cette infériorité de la femme, déclarée et admise devant le tribunal de l'opinion, peut paraître extraordinaire, mais lorsqu'on a compris le dédain dont les femmes sont l'objet de la part du sexe fort, l'étonnement diminue et l'on comprend à peu près pourquoi le dernier garçon de charrue passe avant la maîtresse de la ferme.

Bon et compatissant par nature, le paysan breton, en dépit de ses instincts d'avarice, reçoit toujours d'un air affectueux les malheureux ou les voyageurs qui viennent lui demander l'hospitalité, et il faut reconnaître que cette qualité est commune à toute la population bretonne, car jamais une porte ne s'est fermée devant un mendiant *demandant l'entrée*. Les pauvres sont, dit-on, les *hôtes de Dieu*, et malheur à celui qui les repousse, car il attirera sur sa tête la malédiction du ciel ! L'hospitalité une fois admise en principe, les mendiants devinrent plus nombreux, et la paresse, jointe à la misère, contribua à créer une nouvelle classe d'hommes et presque une nouvelle profession, dont l'héritage se transmet de père en fils ; mais ces nouveaux industriels comprirent bientôt que pour se faire accepter et faire en quelque sorte partie intégrante de la famille, ils devaient chercher à se rendre utiles à ceux qui les accueillaient. Dès lors les mendiants de profession devinrent en quelque sorte les *nouvellistes* des campagnes ; leur vie errante les mettant à même de parcourir les cantons voisins en moins d'une semaine, ils revinrent avec intention dans les mêmes fermes, et rendirent compte du dernier pardon, de l'importance de telle ou telle foire des environs, et des prix auxquels furent vendues les différentes denrées apportées sur le marché. On comprendra, d'après cela, que les paysans, vivant dans des fermes isolées et ayant peu de rapports avec le monde extérieur, durent accepter avec curiosité, puis ensuite avec plaisir, la société du mendiant, qui devint ainsi le journaliste des campagnes. Son influence grandit chaque jour, bientôt on le consulta sur toutes choses, et ses nombreux voyages, ses relations le mirent à même de rendre d'importants services à ceux qui plaçaient en lui leur confiance. Il apprenait aux uns un nouveau procédé de culture, à un autre la manière de faire des paniers ; à celui-ci il chantait un *guerz* nouveau, à celui-là il donnait des nouvelles d'une *pennérès* que l'on cherchait à marier. Enfin le mendiant se rendit indispensable, et la profession se trouva créée en dépit des devoirs de l'hospitalité que le Breton remplit depuis des siècles avec le même zèle et la même franchise.

Il ne faudrait pas, d'après ce que nous venons de dire, croire que le Breton reçoive tout le monde sur le pied de l'égalité. Il y a d'abord des professions dédaignées, et ceux qui les exercent sont encore aujourd'hui assez mal vus. Les cordiers, par exemple, sont généralement méprisés, et l'on évite d'avoir des relations avec eux. Dans le principe, ces *cacoux*, comme on les appelle encore aujourd'hui, exerçaient seuls cette profession, c'étaient des parias, juifs d'origine, auxquels on ne permettait pas l'entrée de l'église. Les meuniers sont également peu estimés à cause de leur réputation d'improbité. Le tailleur, enfin, est méprisé parce qu'il a les mains blanches et est toute la journée assis ; un ancien proverbe breton dit qu'il faut neuf tailleurs pour faire, un homme, et la *très-ancienne coutume de Bretagne* paraît les ranger dans la classe des « vilains natres, ou gens qui s'entremettent de vilains métiers, comme être écorcheurs de chevaux, de viles bêtes, garsailles, truandailles, pendeurs de larrons, porteurs de pastez et plateaux en tavernes, crieurs de vin, cureurs de chambres quoies, poissonniers; qui s'entremettent de vendre vilaines marchandises, et qui sont ménestriers ou vendeurs de vent, lesquels ne sont pas dignes de eux entremettre de droits ni coustume. » Il est, au contraire, certaines professions très-estimées : par exemple, celle des forgerons et en général celles de tous ceux qui travaillent le fer ; mais, il faut bien l'avouer, ces exclusions fâcheuses tendent chaque jour à disparaître, et les préjugés existent plutôt dans les familles que parmi la masse de la population qui a fini par briser les barrières infranchissables que l'on avait placées, par exemple, entre les cordiers et les autres hommes.

Nous ne dirons rien du dédain que le Breton *pur sang* semble encore professer pour ses frères du pays *Gallo*[1];

---

[1] Quelquefois le Breton plaisante les habitants des départements voisins et il les désigne sous le noms de Galots.

mais, il faut bien le dire, c'est seulement dans ses jours de mauvaise humeur, et surtout lorsqu'on attaque ses coutumes ou ses principes, qu'il paraît oublier un instant qu'il fait partie de cette France pour laquelle il n'a jamais hésité à verser son sang. Cependant il a toujours conservé un peu de rancune contre le Normand, qui lui cherche fréquemment querelle dans les foires et les marchés, et il est quelquefois fort curieux d'assister à un de ces débats où chacun fait assaut de ruses et de plaisanteries.

Le dialogue suivant donnera une juste idée de ce que le Breton pense du Normand; quant à la pensée du Normand, nous ne la savons point, et nous sommes, du reste, trop Breton pour oser en faire l'aveu :

LE MARIN BRETON.

Ohé! Normand, hé! le gland est-il semé?

LE MARIN NORMAND.

Quel gland, Breton?

LE BRETON.

Parbleu! le gland qui doit donner le chêne!

— Quel chêne, Breton, et pour quoi faire?

— Pour quoi faire? mais..... pour faire le mât.

— Ah! pour faire le mât.....

— Oui, Normand. Et le grain de chènevis, est-il né?

— Pour quoi faire, Breton?

— Hé, parbleu! pour faire du chanvre!

— Ah! pour faire du chanvre.

— Oui, Normand. Et les *obits* (*les frais d'enterrement*), les as-tu payés?

— Pourquoi ça, Breton? Pourquoi les aurais-je payés, les *obits?* et qu'est-ce que les *obits,* et le gland, et le chêne, et le grain de chènevis, et le chanvre, et tout ton *Kyrie eleïson* a de commun avec moi, Breton?

— Ce que tout cela a de commun avec toi, Normand? écoute bien, je vais te le dire :

Et *primo* d'abord, le mât, l'ami, c'est pour te hisser un peu en l'air, pour qu'on voie mieux ta bonne face; le chanvre, c'est pour te faire ta dernière cravate; et les *obits,* c'est le droit que doit à son curé, quand il part, tout Normand qui va se faire pendre hors de sa paroisse.

(Ici le Normand, pour toute réponse, lâche un gros juron.)

LE BRETON.

En voilà un petit *pater* sauvage, Normand; mais, dis-moi, as-tu fait ton autre prière ce matin?

— Quelle prière, Breton?

— Parbleu! la prière que tu fais tous les jours au bon Dieu, la prière où tu dis : « Mon Dieu! mon Dieu! ne me donnez pas de richesses, non; mais placez-moi près de quelqu'un qui en ait. »

Ah! finaud de Normand, va! si la boule du monde pouvait tenir dans ta main, tu la volerais!

III

IDÉES GÉNÉRALES SUR L'AGRICULTURE

Si, depuis vingt ans, les progrès de l'agriculture en Bretagne n'ont pas été aussi rapides que dans les autres parties de la France, il ne faut pas, avec quelques économistes superficiels, accuser l'ignorance et l'inertie du peuple breton, mais reconnaître, au contraire, que le manque de bras a été la seule cause de cet état de choses. Les landes ont particulièrement été l'objet des attaques des hommes à courte vue qui auraient voulu monter à la tribune, et faire étalage de leur verve déclamatoire. « Voyez, s'écriaient-ils, ces landes immenses qui s'étendent sur le Morbihan et le Finistère; ces déserts au milieu de notre pays n'accusent-ils pas un état de barbarie ? » Puis, partant de là, ils déclaraient que la Bretagne était un pays sauvage où les hommes couchaient pêle-mêle avec les bestiaux. Ils oubliaient, ou plutôt ils ne savaient pas qu'aux portes de Paris, dans le département de Seine-et-Oise, il y avait aussi des milliers d'hectares de landes; ils ignoraient encore que la Normandie, la Touraine, l'Anjou, le Maine, le Poitou et la Guienne étaient dans le même cas; mais qu'importe? la Bretagne était devenue le point de mire de leur critique, et il y avait sans doute beaucoup plus d'esprit à attaquer des sauvages que des gens civilisés. Mais, aujourd'hui que les économistes médiocres n'existent plus ou ont assez de bon sens pour se taire, que les ressentiments politiques ont cessé, et que la Bretagne, déclarée jadis ombrageuse et sauvage, semble être admise à prendre rang parmi les autres provinces, le calme s'est rétabli, et les attaques n'ont pas été renouvelées.

Sans pouvoir indiquer par un chiffre la quantité de terrains en friche du Morbihan et du Finistère, nous devons avouer qu'il y a encore beaucoup à faire ; mais il faut aussi reconnaître, avec les agriculteurs les plus distingués, que toutes les landes de la Bretagne ne peuvent être mises en culture par leur propriétaire sans causer sa ruine, ou, du moins, sans lui imposer des sacrifices qui resteront sans profit pour lui. Ainsi, tel petit propriétaire qui possède quatre ou cinq hectares de terrain, ne peut, sans danger, entreprendre la culture d'un hectare de lande pris au hasard, car il est possible que cette culture nouvelle le grève pendant longtemps et finisse par le ruiner.

Nous connaissons tous l'amour du Breton pour la terre ; il l'aime tellement qu'il saisit toutes les occasions d'augmenter sa propriété. A peine a-t-il quelques écus d'économie, qu'il achète un petit bout de lande, et bientôt il songe à le défricher ; très-heureux quand il y parvient, car si, par malheur, il achète plusieurs hectares, et qu'il veuille tenter un défrichement rapide, alors il entrera dans une voie dont il ne pourra plus sortir, il se lancera dans les emprunts, et l'usurier du lieu, homme obligeant et poli, voudra bien consentir à lui prêter, ou, plutôt, à lui faire prêter à dix ou douze pour cent. Le paysan, poussé à bout, acceptera sans balancer ces conditions onéreuses, et le négociateur de cette affaire s'empressera de dresser un acte, bien en règle, par lequel le malheureux emprunteur se trouvera lié à son bourreau par la dette et par la reconnaissance; car il n'a pas eu affaire, croyez-le bien, à un vil usurier, mais à un ami véritable, qui lui a rendu un service désintéressé. Plein de courage, le laboureur va se remettre à l'ouvrage, il va travailler deux heures de plus par jour pour parvenir à éteindre la dette contractée. Il défriche; une première récolte a lieu : mais, bientôt, les engrais font défaut, la terre s'est appauvrie de plus en plus, il faut nécessairement la laisser reposer ; puis l'échéance est arrivée, et il s'agit de rembourser la somme prêtée. Alors plus d'espérance, plus d'illusions, il faut vendre cette terre ou payer. Cependant l'usurier n'est pas méchant, il va renouveler l'engagement, et n'exigera le payement que dans deux ans ; seulement l'acte subira un léger changement : l'intérêt, au lieu d'être à douze, sera à quinze, et le malheureux, obligé de céder, se remettra la corde au cou; il avait acheté de la terre pour être libre, et le voilà de nouveau redevenu esclave.

Toutefois, ce malheur n'a point abattu son courage, la foi qu'il a en Dieu le soutient au milieu de son infortune, et il se console en chantant la *Complainte du Laboureur*.

COMPLAINTE DU LABOUREUR.

« Ma fille, quand tu passeras à ton doigt l'anneau d'argent, prends garde à qui te le donnera; ma fille, quand tu feras place à deux dans ton lit clos, tâche que ta tête ait un doux oreiller.

» Ma fille, quand tu choisiras un mari, ne prends pas un soldat, car sa vie est au roi; ne prends pas un marin, car sa vie est à la mer; mais surtout ne prends pas un laboureur, car sa vie est à la fatigue et au malheur.

» Le laboureur se lève avant que les petits oiseaux soient éveillés dans les bois, et il travaille jusqu'au soir. Il se bat avec la terre sans paix ni trêve, jusqu'à ce que ses membres soient engourdis, et il laisse une goutte de sueur sur chaque brin d'herbe.

» Pluie ou neige, grêle ou soleil, les petits oiseaux sont heureux, le bon Dieu donne une feuille à chacun d'eux pour se garantir; mais le laboureur, lui, n'a point d'abri : sa tête nue est son toit, sa chair est sa maison.

» Et chaque année il lui faut payer le fermage au maître; et s'il retarde, le maître envoie ses sergents. « — De l'argent! » Le laboureur montre ses champs desséchés et ses crèches vides. « — De l'argent! de l'argent! » Le laboureur montre les cercueils de ses fils qui sont à la porte, couverts d'un drap blanc. « — De l'argent! de l'argent! » Le laboureur baisse la tête et on le conduit en prison.

» Et la femme du laboureur aussi est bien malheureuse : elle passe la nuit à bercer les enfants qui crient, le jour à remuer la terre près de son mari ; elle n'a pas même le temps de consoler sa peine, elle n'a pas le temps de prier pour apaiser son cœur. Son corps est comme la roue du moulin banal ; il faut qu'il aille toujours pour moudre du pain à ses petits.

» Et quand les fils sont devenus grands, et que leurs bras sont assez forts pour soulager leurs parents, alors le roi dit au laboureur et à sa femme : « — Vous êtes devenus vieux et faibles à élever vos enfants ; les voilà forts, je vous les prends pour ma guerre. »

» Et le laboureur et sa femme se remettent à suer et à souffrir, car ils sont seuls encore. Le laboureur et sa femme sont comme les hirondelles qui vont faire leurs nids aux fenêtres des villes ; chaque jour on les balaye, et chaque jour il leur faut recommencer.

» O laboureurs ! vous menez une vie dure dans le monde. Vous êtes pauvres et vous enrichissez les autres ; on vous méprise et vous honorez ; on vous persécute et vous vous soumettez ; vous avez froid et vous avez faim. O laboureurs ! vous souffrez dans la vie ; laboureurs ! vous êtes bien heureux !

» Car Dieu a dit que la porte charretière de son paradis serait ouverte pour ceux qui auraient pleuré sur la terre. Quand vous arriverez au ciel, les saints vous reconnaîtront pour leurs frères à vos blessures.

» Les saints vous diront : « — Frères, il ne fait pas bon vivre ; frères, la vie est triste, et l'on est heureux d'être mort ; » et ils vous recevront dans la gloire et dans la joie. »

En général, on peut dire que le défrichement a été fatal à ceux qui l'ont entrepris ; cependant, là où le petit propriétaire a échoué, celui qui a des capitaux réussit quelquefois. Il semble, en effet, au premier examen, qu'il suffise d'avoir de grands capitaux pour arriver à de bons résultats ; mais il n'en est rien, et il faut bien se pénétrer de l'idée que l'argent ne peut tenir lieu de tout. Ainsi, il est passé en proverbe que le labour *tud gentil* (le travail commandé par des messieurs) signifie pas de travail, et cela s'explique : le riche propriétaire emploie des ouvriers, et chacun sait que leur labeur ne vaut pas celui du maître ; d'un autre côté, la surveillance fait défaut, et alors, bien que le défrichement ait été entrepris dans de meilleures conditions, on obtient des résultats médiocres ou insignifiants, et la ruine de tarde pas à s'ensuivre.

Mais, il faut bien le dire, il n'en est pas toujours ainsi, et les riches propriétaires qui s'occupent sérieusement d'agriculture, ceux qui, ne redoutant ni le froid en hiver ni la chaleur en été, vont surveiller les travailleurs, ceux-là, disons-nous, obtiennent de bons résultats, car, s'ils ne dirigent pas eux-mêmes la charrue, ils surveillent au moins d'une manière intelligente les travaux qu'ils ont commandés. Du reste, l'agriculture compte aujourd'hui en Bretagne des représentants parmi les hommes les plus éminents par leur savoir et leur intelligence ; et il faut bien le reconnaître, en dehors de tout esprit de parti, ceux qui, il y a quelques années, ont joué un rôle politique, s'occupent aujourd'hui d'agriculture, et ils servent encore la France en travaillant à sa richesse et à son bonheur.

Le gouvernement a donné, depuis quelque temps, une vigoureuse impulsion au progrès de l'art agricole, et lorsque l'empereur Napoléon III disait, dans une circonstance solennelle, « que du déclin ou de l'amélioration de l'agriculture daterait la prospérité ou la décadence de l'empire, » Sa Majesté ne se trompait pas, et prophétisait alors les triomphes obtenus ; car, en accroissant chaque jour le bien-être du pays, les succès véritables affermissent et assurent pour longtemps le repos qui leur est si nécessaire. Aussi les hommes intelligents entrent courageusement dans la voie du progrès ; le drainage, les irrigations, les engrais, les machines perfectionnées, les cultures nouvelles, rien n'est négligé, tout est tenté avec un zèle et une activité dignes d'éloges.

Déjà même, dans nos concours régionaux, le jury éprouve des embarras continuels lorsqu'il s'agit de décerner des prix, et le grand nombre de concurrents sérieux qui se présentent avec des droits et des perfectionnements réels, semble faire préjuger pour l'avenir un succès auquel on était loin de s'attendre il y a quelques années.

Placé directement sous les rayons de ce soleil civilisateur, le paysan breton, en dépit de sa routine, est obligé d'abandonner ses anciennes méthodes, qu'il croyait infaillibles. Il a sous les yeux la preuve de ce que peut produire la terre soumise à tel ou tel procédé de culture, et, certes, il ne peut pas aller à meilleure école, puisque, à côté du précepte, il voit toujours le résultat qui s'explique par un chiffre.

Il y a quelques années, les agriculteurs, race routinière et peu disposée à abandonner les anciens errements de la science, jetèrent de grands cris lorsqu'il fut question d'employer les machines à battre ; on se révolta de toutes parts, et on se promit bien de ne pas se servir de pareils procédés. Mais le calme est venu, les esprits reposés ont réfléchi, ont examiné sérieusement les nouveaux instruments proposés, et aujourd'hui MM. Lotz, à Nantes, et Bodin, à Rennes, expédient chaque année, dans le Morbihan, le Finistère et les Côtes-du-Nord, un nombre considérable de machines ; aussi ces intelligents mécaniciens ont, à chaque concours agricole, la satisfaction de voir accepter avec empressement les modifications qu'ils apportent à leurs instruments.

Le progrès une fois introduit, il n'est pas douteux qu'avant peu il ne se généralise, car si le Breton est routinier, il connaît mieux que personne son propre intérêt, et il ne tardera pas à abandonner tout à fait les anciens procédés de culture. La Bretagne sauvage et arriérée est donc entrée dans la voie du progrès, et ses plus ardents détracteurs sont obligés de se taire ; mais nous, qui sommes Breton, nous venons aussi lancer notre anathème, et dire à notre pays qu'il n'arrivera au premier rang qu'en devenant essentiellement agricole, et, pour cela, il a beaucoup à faire. Quand et comment défrichera-t-on, par exemple, les landes immenses du Morbihan ? Suffira-t-il que des propriétaires riches, et véritablement jaloux du bonheur et de la prospérité du pays, viennent de l'extrémité de la France pour planter leur tente au milieu de nos steppes arides, comme le faisait naguère Son Altesse la princesse Baciocchi? Certes, voilà un bel exemple à suivre; mais, aujourd'hui que la propriété territoriale est divisée à l'infini, aujourd'hui que les grandes fortunes ont inspiré l'idée des jeux de bourse et des spéculations hasardées, au milieu de cette fièvre d'argent, de ce besoin incessant de jouissances qui nous dévore, où trouverons-nous le zèle et le patriotisme? Ah! il faut y renoncer; ces vertus n'existent plus en haut mais en bas de l'échelle sociale; ceux qui n'ont rien sont les derniers gardiens du devoir et du dévouement; ceux qui possèdent sont lancés dans le torrent, et, tant qu'ils ne trouveront pas d'obstacles, ils se laisseront aller au courant qui les entraîne.

Sans vouloir nous faire l'apologiste d'un fait ou d'une personnalité, notre franchise de Breton nous commande la vérité, et nous force à reconnaître la grandeur du bienfait dont le département du Morbihan est redevable à Son Altesse la princesse Baciocchi. Notre indépendance nous permet, du reste, de dire hautement notre opinion, et d'avouer la satisfaction que nous avons éprouvée en entendant les cultivateurs des communes qui avoisinent la propriété de Cornhoët, déclarer hautement l'importance qu'aurait pour le pays et pour le bien-être de ses habitants le voisinage de ce centre agricole. Nous n'avions point mission d'interroger les cultivateurs, nous n'exercions aucune pression sur les consciences, nous n'étions qu'un simple touriste désireux de compléter ses notes, et désireux, surtout, de reconnaître la vérité partout où elle se trouve.

Nous ne connaissons ni les lois ni les procédés de l'agriculture, mais en voyant la propriété de Cornhoët, nous avons pensé que le gouvernement, qui donne depuis quelques années une vigoureuse impulsion au progrès agricole, n'hésiterait pas un instant à s'occuper des landes de Bretagne. L'exemple donné par l'Empereur dans ses terres de la Sologne, et, tout récemment, dans ses landes de Gascogne, a produit les meilleurs résultats; nous voudrions donc que la lande de Cornhoët devînt le centre de plusieurs colonies agricoles créées par l'État, et nous avons la conviction qu'avant peu les landes du Morbihan auraient complétement disparu pour faire place à de bonnes terres labourables, qui donneraient bientôt des récoltes satisfaisantes. Nous croyons enfin que des colonies agricoles pourraient sauver le pays; mais nous les voudrions établies par voie d'association, c'est-à-dire suivant un système où les bailleurs de fonds, les hommes spéciaux dirigeant la colonie, et les travailleurs, se partageraient les dividendes, car, par ce moyen, les défrichements seraient mieux faits, et les travailleurs pourraient ainsi amasser un petit capital qu'ils emploieraient utilement plus tard. Ces considérations demandent, nous ne l'ignorons pas, un long examen; mais nous savons aussi qu'il y a encore, dans notre pays, des adorateurs chagrins du passé, contre lesquels il est inutile de lutter, car le progrès est ennemi des retardataires et doit rester sourd à leur voix.

Nous sommes trop étranger, par nos études, aux choses de l'agriculture pour désirer entrer dans de longs détails à ce sujet, ou pour vouloir exposer des théories nouvelles, mais nous avons cru pouvoir dire un mot des défrichements, qui ont une importance capitale pour l'avenir de la Bretagne.

Rentrons donc dans notre sujet, et disons un mot des fêtes de l'agriculture. Chaque année, à l'époque de la moisson, on dispose aux environs des fermes une aire pour battre le grain, et ce travail donne lieu à une de ces fêtes champêtres dont le paysan breton est si avide. Dès le matin, les jeunes gens et les jeunes filles, parées comme en un jour de fête, arrivent de tous côtés, car c'est en dansant que l'on aplanit le terrain sur lequel la moisson doit être battue. Il faut alors voir avec quelle ardeur ces danseurs infatigables frappent le sol en cadence ! On ne pourrait jamais se douter que cette jeunesse, ivre de plaisir, accomplit une tâche imposée ; mais chez le peuple breton, l'esprit d'association, le goût du travail en commun est en quelque sorte inné, et, depuis longtemps, les paysans en ont reconnu l'utilité. Le dimanche, à l'issue de la grand'messe, il est souvent donné avis qu'une grande filerie aura lieu dans telle ferme, ou qu'un tel a un grand charroi à faire, et, à cet effet, on demande l'assistance des fileuses ou des laboureurs du canton. Ces sortes d'invitations ne restent jamais sans réponse, car il est d'usage de danser et de se réjouir lorsque le *dervez-bras* (travail en commun) est terminé, et le Breton ne manque aucune occasion de se divertir, surtout lorsqu'il a accompli sa tâche journalière. Que l'on vienne, après cela, nous présenter comme des idées nouvelles les systèmes d'association tant prônés à une certaine époque! Il y a des siècles que nos paysans se prêtent si fraternellement une assistance réciproque, et, cependant, le problème est loin d'être résolu pour la société actuelle, car un changement aussi radical dans nos mœurs et dans notre manière de voir demande des siècles avant de pouvoir être mis à exécution.

Chaque année, au mois de juin, il se célèbre encore dans quelques cantons de la Cornouaille et du pays de Vannes une des fêtes les plus anciennes de la Bretagne. On l'appelle la Fête de Juin, et son origine druidique lui donne un cachet d'originalité qui la distingue de toutes les autres fêtes bretonnes. On se réunit habituellement près d'un dolmen et l'on danse à l'entour; mais, aujourd'hui, ces danses ont perdu leur caractère religieux, et il serait bien difficile d'expliquer le sens emblématique de ces rondes joyeuses où l'on ne cherche que le plaisir sans songer à leur mystérieuse signification. La fête a lieu chaque samedi du mois de juin, vers quatre heures de l'après-midi.

Aussitôt que la réunion commence à devenir nombreuse, on voit circuler un jeune homme qui porte à sa boutonnière un nœud de rubans bleu, vert et blanc; c'est le *patron* de la fête, c'est celui à qui le *patron* de la fête précédente a transmis son titre, en lui attachant, par surprise, à la boutonnière, les insignes qu'il portait. Le nouveau *patron* se nommera de la même façon un successeur ; mais, en attendant, il se choisit une commère de son goût, puis, après les salutations d'usage, il lui passe au doigt un anneau d'argent, et tous deux ouvrent la danse aux applaudissements de la foule avide de plaisir.

M. de la Villemarqué rapporte, dans son *Barzaz-Breiz*, qu'un cultivateur des environs de la Feuillée disait avoir entendu raconter, par les anciens du pays, « qu'autrefois, avant de venir danser, garçons et jeunes filles se réunissaient dans l'église de la paroisse, et qu'on y chantait vêpres. Les vêpres finies, on se rendait processionnellement, clergé en tête, au lieu convenu. Mais, alors, ce n'était pas comme aujourd'hui ; le patron de la fête ne se contentait pas de porter des rubans bleu, vert et blanc à la boutonnière, il était habillé de ces couleurs de la tête aux pieds ; au lieu de notre costume brun des montagnes, il prenait, comme dans la plaine, la veste bleue et la braie blanche, avec la guêtre verte de certains cantons. Ce qu'il y a de plus singulier, c'est que les prêtres portaient les mêmes couleurs ; on va même jusqu'à prétendre que le curé (le vicaire) jouait de la musique ; il est vrai qu'il en jouait, dit-on, sur un instrument d'ivoire, ayant des cordes d'or ; mais je ne puis croire cela, car jamais aucun curé n'a fait le métier de sonneur (de ménétrier), excepté dans les contes. »

Aujourd'hui cette fête n'offre plus rien de particulier, si ce n'est la ronde finale dont l'air et les paroles se sont conservés.

CHANT DE LA FÊTE DE JUIN[1].

L'ANCIEN PATRON.

Bonjour à vous, ma belle commère, bonjour à vous; c'est un amour sincère qui m'amène ici.

L'ANCIENNE PATRONNE.

Ne pensez pas, jeune homme, que je sois votre fiancée pour une bague d'argent que j'ai reçue de vous.

Reprenez votre bague et emportez-la; je n'ai plus d'amour ni pour vous ni pour elle.

Il a été un temps, mais ce temps est passé pour moi, où, pour un sourire, je donnais mon cœur.

Mais voilà que le temps me vient chercher querelle; me sourira qui voudra, je ne rirai plus.

L'ANCIEN PATRON.

Autrefois, quand j'étais jeune homme, je portais trois rubans : un vert, un bleu, et un troisième qui était blanc.

Le vert, je le portais en l'honneur de ma commère; car je l'aimais dans mon cœur et bien sincèrement.

Le blanc, je le portais à la face du soleil et de l'aurore, en signe de l'amour pur qui était entre elle et moi.

Le bleu, je le portais, car je voulais toujours vivre en paix avec elle; et quand je le regarde, je pousse des soupirs.

Hélas! hélas! je suis abandonné maintenant par elle comme le vieux colombier par la petite colombe volage.

---

[1] *Chants populaires de la Bretagne*, par M. de la Villemarqué, tome II, page 325.

LE NOUVEAU PATRON A LA NOUVELLE PATRONNE.

Voici le temps nouveau de retour avec le mois de juin, le temps où les jeunes garçons et les jeunes filles s'en vont partout se promener ensemble.

Les fleurs se sont ouvertes aujourd'hui dans les prés, et les cœurs des jeunes gens aussi, en tous les coins du monde.

Voici que les aubépines fleurissent et répandent une agréable odeur, et que les petits oiseaux s'accouplent.

Venez avec moi, douce belle, vous promener dans les bois : nous entendrons le vent frémir dans les feuilles,

Et l'eau du ruisseau murmurer entre les petits cailloux, et les oiseaux chanter joyeusement à la cime des arbres;

Chanter chacun sa chansonnette, chacun à sa manière; ils charmeront notre esprit et réjouiront notre cœur.

IV

AVENIR DE LA BRETAGNE

Au moment où les chemins de fer vont sillonner la Bretagne en tous sens, on ne peut s'empêcher de penser aux immenses résultats qu'ils peuvent produire pour l'avenir de cette province. Ainsi, pour ne parler que du Finistère, peut-on bien comprendre à première vue l'importance d'une ligne de chemin de fer allant de Paris à Brest? Peut-on apprécier où s'arrêtera la prospérité de la Bretagne entière si le gouvernement décrète la concentration, à Brest ou à Lorient, des établissements transatlantiques de la France? Il ne faut point se le dissimuler, l'avenir commercial et industriel de la Bretagne est entouré d'épaisses ténèbres, mais bientôt la lumière apparaîtra à l'horizon, et le flambeau du progrès brillera sur les rivages de l'Armorique.

Ce qui manque aujourd'hui à nos contrées, c'est l'industrie, et il n'est point nécessaire de feuilleter les statistiques pour s'en convaincre; c'est une vérité reconnue et admise. Les chemins de fer combleront nécessairement cette lacune, et l'agriculture elle-même sera, en quelque sorte, régénérée, car en trouvant plus de débouchés, le pays cherchera à produire davantage, et alors l'État ou des compagnies particulières songeront peut-être à défricher nos landes. En un mot, les chemins de fer vont changer la face de la Bretagne; elle perdra, nous le savons, quelque chose de son originalité, et nous le regrettons; mais enfin il faut subir la loi impérieuse du progrès, à moins de vouloir se faire l'apôtre de la barbarie. Quelques esprits timides craignent de voir la Bretagne perdre sa nationalité; mais leur frayeur est vaine, et on peut leur dire avec M. Michelet : « Pour croire que les nationalités vont disparaître bientôt, je ne connais que deux moyens : 1° Ignorer l'histoire, la savoir par formules creuses, comme les philosophes qui ne l'étudient jamais, ou encore par lieux communs littéraires, pour en causer, comme les femmes : ceux qui la savent ainsi la voient dans le passé comme un petit point obscur qu'on peut biffer si l'on veut; 2° ce n'est pas tout, il faut encore ignorer la nature autant que l'histoire, oublier que les caractères nationaux ne dérivent nullement de nos caprices, mais sont profondément fondés dans l'influence du climat, de l'alimentation, des productions naturelles d'un pays, qu'ils se modifient quelque peu, mais ne s'effacent jamais. »

Ce qu'il faut redouter par-dessus tout, c'est cette civilisation arrivant à toute vapeur au milieu de nos campagnes; c'est le mal, c'est la corruption qui résultent nécessairement de cette invasion précipitée. Ce qu'il faut craindre, c'est que l'habitant de nos petites villes prenne les airs délibérés de l'ouvrier des faubourgs parisiens, c'est qu'il devienne paresseux et buveur, et qu'il aime plus le plaisir que le travail. Ah! surtout, qu'il n'aille pas oublier la religion de ses pères! car Chateaubriand l'a dit : « Le paysan breton sans religion est une bête féroce; il n'a aucun frein d'éducation ni de respect humain; une vie pénible a aigri son caractère; la propriété lui a enlevé l'innocence du sauvage; il est timide, grossier, défiant, ingrat surtout. Mais, par un miracle frappant, cet homme, naturellement pervers, devient excellent dans les mains de la religion. Autant il était lâche, autant il est brave; son penchant à trahir se change en une fidélité à toute épreuve, son ingratitude en un dévouement sans bornes, sa défiance en une confiance absolue. Comparez ces paysans impies profanant les églises, dévastant les propriétés, brûlant à petit feu les femmes, les enfants et les prêtres, comparez-les aux Vendéens défendant le culte de leurs pères, et seuls libres quand la France était abattue sous le joug de la terreur; comparez-les et voyez la différence que le ciel peut mettre entre les hommes. »

Pour bien comprendre ces justes craintes, il faut se pénétrer de l'idée que la Bretagne est, en quelque sorte, un pays vierge, un pays sauvage et arriéré si l'on veut; mais, nous le demandons, à quoi sert cette civilisation avancée quand elle entraîne avec elle des vices et des calamités sans nombre? Pourquoi troubler le cerveau de l'enfant en lui apprenant des choses qu'il ignore? pourquoi faire entrevoir à son esprit des horizons chargés d'orages et de tempêtes? N'allons pas trop loin lorsqu'il s'agit de progrès. Qu'importe, en effet, cette civilisation matérielle si la civilisation, intellectuelle et morale ne marche pas de pair avec elle? Ce que nous redoutons avant tout, c'est cette civilisation avancée, cette glorification de la matière qui touche à la barbarie. Donnez plus de bien-être au paysan, améliorez son sort, mais qu'il sache encore se mettre à genoux devant Dieu, qu'il ait une foi, une famille. Si vous pouvez, avec tous vos systèmes, lui donner quelque chose qui remplace sa religion et sa confiance en Dieu, dites-le vite et nous vous prêterons tous la main ; mais si vous voulez le civiliser à votre façon, si vous devez lui créer des besoins nouveaux, si vous voulez l'assimiler au gamin de Paris, qui ne craint que le gendarme et la prison, laissez-lui ses superstitions et ses croyances, car ce que vous appelez de la barbarie est pour nous de la civilisation et du perfectionnement. Apprenez-lui à lire et à écrire, nous nous en réjouirons, car nous sommes, avant tout, un ami du progrès; mais où est le livre que vous lui mettrez dans les mains? L'habitant des campagnes ne connaît que le colporteur qui vient, les jours de foire, étaler à tous les yeux les richesses de sa balle; quel choix devra-t-il faire? quel sera son guide? Sa bourse sera son guide; par avarice il prendra un petit volume grisâtre du prix de cinquante centimes, puis, de retour chez lui, il dégustera les élucubrations écœurantes de M. ***, et nous doutons fort de l'effet moralisateur que produira cette lecture indigeste. Le gouvernement, nous le savons, a introduit d'heureuses modifications dans les lois qui régissent le colportage; il a été aussi sévère que possible; mais, à moins de faire faire des lois d'une application difficile, il n'est pas aisé d'empêcher l'abus de se glisser furtivement, et de se mettre ainsi à l'abri de la répression.

Un des plus grands fléaux qui pourraient résulter encore de la création des chemins de fer, ce serait la désertion des campagnes. Le paysan est attaché à son travail, il ne faut pas le déranger et venir troubler sa vie, car on doit se souvenir des effets désastreux de cette propagande insensée, qui vint, à une époque de deuil pour la France, dire aux paysans : « Si tu fais cela, tu auras de l'or, tu mangeras du lard tous les jours; enfin tu jouiras de toutes les douceurs de la vie. » Le malheureux se laissa prendre à ces trompeuses paroles, il quitta son travail et dépensa ses économies au cabaret; puis vint la misère avec toutes ses horreurs, et il arriva à envier le bien-être et l'indolence des forçats du bagne de Brest.

Il faut donc, en quelque sorte, préparer la Bretagne à recevoir les chemins de fer, et la mettre en état de profiter de ce bienfait. Des milliers d'hectares de landes attendent la culture; qu'il soit donc organisé un grand système de défrichement semblable, par exemple, à celui que nous avons proposé, que l'on donne de la lande au paysan; le caillou est dur, mais sa tête est plus dure encore, et il succombera de fatigue ou le blé poussera. Vous ne savez pas le culte du paysan pour la terre; la terre lui vient du ciel, aussi c'est là qu'il adore Dieu à la face du soleil ou des étoiles. Son temple n'est point un monument d'architecture bâtarde, c'est le champ qu'il cultive; là, point de bruit, point de ces hurlements d'une meute en prières ou en adoration devant le veau d'or, on n'entend que le *hin!* du travailleur qui sue sous le harnais de la charrue, et le chant plaintif du pâtour ou de la bergère qui gardent leur troupeau.

Nous savons que quelques esprits chagrins sont toujours disposés à crier contre les innovations et les tentatives faites chaque jour pour arriver à un progrès réel. Détracteurs assidus du présent, ils semblent regretter un passé qu'ils ignorent pour la plupart; aussi, tout en reconnaissant que l'on peut conserver dans son cœur des regrets et des respects qui honorent, nous penserons toujours que les luttes sourdes et les cris de détresse proférés dans l'ombre ne peuvent que rabaisser ceux qui se rendent coupables de semblables lâchetés. Nous préférons cent fois les révoltes franches et hardies du paysan breton, qui regrette amèrement le passé et se maintient dans une sorte d'opposition contre le présent. Chez lui l'éducation fait défaut, et c'est ce qui explique la répulsion qu'il éprouve pour les idées nouvelles; mais cette manière de voir ne se comprend plus lorsqu'il s'agit d'hommes intelligents et éclairés. En un mot, nous pardonnons au peuple des campagnes les ballades dans lesquelles il exhale franchement sa douleur, et nous méprisons le travail souterrain qu'une poignée de mécontents entreprend contre l'ordre établi.

La ballade suivante donnera une idée du vieil esprit patriotique auquel le paysan breton est resté fidèle.

LE TEMPS PASSÉ[1].

PREMIER MEUNIER.

Bretons, faisons une chanson sur les hommes de la basse Bretagne.

— Venez entendre, entendre, ô peuple! venez entendre, entendre la chanson. —

Les hommes de la basse Bretagne ont fait un joli berceau bien poli;

— Venez entendre, entendre, ô peuple! venez entendre, entendre la chanson. —

Un beau berceau en ivoire, orné de clous d'or et d'argent.

Orné de clous d'or et d'argent, et ils le balancent maintenant le cœur triste;

Maintenant, en le balançant, les larmes coulent de leurs yeux;

Des larmes coulent, des larmes amères : celui qui est dedans est mort!

Est mort, est mort, depuis longtemps; et ils le bercent toujours en chantant,

Et ils le bercent, bercent toujours, perdu qu'ils ont la raison.

[1] *Chants populaires de la Bretagne*, par M. de la Villemarqué, IIe volume, page 27.

La raison ils l'ont perdue; ils ont perdu les joies du monde.

Le monde n'a plus pour les Bretons que regrets et peines de cœur,

Que regrets et peines d'esprit lorsqu'ils pensent au temps passé.

SECOND MEUNIER.

Dans le vieux temps on ne voyait pas se promener ici certains oiseaux;

Certains oiseaux verts du fisc; la tête haute, la bouche ouverte.

Le pays ne devait aucun impôt, ni pour le sel, ni pour le tabac.

Sel et tabac coûtent bien cher, ils coûtaient moitié moins jadis.

Jadis on ne voyait point sur la place accourir les maltôtiers;

Accourir comme des mouches, à l'odeur du cidre aux barriques.

Toute barrique paye aujourd'hui, hormis celle des ménétriers[1].

PREMIER PILLAOUER.

On n'envoyait pas autrefois les Bretons dans les pays étrangers,

Dans les pays étrangers — non! — pour mourir, hélas! loin de la basse Bretagne.

---

[1] Les ménétriers bretons ont pour siéges des barriques *vides*.

PREMIER LABOUREUR.

En basse Bretagne, dans les manoirs, il y avait des hommes de bien qui soutenaient le pays;

Maintenant on y voit assis, au haut bout de la table, l'ancien gardeur de vaches du manoir.

Au manoir, quand venait un pauvre, on ne le laissait pas longtemps à la porte;

La bonne dame allant au grand coffre, lui versait de la farine d'avoine plein sa besace;

Elle donnait du pain à ceux qui avaient faim et des remèdes à ceux qui étaient malades.

Pain et remèdes aujourd'hui manquent; les pauvres s'éloignent du manoir;

Tête basse, s'éloignent les pauvres, par la peur du chien qui est à la porte;

Par la peur du chien qui s'élance sur les paysans comme sur leurs mères.

DEUXIÈME LABOUREUR.

L'année où ma mère devint veuve fut pour ma mère une mauvaise année.

Elle avait neuf petits enfants, et n'avait pas de pain à leur donner.

— Celui qui pourra donner, je vais le trouver dit-elle;

Je vais trouver l'étranger : que Dieu le garde en bonne santé

— Bonne santé à vous, maître de ce manoir ; je suis venue ici pour savoir une chose ;

Pour savoir si vous auriez la bonté de donner du pain à mes enfants,

Du pain à mes neuf petits enfants, monsieur, qui n'ont pas mangé depuis trois jours. —

L'étranger répondit à ma pauvre mère quand il l'entendit :

— Va-t'en du seuil de ma porte, ou je te fais dévorer par mon chien. —

Le chien lui fit peur; elle sortit et s'en allait pleurant le long du grand chemin.

La pauvre veuve pleurait : — Que donnerai-je à mes enfants?

A mes enfants que donnerai-je, quand ils me diront : « Mère, j'ai faim! »

Elle ne voyait pas bien son chemin, tant elle avait de larmes dans les yeux.

A mi-chemin de chez elle, elle rencontra le seigneur comte;

Le seigneur comte du manoir de Pratulo, allant chasser la biche au bois du Loc'h;

Allant au bois du Loc'h chasser la biche, monté sur son cheval bai.

— Ma bonne chère femme, dites-moi, pourquoi donc, pourquoi pleurez-vous?

— Je pleure à cause de mes enfants, je n'ai pas de pain à leur donner.

— Ma bonne femme, ne pleurez pas; voici de l'argent, allez en acheter. —

Que Dieu bénisse le seigneur comte! Voilà des hommes, sur ma parole!

Quand je devrais aller à la mort, j'irai pour lui quand il voudra.

TROISIÈME LABOUREUR.

Voilà des hommes qui ont bon cœur; ceux-là écoutent les gens de toute condition;

Ceux-là écoutent les gens de toute condition; ceux-là sont bons pour tout le monde.

QUATRIÈME LABOUREUR.

Ceux-là sont bons pour les malheureux domaniers; ce n'est pas eux qui les congédieraient;

Qui les congédieraient comme les nouveaux maîtres, pour accroître leur fortune;

Leur fortune; sans penser que celui qui l'accroît de la sorte en ce monde la diminue certainement pour l'autre.

CINQUIÈME LABOUREUR.

Ce ne sont pas ceux-là qui font vendre le lit d'un fermier avec ses meubles.

DEUXIÈME PILLAOUER.

Ce ne sont pas ceux-là qui font payer deux écus d'amende à une femme qui cherche son pain;

Deux écus pour ce que sa vache a mangé d'herbe dans le commun où sa bête a toujours pâturé.

TROISIÈME PILLAOUER.

Ce ne sont pas ceux-là qui défendent de chasser; quand ils vont au bois, ils mandent tout le monde.

SIXIÈME LABOUREUR.

Ce ne sont pas ceux-là qui nient ce qu'ils doivent; leur parole vaut un contrat.

Ce ne sont pas ceux-là qui sont malades de ladrerie; ce sont les nouveaux gentilshommes.

SEPTIÈME LABOUREUR.

Les gentilshommes nouveaux sont durs; les anciens étaient meilleurs maîtres.

Les anciens, s'ils ont la tête chaude, aiment les paysans de tout leur cœur.

Mais les anciens, malheureusement pour le monde, ne sont pas aussi nombreux qu'ils l'ont été!

Plus nombreux sont les mangeurs que les hommes bons pour les pauvres.

TROISIÈME PILLAOUER.

Les pauvres seront toujours pauvres; ceux des villes les mangeront toujours.

PREMIER MEUNIER.

Toujours! pourtant on avait dit : « La plus mauvaise terre (donnera) le meilleur blé ;

« Le meilleur blé, quand reviendront les vieux rois pour gouverner le pays. »

Les vieux rois sont revenus, le vieux temps ne l'est pas.

Le vieux temps ne reviendra plus ; on nous a trompés, malheureux !

Malheureux, on nous a trompés ! Le blé est mauvais dans la terre mauvaise.

De mal en pis va le monde ; il devient de plus en plus dur ; celui qui ne voit pas cela est fou.

Il est fou celui qui a cru que les corbeaux deviendraient colombes ;

Qui a cru que les lis fleuriront jamais sur la racine de la fougère ;

Qui a cru que l'or jaune tombe du haut des arbres.

Du haut des arbres il ne tombe rien que des feuilles sèches.

Il ne tombe que des feuilles sèches qui font place à des feuilles nouvelles ;

Que des feuilles jaunes comme l'or, pour faire le lit des pauvres gens.

Chers pauvres, consolez-vous, vous aurez un jour des lits de plume ;

Vous aurez, au lieu de lits de branches, des lits d'ivoire dans le ciel.

DEUXIÈME MEUNIER.

Ce chant a été composé la veille de la fête de la Vierge, après souper ;

Il a été composé par douze hommes, dansant sur le tertre de la chapelle.

Trois font métier de chercher des chiffons, sept sèment le seigle, deux le moulent menu.

— Et voilà faite, voilà faite, ô peuple ! et voilà faite, voilà faite la chanson.

Loin de repousser le progrès, il faut donc chercher à y arriver par toutes les voies possibles, et tâcher de réaliser en Bretagne des problèmes qui n'ont jamais pu être résolus. Une civilisation lente est préférable à une invasion rapide, qui n'amènerait que des calamités en créant tout à coup des besoins nouveaux ; il faut donc, avant tout, préparer le terrain sur lequel on doit agir ; car le paysan peut être assimilé à un champ qui rapporte selon ce qu'on y a semé.

S'il ne doit pas en être ainsi, si le mal ne peut être évité, si le démon de l'argent, si l'amour des jouissances, si la glorification de la matière doivent devenir les dieux de la Bretagne, il faut fermer le vieux livre du passé, et écrire à la dernière page le chant suprême du barde breton expirant loin de son pays et suivant de l'œil le nuage épais qui s'étend sur la terre d'Armor.

ÉLÉGIE

DE LA BRETAGNE [1]

Le dernier de nos jours penche vers son déclin :
Voici le dragon rouge annoncé par Merlin !
Il vient, il a franchi les marches de Bretagne,
Traversant le vallon, éventrant la montagne,
Passant fleuves, étangs, comme un simple ruisseau,
Plus rapide nageur que la couleuvre d'eau ;

---

(1) Brizeux a composé cette Élégie quelques jours avant sa mort.

Il a ses sifflements! Parfois le monstre aveugle
Est le taureau voilé dans l'arène et qui beugle :
Quand s'apaise la mer, écoutez longuement
Venir sur le vent d'est le hideux beuglement!

Bientôt ils descendront dans les places des villes,
Ceux qui sur les coteaux chantaient, gais chevriers,
Vendant leurs libres mains à des travaux serviles,
Villageois enlaidis vêtus en ouvriers.

O Dieu! qui nous créas ou guerriers ou poëtes,
Sur la côte marins, et pâtres dans les champs,
Sous les vils intérêts ne courbe pas nos têtes,
Ne fais pas des Bretons un peuple de marchands!

Nature, ô bonne mère! éloigne l'industrie!
Sur ton sein laisse encor nos enfants s'appuyer!
En fabrique on voudrait changer la métairie :
Restez, sylphes des bois, gais lutins du foyer!

La science a le front tout rayonnant de flammes,
Plus d'un fruit savoureux est tombé de ses mains :
Éclaire les esprits sans dessécher les âmes,
O bienfaitrice! alors viens tracer nos chemins.

Pourtant ne vante plus tes campagnes de France !
J'ai vu, par l'avarice ennuyés et vieillis,
Des barbares sans foi, sans cœur, sans espérance,
Et, l'amour m'inspirant, j'ai chanté mon pays.

Vingt ans je l'ai chanté... Mais si mon œuvre est vaine,
Si chez nous vient le mal que je fuyais ailleurs,
Mon âme montera, triste encor, mais sans haine,
Vers une autre Bretagne, en des mondes meilleurs.

ITINÉRAIRE

I

Morlaix. — Maisons des quinzième et seizième siècles. — Église de Saint-Mélaine. — Fontaine gothique des Carmélites. — Musées. — Lanmeur. — Église de Saint-Mélair. — Prieuré de Notre-Dame-de-Kernitroûn. — Saint-Jean-du-Doigt. — Chapelle de Saint-Jean. — Légende. — Saint-Thegonnec. — Guimiliau. — Église de Guimiliau. — Calvaire du seizième siècle. — Lampaul. — Landivisiau. — Plouvorn. — Commanderie de Lambader. — Saint-Pol-de-Léon. — Cathédrale de Saint-Pol. — Notre-Dame du Creizker. — Roscoff. — Église du seizième siècle. — Penpoull. — Château de Kerangouez. — Manoirs de Kersaliou et de Kermorruz. — La pierre du diable. — Sibiril. — Tombeau de Jean de Kerouzeré. — Château de Kerouzeró. — Cleder. — Carneillou ou cimetière celtique. — Château de Kergournadec'h. — Château de Kermilin. — Port de Kernic. — Lochrist. — Église de Lochrist. — Anciens tombeaux. — Ancien baptistère. — Fontaine sacrée. — Pont-ar-C'hastel.

Lorsqu'on aborde le Finistère par l'Océan, l'horizon se déploie sur un de ces sites grandioses empreint d'une poésie un peu sauvage comme toute la côte de l'Armorique, mais d'une splendeur de végétation, d'une originalité d'aspect qui donne à la côte un cachet tout spécial. Devant soi la mer captive entre deux ceintures de rochers abrupts, gigantesques, qui circonscrivent un port; à droite, sur un immense rocher, un fort qui défend l'entrée de ce port, c'est le château du Taureau; puis, tout au fond, sur le versant de deux collines, Morlaix, disposé en un vaste amphithéâtre couronné de jardins en fleurs, où gazouillent des milliers d'oiseaux que le bruit de la ville ne saurait troubler.

Avant d'entrer dans le port de Morlaix, on aperçoit une vaste baie appelée le *Dourduff* (*Eau noire*), où vinrent bien des fois se cacher, durant nos guerres maritimes, des flottilles de corsaires qui cherchaient à surprendre les navires marchands à leur sortie, et qui osèrent même, quelquefois, piller les villages voisins et enlever leurs habitants, comme le prouve une chanson bretonne très-populaire aux environs de la rade :

« Le premier jour du mois de novembre, les Saxons sont descendus au Dourduff :

Ils ont enlevé une jeune fille dont Yvonne était le nom :

Ils l'ont enlevée, la jeune fille, et emmenée à leur navire.

La pauvre enfant pleurait et ne trouvait personne qui la consolât,

Excepté le capitaine des Saxons qui essayait de la distraire.

Il ne cessait de lui dire : « Calmez-vous, jeune fille, ne pleurez plus ;

Vous ne perdrez point la vie ici : oh ! la vie, je vous la garantis. L'honneur, c'est autre chose.

— Seigneur Saxon, je vous prie, combien de maîtres aurai-je ici ?

— Moi, d'abord, puis mon second, puis mes matelots :

Et mes matelots, qui sont cent, et un de plus. »

La jeune fille disait alors au fond de son âme :

« Mon Dieu ! Sainte Trinité, inspirez-moi ! Me noierai-je, ou n'en ferai-je rien ? »

Elle a obéi à son Dieu, et, la tête la première, elle a disparu
dans les flots.
Il eût eu un cœur de fer, celui qui se fût trouvé à Plouézoch,
et qui n'eût pas pleuré
En voyant le corps de la jeune vierge enveloppé de linceuls
blancs,
Que l'on plaçait sur le char des morts, et que l'on menait en-
sevelir parmi les siens. »

Le Dourduff ne servit pas seulement de lieu d'em-
buscade aux corsaires, c'est encore en cet endroit que,
le 4 juillet 1522, abordèrent une cinquantaine de navires anglais, qui y effectuèrent une descente et péné-
trèrent dans la ville sous divers déguisements, conduits
par un traître nommé Latricle. Les gentilshommes de
Morlaix s'étaient rendus à Guingamp, où le comte de
Laval faisait une revue de la noblesse, et les bourgeois étaient à la foire de Noyal-Pontivy ; aussi la
ville, laissée sans défense, fut-elle facilement mise au
pillage et incendiée; mais le vainqueur, étourdi par son
succès, s'enivra après le carnage, et trois cents gentilshommes, arrivés en toute hâte, massacrèrent l'arrière-
garde dans le bois de Styvel, près de la fontaine appelée depuis lors *Fontaine des Anglais*, au moment où
ces pillards, chargés de butin, allaient se retirer sur
leurs navires.

Après cet événement, François Ier, sentant l'importance de la rivière de Morlaix, autorisa, en 1542, les
habitants à construire, à leurs frais, une forteresse sur
ce rocher du Taureau qui défend l'entrée de la rade. Ce
château est admirablement assis sur une roche escarpée
qui contribue elle-même à le rendre plus imprenable.

Une partie des ouvrages datent de 1742, époque à laquelle les fortifications furent encore augmentées.

Un peu avant d'arriver à la ville, il faut visiter les bois et le parc de Keranroux. Cette magnifique demeure, où vivait, il y a quelques années, M. de la Fruglaye, naturaliste distingué, appartient aujourd'hui à M. le vicomte de Champagny, qui a conservé le curieux musée que lui a laissé son grand-père [1].

Enfin, voici Morlaix, bâti sur le penchant de deux collines, et traversé par une rivière paisible qui coule entre deux rangées de maisons, dont le plus grand nombre est en bois, surtout celles de la vieille galerie des *Lances*. L'amateur d'anciennes constructions du moyen âge ne visitera pas sans émotion ces maisons bizarres, où sont réunies les plus merveilleuses sculptures que l'on puisse imaginer; cependant les habitants ne font pas grand cas de toutes ces richesses, et beaucoup d'entre eux préféreraient, peut-être, de solides escaliers en pierre aux *échelles* sculptées de leurs aïeux. Dirigeons-nous donc en toute hâte vers la galerie de Tréguier.

La physionomie de toutes ces maisons, qui sont, pour la plupart, du quinzième et du seizième siècle, est à peu près la même, les détails seuls diffèrent. La porte principale donne sur un vestibule que l'on traverse pour arriver au centre de l'édifice. On se trouve alors dans une sorte de cour fermée par un grand châssis vitré incrusté dans le toit, d'où est venu le nom

---

[1] M. de la Fruglaye, connu pour sa noble générosité, avait acheté, sans compter, de la veuve du peintre Valentin, tous les dessins, ébauches, esquisses, etc., laissés par son mari.

de ces maisons dites *à lanterne*. Cette cour ou plutôt cette salle, chauffée par une vaste cheminée, donne accès à un escalier enrichi de sculptures, qui dessert les appartements donnant sur la rue et ceux qui prennent jour sur les galeries ou tribunes distribuées à chaque étage.

L'ensemble de ces tribunes, supportées par des colonnes ornées de sculptures singulières, donne à l'enceinte de ces édifices l'apparence d'une salle de spectacle.

La *rue Pavée* renferme quelques maisons du moyen âge[1], remarquables par leurs sculptures grotesques, représentant des joueurs de biniou, des buveurs, etc. Quelques-unes ont encore conservé leurs croisées aux vitrages plombés, leurs portes et leurs fenêtres chargées de moulures fort riches, mais peut-être un peu trop multipliées; enfin toutes ces bizarreries du moyen âge, créations du caprice et de la pensée railleuse, bien faites pour exciter le sourire ou le dédain d'une génération qui ne comprend plus le sens de cette poésie du temps passé.

Arrêtons-nous un moment devant la maison qui porte le n° 11. Voici deux figurines grotesques qui ne manquent pas d'un certain mérite : l'une représente *un fou* avec sa marotte, à laquelle il tire la barbe; l'autre, un personnage plus bizarre encore, car c'est à lui-même qu'il tire la barbe, et ses grimaces prouvent assez qu'il est peu satisfait du plaisir qu'il se donne. Ces deux grotesques, appelés, l'on ne sait trop pourquoi,

---

[1] Celles qui portent les nos 7, 9, 11.

Comus et *Momus*, servent en quelque sorte d'enseigne au magasin de librairie de M. Lédan, éditeur de nombreux ouvrages en langue bretonne, parmi lesquels son excellent livre intitulé : *Simoon a Vontroulez he ar marc'h hadour merer* (Simon de Morlaix, ou le Marchand mercier), n'est pas un des moins curieux.

La *rue des Nobles* présente, presque à chaque pas, des façades des quinzième et seizième siècles, garnies de cariatides parmi lesquelles on remarque un évêque, une Vierge et un saint Jean-Baptiste.

Voyez d'abord l'hôtel de Lesquiffiou, qui porte le n° 28, et une autre maison portant le n° 24, remarquable par un magnifique escalier gothique en bois.

Au nombre des maisons qui méritent quelque intérêt il faut encore visiter celles de la *rue Saint-Melaine*, qui portent les n°s 6, 10 et 44 ; celle de la *Grand'rue*, n° 22 ; la maison de Joseph Daumesnil, ancien maire de Morlaix, *rue de Bourret;* enfin celle du général Moreau, *rue du Mur*. Il est, du reste, peu de villes en France qui renferment autant de souvenirs de l'architecture civile du moyen âge, et, si nous pouvions frapper à toutes les portes, nous ne manquerions pas de trouver, ici une belle plaque de cheminée provenant d'une ancienne maison démolie, là une poutre sculptée que deux dragons tiennent fortement dans leur gueule, à la grande satisfaction du propriétaire, qui s'inquiéterait avec raison si ces monstres venaient, un beau jour, à se dégoûter de leur proie. En un mot, il faudrait beaucoup de temps et de persévérance pour visiter toutes ces antiques constructions et ne négliger aucun détail.

Les deux églises de Saint-Mélaine et de Saint-Mathieu n'offrent rien de bien remarquable. La première est un édifice du quinzième siècle, lourd et de mauvais goût. Une boiserie d'orgue, admirablement travaillée, mérite seule d'être mentionnée. Ses ornements, variés à chaque étage, sont d'une délicatesse inouïe, qui rappelle les plus beaux jours du gothique au quinzième siècle.

La fontaine gothique des Carmélites, contiguë à la chapelle *Notre-Dame*, est un joli monument du quinzième siècle, heureusement échappé au vandalisme de *la bande noire*. Tel n'a pas été le sort du couvent des Jacobins ou des Dominicains, converti aujourd'hui en caserne, et celui de la belle église de cette communauté, le seul monument que possède actuellement Morlaix, et qui sert de grenier à fourrages [1].

Après avoir examiné tous les anciens monuments de Morlaix, il ne vous reste plus qu'un désir à exprimer, c'est d'être admis à visiter les riches collections de vieux meubles de madame de Saint-Prix, de M. Le Saux et de M. le comte de Tromelin. Frappez donc avec confiance aux portes de ces curieux musées, et vous serez accueilli avec cette dignité sans morgue, cette douce affabilité qui caractérisent l'hospitalité bretonne, dernière héritière de celle des anciens patriarches. Vous verrez là des lits, des tables, des bahuts, des dressoirs du quinzième et du seizième siècle, des dessins et des tableaux dus à nos premiers artistes, enfin des ivoires sculptés

---

[1] Ce couvent, bâti vers 1237, a été la demeure d'Albert le Grand, le naïf écrivain de la *Vie des Saints de Bretagne*.

et de riches médailliers de nature à faire le tourment de vingt antiquaires, auxquels on pardonne d'avance de désirer le bien d'autrui.

Morlaix peut devenir le centre de diverses excursions à faire aux environs.

Sur la route de Morlaix à Lannion nous trouvons d'abord Lanmeur (*Grande Lande*). Suivant les anciennes légendes, ce bourg était jadis une grande ville appelée *Kerfeuntun* (ville de la fontaine), et, bien que l'on trouve aujourd'hui peu de traces d'une grande cité, l'importance des églises donne à penser, mettant toute exagération à part, que ce bourg a pu être beaucoup plus considérable qu'il ne l'est actuellement.

L'église de Saint-Mélair, que les gens du pays appellent Saint-Mélard, a été bâtie dans le douzième siècle, mais un grand nombre de reconstructions partielles lui ont enlevé son caractère antique. Le porche et les colonnes du portail, dont les chapiteaux sont ornés de sculptures fort curieuses, sont les seules parties du monument qui aient conservé leur véritable cachet d'antiquité. Nous en excepterons, cependant, l'église souterraine, qui remonte, très-probablement, aux premiers temps du christianisme. Ses voûtes basses et ses colonnes monstrueuses semblent appartenir à cette architecture des premiers siècles de notre ère qui avait le plus grand rapport avec l'architecture lourde et massive des anciens Celtes.

La fontaine, accompagnée d'un bassin de pierre, qui se remarque dans cette crypte ou église souterraine, est, bien certainement, une de ces fontaines sacrées qui jouaient un si grand rôle dans le druidisme, et que la religion catholique adopta dans les premiers temps de l'Église. On rencontre ainsi bien fréquemment, en Bretagne, des monuments du culte druidique que les premiers missionnaires furent obligés de consacrer à la religion du Christ, pour ne pas violenter la croyance des catéchumènes.

Il est encore possible que le bassin de pierre, de forme circulaire, qui reçoit les eaux de la fontaine, ait servi, dans les premiers siècles du christianisme, pour les baptêmes par immersion.

Le prieuré de Notre-Dame-de-Kernitroûn (lieu de madame la Vierge) a été conservé tel qu'il était au douzième siècle, époque de sa construction. Le transsept dans son entier, le portail méridional et la nef, moins la façade occidentale, appartiennent à cette époque; mais l'abside et le chœur sont, relativement, modernes. Entre le chœur et la nef existent des portes ou grilles en bois sculpté et travaillé avec art.

De Lanmeur à Saint-Jean-du-Doigt le paysage est vraiment enchanteur : d'un côté l'Océan sans limites, avec ses flots bleus, vient battre les rochers abrupts qui protégent nos côtes; à gauche de vastes champs de blé balancent leurs épis que le soleil commence à dorer; enfin, devant soi une vallée ombreuse, rafraîchie par de limpides ruisseaux qui serpentent au pied des genêts en fleurs. C'est le chemin de Saint-Jean-du-Doigt.

La chapelle est située sur une colline à peu de distance de la mer et près de Plougasnou, dans une commune appelée Traoûn-Mériadec. Cette chapelle, dont l'architecture gothique est un chef-d'œuvre de délicatesse et de légèreté, est dominée par un clocher surmonté d'une balustrade découpée à jour et d'une belle flèche, que l'on dirait entièrement en granit, tant le plomb qui la recouvre a été rongé par la pluie et bruni par le temps.

Après les églises du Creizker et du Folgoat, Saint-Jean-du-Doigt est sans contredit un des plus beaux édifices du Finistère.

Dans le cimetière est une fontaine fort élégante, construite en kersanton, et surmontée d'ornements en plomb, dans le style de la renaissance.

Le *pardon* de Saint-Jean est un des plus fréquentés de la Bretagne; du reste, les nombreux *ex voto* pendus dans l'église donnent une idée de la vénération des pèlerins qui arrivent, chaque année, au mois d'août, au nombre de quinze à vingt mille. Pendant plusieurs jours un prêtre est chargé de faire toucher aux fidèles l'étui qui renferme le doigt de saint Jean et de le leur appliquer sur la partie malade.

Voici la légende de Saint-Jean-du-Doigt, *Sant Yan ar bis :*

Julien l'Apostat faisait brûler à Samarie le corps de saint Jean-Baptiste, lorsqu'une pluie miraculeuse permit aux chrétiens d'en dérober quelques parcelles. Un des doigts du saint précurseur, envoyé à Philippe le Juste, patriarche de Jérusalem, fut transporté en Normandie par Tècle, vierge de ce pays, qui fit bâtir près de Saint-Lô une église dans laquelle on exposa la sainte relique à la vénération des fidèles. Au quinzième siècle, un jeune Breton, né dans la paroisse de Plougasnou, était au service d'un seigneur normand qui habitait près de cette église. Voulant faire jouir son pays natal du trésor qu'elle renfermait, il forma le projet d'enlever le doigt de saint Jean, qui vint de lui-même se placer sur son poignet, entre la peau et la chair. Mille prodiges marquèrent son voyage en Bretagne. Arrivé à Plougasnou, à peine s'était-il agenouillé pour rendre grâce à Dieu dans l'église du village, dédiée alors à saint Mériadec, que le doigt du saint se dégage, et saute sur l'autel. Le duc Jean accourt pour être témoin des merveilles opérées par la précieuse relique, la fait placer dans un étui d'or, et élève en son honneur, sur l'emplacement de la chapelle de Saint-Mériadec, devenue bientôt trop petite, l'église que l'on voit aujourd'hui [1].

Le 1er août 1440, le duc Jean V, entouré de toute sa cour, posa la première pierre de cette église ; mais sa construction fut interrompue plusieurs fois, malgré les dons des riches seigneurs des environs ; enfin, en 1506, la reine Anne fit reprendre les travaux, et, grâce à ses largesses, cette belle église fut terminée en 1513.

Parmi les nombreux présents faits par la bonne duchesse, on conserve encore à la sacristie un calice en vermeil, orné de médaillons émaillés représentant les apôtres. Sur la patène est un enfant Jésus près duquel la Vierge et saint Joseph sont en adoration. C'est un morceau d'orfévrerie admirable attribué à des artistes italiens.

[1] Voir dans Albert le Grand, *Vie des Saints de la Bretaigne*, la translation du doigt de saint Jean de Normandie à Traoün Mériadec.

L'édifice que l'on voit près de l'église est un caravansérail élevé au commencement du seizième siècle pour recevoir les pèlerins infirmes qui venaient à Saint-Jean-du-Doigt pour obtenir leur guérison.

De Saint-Jean on revient à Morlaix, en passant par Plougasnou, célèbre par quelques légendes et traditions curieuses, et Plouézoch, où existent deux *tumulus* de grande dimension, que l'on rencontre au lieu appelé *Barnenès ar sant.*

En prenant la route de Morlaix à Brest, on trouve d'abord Saint-Thégonnec, dont l'église, bâtie en 1605, est une imitation bâtarde du style de la renaissance, et, quoi qu'en disent ses admirateurs, c'est une construction décorée avec un assez mauvais goût, qui ne mérite nullement les éloges qu'en ont fait les adeptes de l'archéologie *sentimentale,* qui mettent volontiers les monuments de leur province et de leur ville natale au-dessus des chefs-d'œuvre que possède la France.

Soyons Bretons, mais ne laissons pas l'amour du pays influencer nos jugements en archéologie.

La chaire, enrichie de sculptures en bois, d'un travail délicat, et le calvaire, accompagné de statues en kersanton, méritent seuls quelque attention.

Le costume des paysans est un des plus caractéristiques de toute la Bretagne. Il est entièrement noir, et consiste en une grande culotte plissée, un habit carré à la française, une ceinture rouge, un large chapeau et des souliers à boucles. Le costume des femmes ressemble assez à celui des religieuses.

A quelques kilomètres de Saint-Thégonnec, apparaît le bourg de Guimiliau.

Sur le portail de l'église on voit la mère du genre humain sortant des côtes d'Adam. Le buste est déjà formé, tandis que le reste du corps est encore confondu avec celui du premier homme.

Le baptistère, style Louis XIV, est orné de huit colonnes corinthiennes surmontées d'une corniche sculptée. Ces colonnes soutiennent un baldaquin ayant pour amortissement un dauphin, au-dessus duquel deux renommées, embouchant la trompette, élèvent une couronne royale.

Le buffet d'orgues, de la même époque que le baptistère, est orné de nombreuses moulures au milieu desquelles on aperçoit le soleil, emblème du grand roi, avec la devise : *Nec pluribus impar*. Deux bas-reliefs représentent, l'un David jouant de la harpe, et l'autre une des batailles d'Alexandre.

La croix du cimetière est chargée de figures représentant les différents actes de la vie du Christ. Parmi les divers personnages qui s'y trouvent figurés, les uns sont sculptés en très-fort relief, les autres sont complétement détachés. Tous portent le costume du temps auquel a été élevé ce petit monument (1584). Du reste, cette bizarrerie se rencontre fréquemment en Bretagne.

L'église du bourg de Lampaul s'aperçoit à peu de distance de Saint-Thégonnec. Cet édifice, de la fin du seizième siècle, renferme un bénitier assez remarquable. Au-dessus de la cuve l'apôtre saint Jean est représenté donnant le baptême à Jésus-Christ ; puis deux démons, en partie hors du bénitier, se contournent dans des positions bizarres; l'un semble vouloir repousser du pied un obstacle qu'il ne peut vaincre, tandis que l'autre, ployé dans le bénitier, est entortillé dans les replis d'un serpent qui tapisse le fond de la cuve. La physionomie de ces deux suppôts de l'enfer est fortement accentuée et rend bien la gêne qu'ils éprouvent dans cette position, qui doit être pour eux le supplice le plus insupportable.

Gagnez maintenant Landiviziau, dont vous apercevez déjà le joli clocher à jour, et, après avoir donné un coup d'œil au portail de son église, suivez la route de Saint-Pol-de-Léon jusqu'à Plouvorn, dont le clocher surmonte une église du seizième siècle.

Près de ce bourg une fouille, exécutée il y a une trentaine d'années par M. de la Fruglaye, y fit découvrir un sarcophage en pierre, de la forme d'une auge, rempli de cendres et de charbons, parmi lesquels on trouva un fer de lance en bronze, une pointe de flèche en silex, barbelée et à bords tranchants, enfin la lame d'un poignard en airain. Ce tombeau pouvait dater du quatrième ou cinquième siècle, car, comme l'ont fait remarquer plusieurs archéologues, c'est seulement au sixième siècle que les tombeaux furent couverts d'inscriptions.

A peu de distance de Plouvorn on aperçoit la flèche élancée de la commanderie de Lambader, ancienne maison de l'ordre des Templiers. Cette église est construite dans le style de l'architecture gothique arabe. Regardez cette tour carrée avec sa balustrade légère, sa flèche pyramidale travaillée à jour, ainsi que les quatre clochetons qui l'accompagnent, et vous reconnaîtrez alors que vous foulez véritablement le sol du pays de Léon, cette *terre des belles églises*, comme on l'a poétiquement appelée. La commanderie de Lambader était entourée d'une muraille dont on voit encore quelques débris contre le clocher, car chez ces moines guerriers le sanctuaire était une forteresse, et, même en présence de Dieu, ils n'oubliaient point qu'ils avaient des ennemis à combattre.

Le jubé, en bois sculpté, qui sépare la nef du chœur, est un objet d'art remarquable pour la finesse du travail et la multiplicité des détails qui pourraient le faire comparer à un ouvrage de dentelle brodé dans le chêne.

Dans la même chapelle existe un devant d'autel en bois, représentant un personnage nu, qu'à la mitre qu'on lui a laissée sur la tête, on reconnaît pour un évêque. Il est couché sur le dos, le ventre ouvert, et plusieurs soldats sont occupés, en riant, à lui rouler les intestins autour d'un cabestan. Il est probable que l'on a voulu représenter le martyre de saint Érasme, car il est constant que ce saint évêque endura ce genre de supplice. Dans le chœur sont suspendus à la muraille des fers semblables à ceux que portaient les esclaves, qui furent probablement rapportés de la terre sainte par quelque chevalier retenu longtemps captif, loin de ses amis et de sa patrie.

Non loin de Lambader s'élèvent les ruines de l'antique château de Penc'hoat, dont on ne retrouve plus aujourd'hui que les ruines de deux tours et quelques pans de muraille. Selon M. de Fremenville, l'enceinte de cette forteresse, de forme ovale, suffirait pour faire remonter à une haute antiquité l'époque de sa construction, car dès le treizième siècle l'enceinte des châteaux fut généralement tracée sur un plan carré ou parallélogramme, avec une tour au moins dans chaque angle, ce qui ferait supposer que celui des Penc'hoat est d'une date antérieure.

Après cette excursion au milieu d'un paysage ravissant, regagnez la route de Saint-Pol-de-Léon, dont les délicieux clochers pyramident à l'horizon.

D'après les traditions bretonnes, la ville de Saint-Pol-de-Léon aurait existé bien avant l'introduction du christianisme en Bretagne, aussi une foule de légendes rappellent-elles encore le courage des Léonais, chez lesquels la civilisation avait fait de grands progrès à une époque où les autres peuples de l'Armorique étaient encore complétement barbares. Nous ne rapporterons point ici la vie de saint Pol, qui convertit les princes du pays, étonnés des miracles qu'il accomplissait. Albert le Grand, cette *perle de la Bretagne* [1], peut seul vous raconter, dans son style à la fois naïf et poétique, la vie et les miracles des saints, ces premiers fondateurs de notre nation, qui jouèrent un si grand rôle à l'époque où nous sortions à peine de la barbarie.

La cathédrale et Notre-Dame du Creizker sont au nombre des monuments les plus remarquables du Finistère.

La cathédrale, consacrée à saint Pol, est un bel édifice

---

[1] L'anagramme des mots Père Albert le Grand est : *Perle de la Bretagne.*

gothique[1], qui se ressent malheureusement des nombreuses additions et réparations faites à diverses époques; mais, malgré l'irrégularité de son plan, il est à noter cependant que ces défauts sont beaucoup plus sensibles à l'intérieur qu'à l'extérieur. La nef est précédée par un vestibule (particularité assez rare dans les églises gothiques), divisé comme elle en trois parties, chacune ayant une porte donnant au dehors et une autre à l'intérieur de l'église.

Dans le transsept méridional, on remarque des colonnes engagées dont les chapiteaux appartiennent incontestablement à l'époque *romane*. Un des piliers, parallèle aux bas-côtés du chœur, est surmonté d'un chapiteau fort remarquable, dont l'amortissement est couvert d'un véritable bas-relief sculpté sur chacune de ses faces. Malgré le badigeon qui recouvre en partie ces sculptures, dont on ne comprend pas, du reste, la signification, il est facile de voir que ce grossier travail appartient également à l'époque romane.

Au côté méridional du transsept, une belle rose, taillée dans le granit, mérite d'être remarquée par la légèreté surprenante de ses meneaux et la délicatesse de son travail.

Les boiseries du chœur et les stalles échappées en grande partie au vandalisme sont remarquables par la variété de leurs dessins et des sujets, souvent grotesques, sculptés sur les accoudoirs et les miséricordes. Le lutrin

[1] Cette église a été bâtie au quinzième siècle sur l'emplacement d'une plus ancienne qui, elle-même, avait été élevée sur les ruines de celle que Conan Mériadec fonda au cinquième siècle.

est de la même époque que ces stalles, c'est-à-dire du seizième siècle [1].

Au pied du maître-autel est une grande tombe plate sans inscription, qui indique l'emplacement où reposaient les cendres de saint Pol.

Sur la voûte d'une des chapelles latérales, vis-à-vis le chœur et du côté de l'épître, on voit une peinture singulière. C'est une tête ou figure à trois faces humaines, réunies par le front, ayant trois nez et trois bouches, mais seulement trois yeux [2]. Cette allégorie de la Trinité demande un examen attentif, car il est à remarquer que ce symbole d'une triple divinité appartient à diverses religions plus anciennes que le christianisme, et il n'est peut-être pas impossible que cette figure emblématique

---

[1] Un magnifique chapier ou dressoir de sacristie, provenant de la cathédrale de Léon, et aliéné pendant la révolution, fait aujourd'hui partie du musée de l'hôtel de Cluny.

[2] « On trouve à Notre-Dame de Châlons-sur-Marne et dans la cathédrale d'Amiens des figures analogues, mais avec quatre yeux; ce sont aussi des symboles de Dieu en trois personnes. Nous sommes heureux de pouvoir appuyer par des preuves notre opinion. Nous avons vu à Bordeaux une charmante maison de l'époque de la renaissance. Au-dessus de la porte principale, et au milieu d'une décoration ornée de pilastres qui couvre toute la façade jusqu'au premier étage, on remarque trois têtes unies, celle du milieu ayant deux yeux, mais celles de droite et de gauche présentent deux nez, deux bouches et deux yeux, parce que les têtes sont rapprochées de manière à confondre les joues les unes contre les autres, et, aux extrémités d'un triangle, dont un des côtés, placé horizontalement, sert de base aux trois têtes, trois ornements circulaires, dans lesquels sont inscrits les mots : *Pater, Filius, Spiritus Sanctus*. Sur chacun des côtés du triangle, on lit les mots *non est*; et, au centre, se trouve une patère qui contient le nom de Dieu relié par trois bandeaux portant le mot *est*; ce qui permet de lire : Le Père n'est pas

FIGURE A TROIS FACES

Dans la cathédrale de Saint-Pol-de-Léon.

ait été seulement rétablie, d'après une tradition ancienne, dans la cathédrale de Saint-Pol-de-Léon [1]. Cette figure est environnée d'un cartouche sur lequel sont tracés, en caractères gothiques, ces mots : MA DOUEZ, mon Dieu. (Voir la planche.)

Derrière le chœur est le tombeau en marbre blanc de François Visdelou, évêque de Léon, mort en 1671. Sur le sarcophage est la statue de cet évêque, due au ciseau de Nicolas de la Colonge, sculpteur habile, dont on ne possède aucun autre travail.

Près du portail méridional se voit une auge en granit qui sert de bénitier. Sa longueur, sa forme et les grossiers ornements qui la décorent ne permettent pas de douter que ce ne soit un de ces anciens sarcophages si com-

---

le Fils, le Père n'est pas le Saint-Esprit. Le Fils n'est pas le Père, le Fils n'est pas le Saint-Esprit. Le Saint-Esprit n'est pas le Père, le Saint-Esprit n'est pas le Fils ; et le Père est Dieu, le Fils est Dieu, le Saint-Esprit est Dieu.

Ces trois têtes étaient aussi figurées exactement de la même manière dans la chapelle de la Trinité, paroisse de Monclans en Auvergne. »

Voyage pittoresque dans l'ancienne France, par Taylor, Charles Nodier, de Cailleux.

[1] En creusant le canal de Brest, on trouva, dans la rivière d'Erdre, un simulacre représentant trois têtes de béliers réunies, qui rappellent, sans aucun doute, les trois décans du premier signe du zodiaque. Pareille découverte fut faite à Toulouse il y a plusieurs années ; enfin, le taureau accompagné de trois grues, désigné par les mots : *tarvos trigaranus* (taureau à trois grues), qui existait sur l'un des autels anciens découverts à Paris, était aussi un symbole équinoxial présentant également quelque analogie avec la figure à trois faces humaines, qui n'est peut-être, après tout, qu'un emblème aussi grossier sanctifié par le sceau du catholicisme.

muns aux premiers siècles de notre ère. C'est, selon les uns, le cercueil de Conan Mériadec, ce roi fabuleux dont plusieurs historiens ne veulent pas admettre l'existence; selon les autres, c'est l'auge dans laquelle saint Houardon, évêque de Léon, serait arrivé, par mer, de la grande dans la petite Bretagne. En présence de deux fables, on choisit naturellement la plus admissible, et nous croyons qu'il vaut encore mieux regarder cette auge comme le cercueil de Conan, que de penser à la barque un peu massive du bon saint Houardon.

Sur l'extrémité la plus large de ce sarcophage est sculptée une croix, qu'on nomme, en termes de blason, recercelée ou ancrée; et du côté opposé se trouve un arbrisseau que quelques antiquaires ont pris pour un cep de vigne[1]. Les deux faces principales présentent cinq arcades en plein cintre, supportées par des pilastres courts et écrasés; enfin, à l'extrémité d'une de ses parois on voit un arbre dépouillé de ses feuilles, emblème de la mort.

La cathédrale renferme encore un objet d'antiquité qui provient indubitablement de l'église primitive. C'est un baptistère ou cuve de pierre grossièrement taillée qui servait pour les baptêmes par immersion, tels qu'ils se faisaient aux premiers siècles de l'ère chrétienne. Il existe enfin, à la sacristie, une clochette de forme bizarre, battue au marteau et non fondue comme les cloches actuelles. La légende rapporte qu'elle a appartenu au roi Marc de Cornouailles, époux de la blonde Yseult, et pour

[1] Voir le dessin fort exact que M. Pol de Courcy a donné de ce monument (*Bulletin archéologique* (Association bretonne), année 1849 1ᵉʳ volume).

son malheur oncle du beau Tristan le Léonais. Ce monarque, dont les infortunes conjugales ont été célébrées dans les romans de la Table ronde, avait refusé cette cloche à saint Pol, lors de son départ pour l'Armorique, mais un pêcheur la remit au saint peu après l'avoir trouvée dans la gueule d'un énorme poisson pris sur les côtes de Léon.

Il est inutile de dire que l'on attribue à cette cloche des vertus merveilleuses ; même encore aujourd'hui on la pose sur la tête des enfants affligés de surdité, pour leur rendre l'usage de l'ouïe.

Extérieurement, la cathédrale n'offre rien de bien remarquable. Le portail principal est flanqué de deux tours carrées, à deux étages, surmontées de flèches octogones travaillées à jour au milieu de quatre clochetons ; mais tout cet ensemble paraît bien lourd auprès de l'élégant clocher du Creizker, qui fit dire au maréchal Vauban que c'était l'édifice le plus hardi qu'il eût jamais vu. La décoration du portail méridional mérite cependant d'être étudiée pour ses mille sculptures, dont la richesse et l'élégance contrastent vivement avec la nudité des arcades du portail principal, qui étaient jadis ornées de statues.

Après la cathédrale, l'édifice le plus remarquable est l'église de Notre-Dame du Creizker. Bâtie au quatorzième siècle par Jean IV, duc de Bretagne, sur l'emplacement d'une antique chapelle qui remontait au sixième siècle, restaurée maladroitement il y a une trentaine d'années, cette église, chef-d'œuvre de l'architecture du quinzième siècle, n'offre plus rien aujourd'hui d'intéressant à l'intérieur. Le plan de cette église présente une particularité que l'on rencontre assez fréquemment dans les édifices de la même époque, et particulièrement dans la cathédrale de Quimper; c'est la déviation symbolique de l'axe, par allusion à la position inclinée de la tête du Christ expirant sur la croix, suivant ce verset de l'Évangile : *Et inclinato capite, tradidit spiritum.*

Le clocher est, sans contredit, le plus bel ouvrage de ce genre que nous possédions en France; c'est une tour carrée, percée sur chaque face de deux fenêtres en ogive, et dont la masse se trouve dissimulée par une corniche et une balustrade fort élégante, au-dessus de laquelle s'élance une longue flèche découpée à jour et flanquée de quatre clochetons d'une extrême légèreté. Ce clocher, construit tout en granit, a soixante-dix-neuf mètres de hauteur[1], et n'est supporté que par quatre piliers, composés d'une grande quatité de colonnettes fasciculées, ce qui donne à son ensemble quelque chose de prodigieux. Le portail septentrional est orné avec un goût exquis, et malgré les mutilations qu'il a subies, il offre encore une foule de détails ravissants, que les artistes des quinzième et seizième siècles avaient seuls la patience de créer.

Il ne faut pas quitter Saint-Pol-de-Léon sans avoir visité deux maisons prébendales d'un joli style, qui appartiennent à la première moitié du seizième siècle, et dont l'une, qui sert aujourd'hui de succursale au collége, est attribuée à Hamon Barbier, cet opulent abbé pos-

---

[1] L'édifice tout entier a 120 mètres de hauteur.

sesseur de tant de bénéfices, que le pape, étonné d'en trouver un aussi grand nombre vacants à sa mort, demandait si tous les abbés de Bretagne étaient morts le même jour.

Le cimetière renferme plusieurs petits édicules appelés reliquaires ou charniers, destinés à recevoir les ossements qu'on exhume, après un temps déterminé, en creusant de nouvelles fosses ; on voit encore dans cette enceinte funèbre de petites niches ou stations qui méritent quelque attention, bien qu'elles soient beaucoup plus modernes que les monuments décrits précédemment.

A mi-chemin de Saint-Pol-de-Léon à Roscoff, en face d'un grand calvaire planté sur le bord de la route, on trouve, dans un champ de blé que les paysans appellent encore *Parc ar dolmen* (le champ de la table de pierre), un dolmen mutilé, dont la plate-forme, en partie renversée, présente un déversoir destiné à laisser couler le sang des victimes. Plusieurs antiquaires ont nié la destination de ces bassins à rigole que l'on trouve sur plusieurs dolmens, mais, en supposant que les druides ne fissent pas de sacrifices humains comme le prétendent ces mêmes antiquaires, il est du moins incontestable, d'après les commentaires de César, qu'ils immolaient des animaux. Il y a une vingtaine d'années, on a trouvé sous ce monument une lame d'épée en airain, qui tomba en poussière aussitôt qu'on voulut l'enlever, une hache d'airain et plusieurs de ces coins creux, garnis d'une anse, que l'on rencontre fréquemment et en très-grand nombre dans les monuments celtiques, et dont la destination primitive est encore un sujet de conjectures pour les archéologues.

Nous voici à Roscoff, et déjà nous découvrons à quelques pas de nous une immense étendue d'eau, puis un peu plus loin la côte de Plougasnou, la pointe de Primel, hérissée de rochers, les sept îles, et, enfin, l'île de Batz [1], célèbre par le miracle qu'y fit saint Pol en ordonnant à un dragon, qui ravageait le pays, de se précipiter dans la mer. On voit aussi dans cette île la fontaine que le saint fit jaillir en frappant la terre de son bâton.

La ville de Roscoff (Ross, tertre, coff ou goff, forgeron) doit être fort ancienne, car, quoiqu'on ne connaisse pas son origine, il est supposable que depuis bien des siècles on a su apprécier les avantages de sa position. Brûlée et entièrement détruite en 1374, cette ville ne fut rebâtie qu'en 1404, époque à laquelle son commerce devint considérable ; mais il a bien diminué d'importance depuis que Saint-Pol-de-Léon et Morlaix lui ont enlevé différentes branches d'industrie dont elle avait le monopole. Le port est admirablement situé, mais malheureusement il s'encombre chaque jour, aussi serait-il à désirer que le gouvernement s'en occupât sérieusement.

L'abondance du goëmon que l'on récolte sur ces côtes,

---

[1] On raconte que saint Pol, ayant saisi deux dragons qui faisaient l'effroi du pays de Léon, les conduisit dans l'île de Batz, les attacha avec son étole à un bâton qu'il ficha en terre, et leur ordonna de rester tranquilles. Les deux reptiles lui obéirent, et, quelques jours après, ils moururent d'inanition à cette même place. En mémoire de cet insigne miracle, l'île fut appelée *Iniz baz*, l'île du bâton. On conserve encore l'étole avec laquelle le saint enchaîna les deux dragons.

et la nature même du sol, ont fait de Roscoff un pays vraiment exceptionnel pour la production de ses fruits et de ses légumes, qui poussent en plein champ avec une vigueur extraordinaire, particulièrement dans l'espace compris entre les deux rades de Roscoff et de Roscoff-Goz. C'est en ce dernier endroit qu'existait jadis le port de Roscoff, mais après la descente qu'y firent les Anglais, la ville, détruite complétement par l'incendie, fut rebâtie alors plus près du fort Bloscon, là où nous la voyons aujourd'hui.

L'église date du seizième siècle, et n'offre rien de remarquable. Nous citerons cependant sept bas-reliefs en albâtre représentant la naissance, le supplice et la mort de Jésus-Christ; celui qui représente la Conception est surtout extraordinaire. De la bouche du Père Éternel sort un souffle visible, sur lequel se trouve un Saint-Esprit sous la forme d'un pigeon, et la Vierge ouvre la bouche pour le recevoir. Sur le côté du tableau l'ange Gabriel tient à la main un lis entouré d'une légende avec ces mots : *Ave Maria*. M. de Fréminville dit, dans son ouvrage sur les antiquités du Finistère, que ce bas-relief du quatorzième siècle est exactement copié sur un semblable qui existait jadis, à Paris, dans l'église des Jacobins de la rue Saint-Jacques. Ce morceau de sculpture est néanmoins fort curieux, bien qu'il ne donne pas, contrairement à l'opinion de M. de Fréminville, une idée satisfaisante de l'art à cette époque.

Après avoir examiné le fameux figuier de Roscoff, sous lequel trois cents personnes peuvent se mettre à l'abri, il faut retourner à Saint-Pol-de-Léon, dont les environs offrent quelque intérêt.

A peu de distance de Saint-Pol apparaît le village de Penpoull, qui en est en quelque sorte le port maritime. D'après certaines traditions, il paraîtrait que ce lieu était jadis fort important, et, bien qu'aujourd'hui on n'y aperçoive que quelques maisons de pêcheurs, l'élégance des constructions et leur caractère antique font supposer qu'il a pu exister à cette même place une ville de quelque importance.

Le château de Kerangouez, situé à une demi-lieue de la ville, vers le sud, est un édifice du quatorzième siècle. Ses portes en ogives, ses fenêtres à croisées de pierre, sa tour hexagone à la base, ronde au sommet, son bel escalier en vis, sont les signes caractéristiques de l'époque à laquelle il a été construit ; et sa devise, écrite en caractères gothiques : *Mutoudez* (taisez-vous !), n'est-ce point là une vieille devise bretonne, originale et mystérieuse dans sa signification?

Aux environs de Saint-Pol-de-Léon on rencontre encore le joli manoir de Kersaliou et celui de Kermorruz (manoir de la mer Rouge), qui fut construit sans doute au retour des croisades.

Sur le penchant de la colline sur le haut de laquelle s'élève le château de Pontplancoët, édifice du quinzième siècle, vous trouverez un *peulvan* appelé *la Pierre du Diable*. Les gens du pays vous raconteront à ce sujet qu'un jour le diable, qui était allé se promener à Cléder, aperçut de loin la cathédrale de Saint-Pol que l'on commençait à bâtir. Dans sa fureur il saisit un rocher et le lança dans la direction des tours, mais la pierre ne put atteindre le but et tomba à la place où elle est actuellement ; avec un peu de bonne volonté vous verrez même sur cet énorme bloc de granit l'empreinte laissée par les griffes de Satan. Cette légende, plus ou moins ingénieuse, prouve encore une fois le zèle des premiers missionnaires chrétiens qui cherchaient à rendre odieux au peuple ces anciens monuments du culte druidique expirant.

Nous laissons sur la gauche le vieux manoir de Kerc'hoent, aujourd'hui fort délabré, et, après avoir aperçu de loin la tour du manoir de Kerautret, où l'on montre encore *ar gambr an itroun* (la chambre de madame), nous arrivons à Sibiril. L'église renferme le tombeau de Jean de Kerouzeré, chevalier banneret qui vivait du temps de Jean V. La statue étendue sur la pierre tombale représente un chevalier armé de toutes pièces, les pieds et les mains seuls sont nus. Sa cuirasse, dont le devant est très-bombé, est recouverte d'une cotte d'armes sur laquelle est représenté le lion de Kerouzeré. Au côté gauche du chevalier est une longue épée nue à deux tranchants, et enfin, à sa droite, sa *dague* ou *miséricorde*. La statue a les pieds posés sur un lion qui ronge un os. Deux figures d'anges soutiennent l'oreiller sur lequel la tête est appuyée, et, sur le ceinturon, on lit la devise des seigneurs de Kerouzeré, *List, list* (laissez, laissez).

En vous dirigeant vers la mer, saluez le château de Kerouzeré, un des plus beaux monuments de notre ancienne architecture militaire et féodale. En 1590 ce château et la ville de Brest étaient alors les seules places fortes du Finistère qui fussent demeurées fidèles à la légitimité, et qui reconnussent Henri IV pour leur souverain, aussi Kerouzeré eut à soutenir un siége de six semaines, et résista au duc de Goulaine; mais, à bout de ressources, Boiséon de Coetnizan, alors propriétaire de cette place forte, fut obligé de capituler. Le duc de Mercœur, gouverneur de la Bretagne, ne ratifia pas en son entier la capitulation de Boiséon, et, après l'avoir détenu longtemps à Morlaix, il ne lui rendit la liberté que moyennant une rançon de dix mille écus, et ordonna que la forteresse fût démantelée; mais, après le couronnement de Henri IV, Boiséon obtint, des propres deniers du roi, une somme assez considérable, qu'il employa à réédifier son château tel qu'on le voit aujourd'hui.

A Cleder, à peu de distance de Sibiril, on rencontre un *carneillou*, ou cimetière celtique, dont les pierres sont dispersées sans ordre au lieu d'être alignées comme à Carnac (Morbihan). Il y a quelques années, en faisant sauter, au moyen de la mine, un énorme bloc de granit dépendant de ce carneillou, qui encombrait la route de Plouescat, on a découvert, sous ce grossier monument, des haches en bronze et divers instruments en cuivre d'un usage inconnu, ce qui prouve d'une manière évidente que cette pierre, qui pesait plus de cinquante mille kilogrammes, avait été roulée et placée sur le lieu même où étaient enterrées ces armes. Non loin du *carneillou* se trouve un dolmen et, tout auprès, un menhir de quatorze pieds, qui semble indiquer l'entrée du cimetière celtique.

C'est encore dans la commune de Cleder qu'est le

château de Kergournadec'h, édifice en ruine qui semble n'avoir jamais été achevé. Quoi qu'il en soit, ses murs à demi écroulés, ses grosses tours à créneaux et à machicoulis donnent une haute idée du plan qu'avait conçu l'architecte, et l'on ne peut s'empêcher d'admirer cette puissante forteresse que l'on achève par la pensée telle qu'elle dut être conçue primitivement.

Nous avons encore à visiter le château de Kermilin, dont les horribles souterrains, à demi éclairés par d'étroits soupiraux, sont curieux à examiner si l'on désire savoir ce qu'étaient les prisons de nos anciens châteaux forts.

Entre le bourg de Plouescat et la mer s'élèvent deux menhirs, l'un haut de quatorze pieds, près du hameau de Lannerien, l'autre de vingt et un pieds, près de la métairie de Kerouara. Ce dernier *peulvan* ou *pierre debout* est percé de deux trous, que les habitants prétendent avoir été faits par deux boulets d'un navire anglais. A peu de distance de là est l'anse dans laquelle vint mouiller, en 1778, la frégate française *la Belle-Poule*, après son glorieux combat contre la frégate anglaise *l'Aréthuse*.

Laissons derrière nous le petit port de Kernic, dont les sables amoncelés couvrent, dit-on, une forêt engloutie, nommée le bois de Coatanoz, qui disparut dans l'espace d'une nuit sous une invasion de la mer; puis, après avoir donné un coup d'œil au château de Kerliviri, édifice du seizième siècle assez bien conservé, dirigeons-nous sur Lochrist, en longeant l'anse de Goulven, au milieu des sites les plus variés et les plus inattendus ; gravissons, enfin, une colline sur laquelle s'élève un ancien menhir surmonté d'une croix ; de là nous jouirons d'un point de vue curieux pour la variété de son ensemble. La mer qui mugit à l'horizon et vient se briser sur les rochers menaçants qui défendent cette partie de la côte, l'anse de Goulven, le Kernic, puis cette grève de plusieurs lieues d'étendue, arrachée à l'Océan vaincu par la persévérance de l'homme luttant, en quelque sorte, corps à corps et pied à pied avec son ennemi, enfin l'ensemble de ce paysage grandiose vous enchaîne et vous captive ; mais, si puissant que soit le charme, il faut le fuir, sous peine d'y obéir et de ne partir jamais.

Enfin voici Lochrist, dont deux menhirs de huit pieds indiquent l'entrée. Ce village, fort ancien, fut bâti au lieu même où Fragan, comte de Léon, vainquit, vers l'an 404, une armée de Barbares débarquée sur les côtes voisines. En souvenir de sa victoire, ce seigneur fit élever, sur le lieu même du combat, une église en bois qui fut remplacée, au douzième siècle, par une église en pierre de taille, dont le clocher et le porche existent encore actuellement ; le reste de l'édifice a été construit à une époque beaucoup plus rapprochée.

En creusant des fosses dans le cimetière de cette commune, on a découvert, il y a plusieurs années, des tombeaux fort anciens. L'un d'eux, qui appartient au huitième ou au neuvième siècle, est placé en dehors de l'église, contre le mur de l'abside ; c'est une espèce d'auge dans laquelle on a marqué la place destinée à recevoir la tête du cadavre. Au fond est un trou pratiqué pour permettre aux liquides résultant de la putréfaction de s'écouler librement.

Dans le chœur de l'église, du côté de l'évangile, se voit une tombe plate sur laquelle la figure d'un chevalier est gravée en creux. Le nom de Kermavan, qui se lit sur cette tombe, rappelle une tradition de famille relative à l'origine de la devise de cette maison seigneuriale. Un jour que le château de Kermavan était devenu la proie des flammes pendant l'absence du seigneur, celui-ci, averti de ce désastre, accourut en toute hâte et se précipita dans la chapelle pour sauver les vases sacrés, en s'écriant : « Dieu avant ! » Aussi, depuis lors, cette exclamation qui, au moment du péril, avait prouvé son dévouement et montré le mépris qu'il faisait de ses richesses, devint-elle la devise de cette famille de Kermavan, Kerman ou Carman, une des plus illustres et des plus anciennes du Léon.

L'église renferme encore une de ces anciennes cuves de pierre qui, dans les premiers siècles du christianisme, servaient pour les baptêmes par immersion. Cette cuve, ornée extérieurement d'arcades fort grossièrement sculptées, provient incontestablement de l'ancienne église élevée par Fragan au cinquième siècle, et, bien qu'elle soit très-différente de celle que nous avons déjà vue à Saint-Pol-de-Léon, il est impossible de la faire remonter à une époque plus reculée.

Ne quittez pas Lochrist sans visiter l'ancienne fontaine sacrée sur laquelle est érigée une chapelle dont les ruines, couronnées de lierre, ont un aspect à la fois triste et mystérieux.

Les jours de *pardons* les paysans s'arrêtent devant l'arcade gothique qui protége la fontaine, et viennent demander à son eau merveilleuse la guérison de leurs maux, après y avoir déposé une légère offrande.

De Lochrist à Lesneven on trouve le village de Pont-ar-C'hastel (le pont du château), placé au bord d'un joli ruisseau, et encadré du paysage le plus frais et le plus riant que l'on puisse imaginer. Son église mérite d'être visitée, car elle donne une idée de ce qu'était, au seizième siècle, l'architecture gothique dans le fond de la Bretagne. L'art avait subi le sort de la civilisation, et la vieille Armorique attendait encore le moment de sa régénération complète. A une époque où certaines parties de cette province avaient ressenti les bienfaits de la civilisation, grâce aux efforts constants de Jean V et de la reine Anne, diverses contrées voisines de celles-ci étaient restées, chose remarquable! en arrière du mouvement intellectuel et artistique; ce qui prouve une fois de plus combien la nature du pays se prêtait peu à cet échange des idées sans lequel les peuples restent longtemps dans l'enfance.

II

Lesneven. — Tombeau d'Olivier Barbier. — Lanhouarneau. — Berven. — Église du dix-septième siècle. — Château de Kerjean. — Ancienne ville d'Occismor. — Légende. — Église de Notre-Dame-du-Folgoat. — Légende de Salaün ar Foll. — Notre Dame du Folgoat (chant populaire). — Goulven. — Église de Goulven. — Plounéour-Trez. — Monuments celtiques remarquables. — Pontusval. — Manoir de Keryvois. — Manoir de Kerisquillien. — Guisseny. — Plouguerneau. — Ancienne cité de Tolente. — Lannilis. — Ruines du château de Carman. — Manoir de Tromenec. — Tombeau du seigneur de Kermavan. — Landéda. — Momie de Landéda. — Plouvien. — Tombeau de saint Jaoua. — Légende miraculeuse de saint Jaoua. — Croix des trois recteurs. — Carneillou ou cimetière celtique aux environs de Plabennec. — Kersaint-Plabennec. — C'hastel Saint-Thénénan.

Nous voici à Lesneven (Lès-an-Even, la cour du roi Éven), ville fort ancienne qui fut jadis une place forte. Aujourd'hui il ne reste pas de traces de ses anciennes fortifications, et l'antiquaire n'y rencontre plus aucun monument remarquable. Le tombeau de Sébastien Barbier, sieur de Kernaou, placé dans la cour du couvent des Ursulines, offre cependant quelque intérêt, car nous aurons, plus tard, occasion de parler de ce seigneur.

Maintenant, en prenant Lesneven pour centre de vos

excursions, suivez la route de Saint-Pol-de-Léon, sur laquelle vous avez plusieurs monuments à visiter. Voici d'abord Lanhouarneau, ou Land-Huvarné (terre de Saint-Huvarné ou Saint-Hervé), dont l'église gothique est un édifice du seizième siècle, érigé sur l'emplacement d'une ancienne église en bois. Le reliquaire ruiné et le porche, où l'on voit les statues des douze apôtres, méritent quelque attention, bien que ces constructions soient encore plus modernes que le reste de l'édifice. Sur la droite de la route on aperçoit les ruines du château de Morrisur, qui consistait en un donjon bâti sur une butte qu'entourait un mur d'enceinte, dont on voit encore les substructions.

Enfin voici Berven, joli village que d'anciennes traditions désignent comme ayant été jadis un lieu consacré au culte du *phallus*. On rencontre fréquemment des traces de ce culte en étudiant l'histoire des peuples primitifs, et il n'est point étonnant que les Celtes aient eu ce point de ressemblance avec les anciens peuples.

L'église date seulement du dix-septième siècle, et son clocher est d'une hardiesse et d'une légèreté peu communes. Une espèce de jubé en maçonnerie, placé en dehors de l'église, permet au prédicateur de faire entendre sa voix aux fidèles les jours de grande solennité. Il y a une vingtaine d'années, on remarquait, au pignon de l'abside, deux statues, dont l'une représentait un homme et l'autre une femme, se livrant tous deux à une fonction des plus indécentes. Le style barbare de ces cariatides indiquait assez qu'elles devaient avoir appartenu à un monument primitif, et qu'elles avaient été placées dans l'édifice actuel par quelque artiste du moyen âge en veine de joyeuseté et de bouffonnerie. Nous ferons remarquer ici que les artistes de cette époque profitaient sans mesure de la liberté qui leur était laissée au sujet de leurs créations. On n'aimait alors la débauche que pour son côté risible et non pour le plaisir des sens, et c'est peut-être ainsi que l'on pourrait expliquer également l'immense quantité de livres orduriers qui encombrent notre littérature moderne. Quant aux statues de Berven, détruites aujourd'hui, il est hors de doute qu'elles provenaient d'un monument païen, consacré au culte priapique, qui aurait existé en ce lieu.

Passant par Saint-Vougay, on arrive bientôt au château de Kerjean, vaste édifice construit sous le règne de Louis XIII.

Ce château est, sans contredit, le plus considérable de la Bretagne, et, bien qu'il ait été construit à une époque où l'on n'élevait plus de forteresses en France, il donne une idée de ce qu'étaient les châteaux forts bretons, même à l'époque où Richelieu, alors tout-puissant, ne permettait plus aux seigneurs de lutter les uns contre les autres. L'opiniâtreté bretonne ne fléchit point devant les ordres du ministre-roi, et Kerjean, fière et redoutable forteresse, attira plus tard l'attention de Louis XIII, qui disait : « *que le château de Kerjean estait de si belle et si magnifique structure, qu'il était digne de son recueil et séjour si ses affaires l'appelaient en Bretagne, estant une des plus belles maisons de son royaume.* » C'est à cette même époque que ce monarque érigea en marquisat la terre de Kerjean, appartenant alors à René Barbier, sieur de Kernaou, dont nous avons vu le tombeau à Lesneven. Aujourd'hui Kerjean est à demi détruit, mais, cependant, il mérite encore l'attention des antiquaires. Cette masse d'édifices semés sur un espace immense vous reporte à une époque reculée, et, laissant le champ libre à votre imagination, vous assistez à ces combats terribles où les assiégeants succombaient sous l'effort des assiégés retranchés derrière ces épaisses murailles, qui vomissaient, par leurs machicoulis, les projectiles meurtriers dont on se servait alors. Le marquisat de Kerjean passa, faute d'héritiers, dans la famille de Coatanscourt, et, le 27 juin 1794, Mme Suzanne de Coatanscourt, dernière propriétaire de ce château seigneurial, fut exécutée à Brest.

Les paysans de Saint-Vougay et de Lanhouarneau ont conservé le souvenir de cette grande dame orgueilleuse, et ils vous racontent volontiers, à son sujet, quelques anecdotes qui ne sont point des légendes bretonnes. Vous apprendrez, par exemple, de quelle façon l'évêque de Léon la força à admettre à sa table son clergé qu'elle voulait faire dîner à l'office; enfin la réponse de cet huissier audacieux, qui prit un siége et se couvrit en présence de la marquise, occupée à lire des papiers qu'il venait de lui remettre.

« Apprenez, s'écriait-elle, rouge de colère, que jamais les huissiers ne se sont couverts ni assis en ma présence.

— En vérité, dit l'*homme noir*, qui avait probablement fait une longue course à pied, c'étaient donc des gens qui n'avaient ni cul ni tête? Pour moi, j'en agis autrement! »

A la place même où est aujourd'hui Kerjean existait, avant le seizième siècle, un ancien château fort qu'une aventure arrivée à deux chevaliers rendit célèbre.

Olivier de Kerjean avait une épouse d'une grande beauté, dont on l'accusait d'être jaloux. Un jour entre autres, à la cour du roi de France, deux jeunes seigneurs lui reprochèrent de ne pas avoir amené la belle châtelaine, et voulurent voir là une preuve de sa jalousie. Olivier de Kerjean se défendait vivement de cette accusation, et, pour ne laisser aucun doute à ce sujet, il consentit à donner à un des seigneurs une lettre dans laquelle il priait sa femme de bien recevoir l'hôte qu'il lui envoyait. Le jeune homme partit, et, aussitôt son arrivée au château, il chercha à gagner les bonnes grâces de la dame. Importunée de ses poursuites, la châtelaine le fit tomber, un soir, par une trappe, dans de profondes oubliettes, et, pour qu'il ne s'ennuyât pas trop, elle lui donna force étoupes pour composer un tissu qu'elle avait inventé, et qui n'était autre que les *ballins*[1]. Le malheureux prisonnier fut en outre averti qu'il ne serait nourri qu'autant que son travail serait satisfaisant.

Pendant ce temps on s'amusait beaucoup à la cour du pauvre mari, qui semblait déjà éprouver quelques inquiétudes ; si bien que, dans l'espoir d'assister à la victoire remportée par le premier damoiseau, un second séducteur partit aussitôt. La châtelaine reçut de son mieux son nouvel hôte ; aussi, le jeune seigneur, voyant l'accueil qu'on lui faisait, se crut autorisé à débiter ses

[1] Couvertures de lit en fil de lin ou d'étoupes, dont on se sert beaucoup en Bretagne.

fades galanteries, qui irritèrent tellement la sévère marquise qu'elle l'envoya rejoindre son infortuné compagnon. A son tour le mari ne tarda pas à arriver, et jugez un peu de sa joie lorsqu'il trouva les oubliettes de son château peuplées de petits-maîtres convertis en ouvriers soumis. Leur infortune toucha cependant Olivier de Kerjean, et il consentit à leur donner la liberté, bien convaincu qu'ils n'oseraient plus douter, à l'avenir, de la vertu de son épouse. De là vint le proverbe breton :

> Ar c'hoen euz an incardeuzet,
> A zo bet e Kerian savet.

(Le premier ballinier a été formé à Kerjean.)

De retour à Lesneven, allez visiter, sur la route de Landivisiau, le véritable emplacement de la célèbre ville d'Occismor, découverte par M. Miorcec de Kerdanet, savant archéologue breton auquel nous devons tant de précieux documents sur le département du Finistère. C'est à six kilomètres de Lesneven, sur un plateau élevé qu'environnent les villages de Kerilien, de Coatalec et de Kergroas, qu'a dû exister cette ancienne cité dont les auteurs latins font souvent mention. M. de Kerdanet a publié lui-même, sur sa découverte, une notice dans laquelle il décrit avec le plus grand soin les restes d'édifices, ainsi que les fragments de vases antiques et les instruments d'un usage journalier trouvés en ce lieu. Une grande quantité de médailles, de vases en bronze, de bagues, de bracelets, etc., ont été également trouvés, à différentes époques, dans les champs de Brezale et de Bodone, par les paysans, qui ont conservé la tradition relative à la ville d'Occismor. Les auteurs romains, Strabon et Ptolémée, ont parlé fréquemment des toiles d'Occismor et du commerce important que faisait cette ville; aussi, l'existence en ce lieu du village de Kerilien (Ker-al-lien, ville de la toile) vient-elle corroborer l'opinion de M. de Kerdanet, et ébranler tant soit peu le scepticisme des archéologues qui ne veulent pas reconnaître la découverte de leur savant confrère.

En attendant la solution de cet important problème, vous aurez probablement le temps de vous faire raconter l'histoire du roi Izur, qui régnait jadis sur la ville aujourd'hui détruite. Ce bon roi avait, dit-on, une fille si belle, mais si belle, qu'un jeune Romain, établi dans le voisinage, en devint éperdument amoureux et la demanda à son père. Celui-ci, qui ne voulait pas d'un étranger pour gendre, mais qui eût craint de refuser ouvertement, répondit qu'il accorderait sa fille au jeune homme s'il achetait cette faveur par un service; le Romain répondit qu'il était prêt à tout faire.

« J'ai de grands troupeaux de moutons, reprit Izur, dont la laine ne peut être vendue aux teinturiers parce qu'elle est noire; trouvez le moyen de la blanchir, et vous deviendrez mon fils. »

Le jeune Romain, fou d'amour, accepta la tâche qui lui était imposée; mais, comme il était païen, Dieu ni les saints ne vinrent à son secours, et, après avoir passé une année entière à laver la laine noire que le roi lui avait remise, sans pouvoir la blanchir, il mourut d'épuisement et de douleur au bord même du ruisseau où il avait essayé son œuvre impossible.

Il existe bien encore quelque autre tradition curieuse, mais nous voici de retour à Lesneven, et nous avons trop de monuments intéressants à visiter pour nous occuper plus longtemps des merveilleuses destinées de l'antique Occismor.

A quinze cents mètres de Lesneven s'élève l'église célèbre de Notre-Dame du Folgoat, l'un des plus beaux monuments du Finistère. On est étrangement surpris de voir cette belle fleur de l'architecture gothique s'élever au milieu des champs de blé, et à quelques pas d'une petite ville qui voudrait bien renfermer ce trésor dans son sein. On s'expliquerait même difficilement la présence de cette cathédrale sans village et sans ville, si l'on ne connaissait la légende de Salaün ar Foll, Salaün le Fou, ou le Fou du bois (Foll-coat).

« En l'année 1315 florissait en Bretagne, en simplicité et sainteté de vie, un pauvre innocent nommé Salaün, issu de parents pauvres dont les noms sont inconnus, d'un village d'auprès de Lesneven.

» Ce jeune enfant, croissant en âge, commença, après la mort de ses parents, à chérir les douceurs de la solitude, choisissant, pour sa retraite, un bois loin d'icelle ville d'une demi-lieue, orné d'une belle fontaine bordée d'un très-beau vert naissant. Là, comme un passereau solitaire, il solfiait à sa mode les louanges de la Vierge adorable, à laquelle, après Dieu, il avait consacré son cœur; et de nuit, comme le gracieux rossignol, perché sur l'épine de l'austérité, il chantait *Ave Maria*.

» Il était misérablement vêtu, toujours nu-pieds;

n'avait pour lit, en ce bois, que la terre, pour chevet qu'une pierre, pour toit qu'un arbre tortu près de ladite fontaine. Il allait tous les jours mendier son pauvre pain par la ville de Lesneven ou ès environs, n'importunant personne aux portes que de deux ou trois petits mots, car il disait : *Ave Maria*, et puis, en son langage breton : *Salaün a zebrê bara*, c'est-à-dire : « Salaün » mangerait du pain. » Il prenait tout ce qu'on lui donnait, revenait bellement en son petit ermitage auprès de la fontaine, en laquelle il trempait ses croûtes, sans autre assaisonnement que le saint nom de Marie.

» Au cœur de l'hiver il se plongeait dans cette fontaine jusqu'au menton, comme un beau cygne en un étang, et répétait toujours et mille fois, *Ave Maria;* ou bien chantait quelque rhythme breton en l'honneur de Marie.

» On rapporte que, lorsqu'il grouait à pierre fendre, il montait en son arbre, et, prenant deux branches de chaque main, il se berçait et voltigeait en l'air en chantant : *O Maria!* En cette façon, et non autrement, il échauffait son pauvre corps.

» C'est pourquoi, à cause de cette sienne façon de faire, l'appelait-on *le fou* (Salaün ar fol). Et pourtant est-il l'un des plus beaux mignons de la reine des cieux.

» Une fois il fut rencontré par une bande de soldats qui couraient la campagne, lesquels lui demandèrent : *Qui vive?* auxquels il répondit : *Je ne suis ni Blois ni Montfort, je suis le serviteur de madame Marie, et vive Marie!* A ces paroles, les soldats se prirent à rire et le laissèrent aller.

» Il mena cette manière de vie trente-neuf ou quarante ans sans jamais avoir offensé personne. Enfin, il tomba malade, et ne voulut, pour cela, changer de demeure. L'on tient que la sainte Vierge, qui ne manque jamais à ceux qui lui sont fidèles, le consola et récréa merveilleusement de ses aimables visites, s'apparaissant devant lui environnée d'une grande clarté et accompagnée d'une troupe d'anges.

» Notre pauvre simplique, sentant bien que sa fin approchait, comme une tourterelle fit résonner l'écho de sa voix, pour marquer que l'hiver de sa vie était passé. Mourant, il répétait encore dévotement le doux nom de Marie; après cela il rendit heureusement son âme pure et innocente à Dieu. Son visage, qui, en sa vie, était tout défait par la pauvreté, parut si beau et si lumineux, qu'il le disputait à la candeur du lys et au vermeil de la rose.

» Il fut trouvé mort non loin de la fontaine, près du tronc d'arbre qui avait été sa retraite ; et l'enterrèrent les voisins, sans bruit et sans parade en ce même lieu [1]..... »

Quelques mois après la mort du pauvre insensé on vit, dit la légende, croître et fleurir sur sa sépulture un beau lys blanc sur lequel était écrit en lettres d'or : *Ave Maria*. On se rappela alors la dévotion de Salaün pour la Vierge Marie, et l'on ne douta plus que la mère de Dieu eût voulu manifester ainsi combien la dévotion de son fidèle serviteur lui avait été agréable.

---

[1] Le P. Cyrille Pennec, pèlerinage à Notre-Dame de Folgoat.

A la nouvelle de ce miracle, un grand nombre de seigneurs et d'ecclésiastiques vinrent visiter le tombeau *du plus beau mignon de la Reine des cieux*, et Jean V envoya lui-même des commissaires qui reconnurent, après avoir découvert le corps, *que ceste royale fleur sortait par sa bouche du creux de son estomach*.

La date précise de la construction de Notre-Dame du Folgoat est fort obscure; les uns attribuent sa fondation à Jean IV, d'autres à son fils Jean V; mais, en résumant les opinions diverses des historiens à ce sujet, on peut admettre que cette église fut commencée sous Jean IV, sans que ce prince y contribuât, et terminée par son fils Jean V, qui donna des sommes considérables pour faire achever l'édifice. Plusieurs travaux d'art furent encore exécutés à diverses époques, grâce à la munificence de quelques princes et seigneurs touchés du miracle qui fut le point de départ de cette fondation.

Cette belle église fut pendant une longue suite d'années fréquentée par de nombreux pèlerins, venus des régions les plus reculées de la France pour implorer la sainte Vierge, et la remercier des miracles éclatants, qu'elle accomplissait. Au nombre de ces miracles dont le souvenir a été conservé par les ballades populaires, nous citerons celui qui nous a le plus frappé. C'est l'histoire d'une jeune fille faussement accusée d'infanticide. La veille du jour où elle va être brûlée vive, elle apparaît en rêve à son père du fond de la prison où elle est renfermée. Il la voit au bord d'une fontaine occupée à blanchir des nappes déjà blanches, et elle le prie d'aller, en son intention, en pèlerinage à Notre-Dame du Folgoat.

NOTRE-DAME DU FOLGOAT[1].

I

« Santé et joie à vous, mon père !
— Que faites-vous là si matin ?
Pourquoi laver ces nappes plus blanches que neige ?
Que faites-vous là, ma fille ?
— Je suis venue vous prier, mon père, d'aller pour moi au Folgoat ;
Et d'y aller à pied, et pieds nus, et sur vos deux genoux, si vous pouvez y tenir.
Vous y trouverez les cendres du cœur que vous avez nourri
— Qu'avez-vous fait, ma pauvre fille, pour être ainsi réduite en cendres ?
— Un petit enfant a été tué, et on m'accuse, mon père, de l'avoir fait mourir. »

II

Un jour, monsieur De Pouliguen était allé chasser avant dîner.
« Tiens ! voici un lièvre écorché ou un petit enfant étranglé ;
On l'a pendu à la branche de l'arbre, et il a encore le ruban au cou. »
Et il vint trouver sa femme, en rêvant tristement dans son cœur.
« Voyez ! ce pauvre enfant qu'on a tué ; qui a pu le mettre au monde ? »

[1] *Chants populaires de la Bretagne*, par Th. de la Villemarqué, p. 71, 2º volume.

La dame, sans rien répondre, se rendit aussitôt à la ferme.
« Vous vous portez bien, fermière? Voilà du chanvre qui pousse à merveille.
— Mon chanvre ne pousse guère bien, il s'en va tout avec vos pigeons.
— Où sont allées vos filles, que je ne vois que vous?
— Deux sont à la rivière avec les hardes, et deux autres à préparer le chanvre;
Et deux autres à préparer le chanvre; et les deux autres à le peigner.
Pour Marie Fanchonik, ma nièce, elle est au lit malade;
Elle est au lit malade, depuis huit ou neuf jours.
— Ouvrez-moi, ma fermière, que je voie ma filleule.
Dites-moi, ma filleule, où avez-vous mal?
— C'est entre mon ventre et mon cœur que j'ai mal, ma marraine.
— Levez-vous, levez-vous, ma filleule, et allez vous confesser au père François;
Confessez-lui votre péché, et prenez garde à vous, je vous y engage.
— Je ne suis point pécheresse : il y a huit jours que j'ai été confessée.
— Ne mentez pas; vous avez fait un grand péché :
C'est vous qui êtes allée ce matin au bois; vos sabots sont rougis de sang! »

III

« Mon petit page, dis-moi, qui est-ce qui passe dans la rue?
— Vos métayers de Guigourvez, le bourreau et votre filleule.»
Dur eût été celui qui n'eût pas pleuré, sur la place de Folgoat, quand elle arriva;
Quand arriva la jeune fille de quinze ans entre deux archers, pour être pendue,

7.

Une pauvre vieille petite femme, en avant, portait un cierge devant elle ;

Et la jeune fille disait en marchant : « Cet enfant-là n'était pas à moi ! »

Par derrière venait la dame demandant instamment grâce pour sa filleule.

« Rendez-moi ma filleule, et je vous donnerai son pesant d'argent,

Et, si cela ne vous convient pas, je vous en donnerai le poids de ma haquenée, la jeune fille et moi dessus.

— Votre filleule ne vous sera pas rendue ; quiconque a tué, on le tue. »

IV

Comme le sénéchal allait dîner, le bourreau alla la pendre.
Au bout d'un peu de temps, il vint trouver le sénéchal :
« Monsieur, excusez-moi, Marie Fanchonik ne meurt pas ;

Quand je lui mets le pied sur l'épaule, elle se détourne vers moi, et rit.

— Prenez-la, jetez-la, menez-la au bûcher.

— Prenons-la, jetons-la, faisons du feu et de la fumée pour la brûler ! »

Au bout d'un peu de temps, le bourreau revenait :

« Monsieur le sénéchal, excusez-moi, Marie Fanchonik ne meurt pas ;

Elle a du feu jusques au sein, et elle rit de tout son cœur.

— Avant que je croie ce que vous dites, ce chapon-ci aura chanté. »

(Un chapon rôti sur un plat, et tout mangé, hormis les pattes.)

Le sénéchal resta confus : le chapon venait de chanter.

« Marie Fanchonick, pardonnez-moi, c'est moi qui ai failli, et non vous ;

C'est moi qui ai failli, et non vous : qui vous préserve de ce feu ?

— Notre-Dame Marie du Folgoat le balaye de dessous mes pieds ;

La Vierge, mère des chrétiens, le balaye d'autour de mon sein.

— Qu'on envoie vite à Guigourvez, qu'on envoie chez la fermière ;

Qu'on envoie chez la fermière, qu'on sache qui est la pécheresse. »

Ils passèrent tous à travers les flammes, et aucun d'eux ne sourcilla ;

Ils passèrent tous sans sourciller ; la servante seule y resta.

La façade de Notre-Dame du Folgoat est ornée de deux clochers, dont l'un est surmonté d'une flèche très-élevée. Le portail était jadis décoré de la statue du duc Jean V, agenouillé devant la Vierge ; mais, depuis longtemps, cette statue a disparu, et l'on ne voit plus, aujourd'hui, qu'une pierre en kersanton merveilleusement travaillée, sur laquelle ou lisait l'inscription suivante :

Johannes, illustris dux, fondavit præsens collegium, anno domini M IIII^{ct} XXIII.

Au côté droit de l'église est un autre portique, appelé le porche des apôtres, qui fait l'admiration des touristes pour l'élégance de son ensemble et la délicatesse de ses sculptures. On y voit encore, aujourd'hui, les statues des douze apôtres.

Les murs extérieurs de cette église étaient autrefois surchargés d'écussons représentant les armoiries des familles bretonnes qui, par leurs donations particulières, avaient contribué à la construction de l'édifice; mais ces écussons ont été martelés en 93 par les Vandales du dix-huitième siècle, qui choisirent un jour l'église pour être le théâtre de leurs affreuses tragédies, et crurent porter un coup mortel à la féodalité en s'attaquant à des pierres inoffensives, qui se vengeront, en quelque sorte, en transmettant aux siècles futurs le souvenir de la brutalité de leurs destructeurs.

Il faudrait un volume pour analyser les beautés de ce monument, et les défauts inséparables d'une œuvre aussi compliquée; nous renoncerons donc à décrire le luxe d'ornementation de toutes les parties du jubé, et nous nous bornerons à dire que le maître-autel, les fonts baptismaux, l'autel du rosaire, la chapelle de la Croix, l'autel des anges, l'autel du cardinal de Coëtivy, enfin que la belle rosace, qui est, à juste titre, considérée comme une merveille, sont autant de chefs-d'œuvre dignes d'être étudiés avec attention [1].

Avant de quitter le Folgoat, il ne faut point négliger de donner un coup d'œil au piédestal d'une croix qui avait été élevée par le cardinal de Coëtivy, ainsi qu'à l'hôtel des Pèlerins, où demeura la duchesse Anne lorsqu'elle vint au Folgoat en 1499. Allez voir enfin la fontaine de Salaün, placée derrière le maître-autel; c'est là que le pauvre insensé, au cœur même de l'hiver, *se plongeait jusques au menton, comme un beau cygne en un estang.*

---

[1] *Dessins, Histoire et Description de Notre-Dame du Folgoat*, par le marquis de Coëtlogon. Brest, 1852. — *Nouvelle Notice sur Notre-Dame du Folgoat et ses environs*, par D. L. Miorcec de Kerdanet.

De retour à Lesneven dirigez-vous vers le *pays des païens* (land ar pagan), c'est-à-dire vers Plounéour-Trez et Pontusval, qui forment la partie nord du littoral armoricain.

A un kilomètre de la route impériale de Lesneven à Plounéour vous rencontrez déjà le village de Goulven, situé au fond de l'anse du même nom.

L'église gothique de ce village est surmontée d'un élégant clocher qui domine tout le paysage environnant et s'aperçoit même à plusieurs lieues en mer; c'est, du reste, une des plus belles flèches du Finistère, fourvoyée dans un pays un peu sauvage que les touristes aiment à parcourir, car c'est en quelque sorte la terre classique des monuments celtiques, et c'est là que l'on retrouve encore aujourd'hui cette rudesse de mœurs, cette originalité de costume que la civilisation n'a pu encore ni détruire ni atténuer.

A quelques pas du bourg, se trouve un dolmen d'une grande dimension. La table, composée d'une seule pierre, a dix pieds de diamètre et est supportée par dix pierres verticales de sept pieds et demi de hauteur. Ce monument celtique est un des plus élevés du Finistère et se trouve, du reste, bien en rapport avec ceux que nous allons voir près des cantons de Plounéour-Trez et de Pontusval, qui furent longtemps le refuge des druides vaincus et mis en fuite par les missionnaires chrétiens.

M. de Freminville a découvert en cet endroit deux urnes de fabrique grossière et en terre d'un gris brun. L'un de ces vases contenait des cendres et des fragments d'os calcinés; l'autre, vingt haches de bronze, longues de douze à quinze centimètres, et quelques masses ou rosettes brutes du même métal ; ce qui ferait penser, dit M. de Freminville, que les cendres renfermées dans l'autre urne pourraient être celles de l'armurier qui a fabriqué ces armes.

En regagnant la grande route, on aperçoit bientôt Plounéour, misérable village, bâti sur une colline assez élevée, d'où l'on découvre la mer et les mille écueils qui bordent ces côtes si fécondes en naufrages. Nous voici sur les plages où le *droit de Bris* s'exerçait avec fureur. C'est là que se réunissaient les sauvages habitants de cette contrée, attentifs à la tempête, guettant de loin les navires en péril et poussant des hurlements barbares lorsque les naufragés venaient échouer sur ces côtes redoutables : et à peine ces malheureux avaient-ils échappé aux dangers de cette mer semée de récifs, de bancs de sable, qu'ils étaient dépouillés et massacrés inhumainement par ceux dont ils venaient réclamer le secours [1].

Les autorités locales furent souvent forcées d'avoir recours à la force pour faire cesser le pillage et les cruautés de tous genres auxquelles se livraient les paysans riverains, et les prêtres eux-mêmes ont lutté longtemps avant de faire comprendre la fausseté de ce principe traditionnel, d'après lequel ces populations croyaient que les naufrages leur étaient envoyés comme un bien-

---

[1] Le *Forban*, que l'on voit au Musée de Nantes, a été inspiré à M. Amédée Ménard par un ces Celtes sauvages guettant sa proie au moment où une tempête s'annonce à l'horizon.

fait et que les épaves rejetées par la mer leur appartenaient en vertu d'un droit divin. Mais ne réveillons pas ces tristes souvenirs du passé, et en voyant l'habitant des côtes de Plounéour, de Kerlouan et de Guisseny, rappelons-nous que ces hommes de haute stature, aux traits farouches, à la figure hâve et sillonnée de rides creusées avant le temps par le travail et l'inclémence des saisons, ont bien des fois sacrifié généreusement leur vie pour venir en aide à des équipages en péril, sans même s'inquiéter de la couleur du pavillon.

A quelques pas du village, deux dolmens, l'un de quatorze pieds de long et l'autre de vingt pieds, sont encore parfaitement conservés. Le premier offre même une particularité qu'il est bon de constater : c'est l'existence de trois pierres plantées en avant de ce monument et qui formaient jadis une de ces allées ou avenues couvertes que l'on rencontre très-fréquemment dans le Morbihan, où les monuments celtiques sont généralement plus complets.

Près de Ponstuval, petit port d'un accès assez dangereux, s'élève un des plus grands menhirs du Finistère. C'est une pyramide de granit de trente pieds de hauteur, qui devait être le symbole d'une des grandes divinités celtiques ou le monument mémoratif de quelque chef puissant, car les premiers missionnaires placèrent, dès le principe, une croix au sommet de ce menhir, en gravèrent une autre à sa base, et confisquèrent ainsi, au profit de la religion chrétienne, la vénération dont ce monument était l'objet.

Dans le voisinage du chemin de Plounéour à Kerlouan, près d'un hameau nommé Kerroc'h (lieu des rochers), existe un dolmen de trente-quatre pieds de long, sur quinze de large, et divisé intérieurement en deux chambres très-distinctes. Malheureusement, il ne reste plus de cet immense monument que les pierres verticales, la table a complétement disparu. Ces pierres sont appelées les *Danseuses*, parce que, d'après une ancienne tradition, des jeunes filles qui dansaient en cet endroit furent changées en pierres pour avoir refusé de cesser leur divertissement pendant que passait la procession du Saint-Sacrement.

Saluons de loin le manoir de Keryvois et celui de Kerisquillien, près duquel s'élèvent deux menhirs et un de ces *roulers* ou *pierres branlantes* qui jouaient un si grand rôle dans la religion des druides [1].

Guisseny apparaît déjà avec ses côtes hérissées de rochers redoutables; enfin voici Plouguerneau, assis au bord de l'Aberwrac'h, où viennent quelquefois s'abriter les bâtiments caboteurs, bien que l'entrée de la baie soit semée d'écueils qui en rendent l'accès assez difficile. Sous cette grève sablonneuse, qui s'étend à droite du bourg, existent, dit-on, les ruines de *Tolente*, place maritime importante qui aurait été pillée et saccagée par les Normands en 875 : mais, selon certains antiquaires, cette cité *si riche et si puissante*, au dire des légendes, n'aurait existé que dans l'imagination de quelques archéologes trop zélés. Par respect pour les anciennes traditions, qui ont toujours un fond de vérité, nous nous empresserons donc de traverser l'Aberwrac'h

[1] Voir page 70 et suivantes.

qui n'est autre que le fameux port *Keinen*, où avaient lieu, au dire de nos anciens historiens, les ventes d'esclaves à l'époque où les Romains, maîtres du pays, faisaient vendre aux marchands étrangers les enfants des malheureux indigènes.

Après quelques minutes de marche, au milieu du paysage le plus pittoresque et le plus varié, nous arrivons au bourg de Lannilis, que vient traverser l'Aber-Benoit (ou mieux Aber-Benouhic), rivière ainsi nommée de Benouhic, chef breton et père du fameux Lancelot du Lac, si connu dans les poëmes de *la Table-Ronde*.

L'église date du seizième siècle, mais n'offre rien de remarquable.

A peu de distance de Lannilis, dans une vallée arrosée par une petite rivière qui vient se jeter dans l'Aberwrac'h, on aperçoit les ruines du château de Carman. Quelques pans de murailles couronnées de lierre et les débris d'une grosse tour ronde surmontée d'une tourelle, voilà tout ce qui reste aujourd'hui de cette forteresse, possédée jadis par l'illustre famille de Kermavan ou Carman dont nous avons eu déjà occasion de parler.

A gauche de Lannilis, et en suivant les bords de l'Aberwrac'h, on trouve bientôt le manoir de Tromenec, édifice gothique du quinzième siècle qui tombe aujourd'hui en ruines. C'est là que Simon de Tromenec, bien connu pour ses déprédations et ses cruautés de tous genres pendant les guerres de la Ligue, organisait ses expéditions et dressait au pillage les aventuriers qui marchaient sous ses ordres. Bandit déterminé, plutôt que chef de parti, Simon de Tromenec pillait et rançonnait indistinctement royalistes et ligueurs; un jour même il poussa l'audace jusqu'à ravager les terres de l'évêque de Léon. A cette nouvelle, le prélat appela à son secours le sire de Kermavan, qui résolut de se défaire, dans un combat singulier, du sieur de Tromenec, dont les désordres mettaient tout le pays en émoi. Le combat eut lieu, mais le sort des armes ne fut pas favorable au jeune François de Kermavan, qui resta sur le terrain. L'évêque de Léon, de plus en plus indigné, excommunia alors Simon de Tromenec, qui commençait déjà à redouter la vengeance des lois. L'aventureux capitaine consentit donc à faire amende honorable et à se soumettre aux conditions qui lui seraient imposées par l'évêque; celui-ci lui fit d'abord payer de fortes sommes à titre de dédommagement, et lui pardonna ensuite le meurtre de François de Kermavan, mais à la condition expresse qu'il ferait élever à ce seigneur un monument expiatoire dans la chapelle de son propre château.

On voit encore aujourd'hui dans la chapelle du manoir de Tromenec le tombeau du seigneur de Kermavan, sur lequel on lit deux inscriptions ainsi conçues :

1° *Tombeau de François, juveigneur de Kermavan, tué en* 1600.

2° *Noble homme Guillaume-Simon, Sr de Traumenec, fit faire ce tombeau. Dieu lui face pardon.* 1602.

A un kilomètre du manoir de Tromenec on aperçoit l'église de Landéda, qui renferme le tombeau de Simon de Tromenec.

Dans le charnier ou reliquaire de ce village, on conserve un morceau d'anatomie assez curieux; c'est une momie de femme qui s'est conservée ainsi sans avoir subi aucune préparation, et malgré l'humidité du cimetière. Le parfait état de conservation du cadavre, à l'époque de son exhumation, fut regardé comme un miracle par les anciens du pays, qui se rappelèrent alors que c'était le corps d'une femme centenaire, bien connue jadis pour sa piété; aussi, à partir de ce jour, ces restes furent acquis à la vénération de habitants de Landéda.

De retour à Lannilis, passez près de la fontaine *sacrée* de Troubérou, placée aujourd'hui sous la protection de la sainte Vierge; saluez l'ancienne chapelle de Saint-Tariec et les ruines du château de Coat-Elez, et dirigez-vous vers le bourg de Plouvien. Dans une chapelle dédiée à Saint-Jaoua se voit un tombeau ou sarcophage en pierre de Kersanton, sur le dessus duquel est la statue couchée du saint, représenté en costume épiscopal, sa mitre sur la tête et sa crosse en main. Sur le bord du retable, on lit l'inscription suivante en caractères gothiques :

D. Jœuoa epus Leons fuit hîc sepultus.

« Selon les anciennes légendes, saint Jaoua était Irlandais, oncle du prince Tinidore, père de saint Ténénan, et neveu, par sa mère, de saint Pol de Léon. On l'envoya, jeune encore, en Angleterre, où il fit d'excellentes études. Revenu chez son père, on le produisit dans le monde pour lui procurer un mariage avantageux; mais, dominé par son penchant pour la vie religieuse, il s'enfuit de la maison paternelle, et s'embarqua pour aller rejoindre son oncle saint Pol au monastère qu'il avait depuis peu fondé dans l'île d'Ouessant. Une tempête l'empêcha d'y aborder, et le poussa dans la baie de Brest, jusque dans la rivière du Faou. Là, il mit pied à terre avec sa suite, et fut accueilli par saint Judulus, abbé de Landevennec, auquel, après quelques mois de séjour, il demanda l'habit de novice dans son abbaye.

» Son noviciat étant près d'expirer, il se rendit en Léon près de son oncle saint Pol, qui en était alors évêque, et il en reçut l'ordre de prêtrise, avec la cure de la paroisse de Braspars. Saint Jaoua trouva ses paroissiens encore presque tous idolâtres, et eut beaucoup de peine à les convertir au christianisme; mais rien ne put rebuter son zèle ardent pour la foi. Ce zèle le porta même jusqu'à chercher à convertir les habitants des lieux circonvoisins. Le seigneur du Faou, encore païen, et aussi ardent sectateur de sa religion que le curé de Braspars l'était de la sienne, fut offensé de son entreprise; il arma contre lui ses sujets, et un certain jour que tous les supérieurs des monastères de Cornouailles s'étaient réunis dans une église des environs du Faou, il fut les surprendre avec ses gens, dispersa la foule des fidèles, enfonça la porte de l'église, et tua de sa main saint Tadec, qui, en ce moment, célébrait la messe. Tous les moines furent massacrés dans le chœur. Saint Jaoua eut le bonheur de se soustraire, par la fuite, à la fureur de ces idolâtres. L'abbé de Landevennec, Judulus, fut moins heureux; comme il cherchait à regagner son monastère, il fut poursuivi et atteint par le seigneur du Faou, qui lui coupa la tête.

» Dieu, dit la vieille chronique, ne tarda pas à punir ce chef sacrilége, qui fut, bientôt après, possédé du démon, au point que ses serviteurs furent obligés de le lier. De plus, un horrible *dragon* sortit de la mer et vint ravager ses domaines, dévorant hommes et bestiaux. Les principaux habitants reconnurent dans ces événements l'effet de la vengeance divine, et députèrent vers saint Pol de Léon pour le prier de faire cesser ce fléau. Le saint prélat, touché du sort de ces païens, se rendit au Faou, où son neveu Jaoua vint le trouver. Là, il ordonna au dragon[1] de comparaître devant lui sans faire de mal à personne. Le monstre obéit : saint Pol lui passa son étole autour du col, et l'attacha après son bourdon qu'il avait fiché en terre. Le dragon demeura dans cette situation aussi paisiblement que si c'eût été un animal domestique. Frappés de ce miracle, tous les habitants du pays demandèrent le baptême et se convertirent à la foi chrétienne. Le seigneur du Faou, que saint Pol avait guéri au moyen de quelques signes de croix, embrassa la religion chrétienne, et, en expiation du meurtre des saints religieux Tadec et Judulus, fonda l'abbaye de Daoulas (*daou* glas, mot à mot, les deux deuils, pour les deux meurtres). Saint Jaoua fut nommé premier abbé de ce monastère.

» Saint Pol, ayant réglé toutes ces choses, revenait vers le pays de Léon, menant en laisse le dragon qu'il avait soumis, lorsque, passant dans un petit bois entre *Land-Paol* et *Guic-Miliau*, deux hommes, encore envoyés de la part des habitants du Faou, lui dirent que le monstre avait laissé dans sa caverne un petit qui, déjà, exerçait de grands ravages, et ils le prièrent de les en délivrer. Saint Pol commanda au grand dragon d'aller chercher son petit et de le lui amener, ce qu'il exécuta avec docilité, et il les conduisit tous deux dans l'île de Baz, où était son monastère. Là, ayant fiché un bâton en terre, il y

---

[1] Nous ne discuterons point ici l'existence réelle ou fantastique des dragons, qui jouèrent un si grand rôle aux premiers siècles de notre ère. Quelques antiquaires ont voulu que ces combats de saints contre les dragons ne fussent qu'une allégorie exprimant la lutte du christianisme contre l'idolâtrie ; quelques autres, au contraire, ont admis l'existence de combats réels livrés à des monstres divers, confondus plus tard sous le nom de dragons ; aussi, en présence de ces deux opinions, il vaut mieux se taire que d'en risquer une troisième.

attacha les deux reptiles en leur commandant de demeurer tranquilles; ils obéirent, et moururent peu de jours après d'inanition. En mémoire de ce bâton miraculeux qui avait suffi seul pour retenir deux bêtes furieuses, l'île fut appelée en breton *Inis-Baz*, c'est-à-dire l'île du bâton.

» Saint Jaoua ayant éprouvé quelques désagréments et contrariétés dans sa cure de Braspars, s'en dégoûta et la résigna, ainsi que son abbaye de Daoulas, à Tusrenaus, petit-fils du sieur du Faou. Il se retira auprès de saint Pol, qui, voulant vivre dans la retraite, se démit, en sa faveur, de l'évêché de Léon. Peu après la famine désola le canton de Braspars; on pria saint Jaoua de s'y rendre pour faire cesser cette calamité par son intercession; il y fut, et le ciel, à sa prière, y ramena l'abondance, mais il y tomba malade, et y mourut le 2 mars 554. Avant d'expirer, il ordonna que son corps fût mis sur un chariot attelé, et qu'on l'enterrât au lieu même où les chevaux qui le traînaient s'arrêteraient. Cette volonté fut exécutée. Les chevaux s'acheminèrent d'eux-mêmes vers le Léonais. Arrivés dans la paroisse de Plouvien, le chariot se brisa au lieu appelé *Porz-ar-Chraz*; le corps du saint y fut inhumé, et l'église de Plouvien érigée sur la place même[1]. »

Saint Jaoua, dont nous venons de rapporter la légende miraculeuse, est en grande vénération dans le pays; aussi, les jours du *pardon* ou fête patronale de la paroisse, les habitants se pressent en foule dans la chapelle pour venir toucher son tombeau, persuadés que cet attouchement les préserve de toutes maladies.

[1] Il est inutile de faire remarquer que l'église élevée à cette époque (554) était en bois, et que l'église actuelle de Plouvien est un édifice du quinzième siècle. Le tombeau de saint Jaoua se trouve, du reste, aujourd'hui, dans une petite chapelle distante de trois à quatre cents mètres de l'église paroissiale.

Dirigez-vous maintenant vers l'embranchement des chemins du Drennec et de Plabennec.

Près d'une ancienne croix, appelée *Croix des trois recteurs*, parce qu'elle est plantée sur la limite des paroisses de Plabennec, de Plou-Daniel et de Kersaint-Plabennec, se trouve une grande roche ronde, de huit pieds de long sur six de large, qui porte, à une de ses extrémités, une inscription en caractères inconnus. Les paysans, superstitieux et naturellement avides, s'étaient imaginé que cette inscription mystérieuse indiquait la présence d'un trésor caché dans cette pierre, aussi y firent-ils une excavation de forme carrée qui a servi du moins à les désabuser complétement.

Un peu avant d'arriver à Plabennec, on trouve dans une vaste lande près de quatre cents pierres, placées sans ordre, et d'un volume peu considérable, qui indiquent clairement que ce lieu est un *carneillou* ou cimetière celtique comme celui de Cléder dans le pays de Léon, et celui de Carnac dans le Morbihan[1]. Nous ferons remarquer à cette occasion que tous les lieux qui portent en Bretagne le nom de *carneillou* sont considérés comme des cimetières fort anciens.

A un quart de lieue de Kersaint-Plabennec, on aperçoit, sur un butte factice entourée de pierres de taille, les ruines d'une très-ancienne tour appelée C'hastel-Saint-Thénénan (le château de Saint-Thénénan).

---

[1] Il faut observer que les pierres du carneillou de Cléder et de celui de Plabennec, sont disposées sans ordre au lieu d'être régulièrement alignées comme celles de Carnac.

La tradition attribue, en effet, à saint Thénénan la construction de cette tour, où il se retirait pour échapper à la persécution des habitants du pays encore païens, et, par conséquent, peu disposés à écouter la voix de l'apôtre catholique. On voit encore au milieu de ces ruines, qui datent du septième siècle, un puits et l'entrée d'un souterrain.

Dolmen, près Plounéour-Trez.

VOYAGE EN BRETAGNE. — FINISTÈRE. — Page 139.

Paris. — Typ. Morris et Comp.

III

Gouesnou.—Le lit de saint Gouesnou.—Pierre percée de Gouesnou. — Château de Mezléan. — Saint-Renan. — Château de Pont-ar-C'hastel. — Château de Kergroadez. — Ballade d'Azénor la Pâle. — Plouarzel. — Curieux menhir. — Superstitions. — Manoir de Kergadiou. — Lanriouaré. — Cimetière mystérieux. — Ploudalmézeau. — Château de Trémazan. — Le Conquet. — Ile Béniguet. — Ile d'Ouessant. — Abbaye de Saint-Mathieu. — Plougonvelin. — Fort de Bertheaume. — Village de la Trinité — Fontaine sacrée.

Regagnons maintenant la route de Brest, que nous avons quittée à Plabennec, et dirigeons-nous vers Gouesnou, dont le clocher apparaît déjà à l'horizon.

Ce bourg a eu jadis une grande importance militaire à cause de sa position sur un coteau élevé, mais aujourd'hui il ne reste même plus de traces du château fort qui défendait l'entrée de cette place.

L'église est un édifice du seizième siècle, beaucoup trop vaste pour une commune aussi peu importante, mais il faut avouer que l'accroissement de Brest, sous les règnes d'Henri IV et de Louis XIII, contribua essentiellement à diminuer la population de Gouesnou et des communes environnantes.

On voit encore dans ce bourg la pierre sur laquelle saint Gouesnou, auquel on refusait un asile, fut obligé de se coucher. Le lit du saint devint bientôt un objet de vénération pour ceux qui s'étaient montrés jadis si durs et si inhospitaliers, et il n'est pas rare, même aujourd'hui, de voir, les jours de *pardon*, les habitants du pays s'y étendre et s'y frotter dans l'espoir d'obtenir la guérison de leurs douleurs. Derrière quelques maisons bâties sur la route de Brest se trouve une petite chapelle, près de laquelle se voit une pierre à peu près ronde de 1 mètre 80 centimètres de diamètre et percée en son milieu d'un trou de 15 centimètres environ. L'origine de cette pierre a été l'objet de bien des discussions de la part des archéologues, qui veulent y voir une de ces *pierres percées* auxquelles les Celtes attribuaient des vertus miraculeuses. Avait-on un membre malade? il suffisait de le plonger dans le trou de ces pierres, et bientôt la guérison arrivait. Selon la tradition locale, cette pierre aurait été creusée par saint Gouesnou, qui avait fait vœu de laisser chaque jour son bras immobile dans le trou qui y avait été pratiqué. Quoi qu'il en soit, les habitants du pays attribuent encore à cette pierre une grande vertu, et il n'est pas rare de voir des estropiés venir lui demander la guérison de leurs membres malades. Il est cependant à remarquer que cette pratique superstitieuse ne s'accomplit guère qu'en cachette, comme cela a lieu, du reste, pour toutes ces antiques vénérations dont les esprits forts ne manquent point de se moquer.

En quittant Gouesnou, on aperçoit au milieu d'un bouquet d'arbres le château de Mezléan flanqué de ses deux tours à créneaux, aujourd'hui en ruines; mais passons.

Traversez rapidement Saint-Renan pour aller visiter à une lieue de là le vieux château de Pont-ar-C'hastel. C'est une ancienne forteresse, flanquée de quatre tours dont les ruines, tapissées de lierre et de violiers sauvages, sont d'un effet fort pittoresque. Ce château appartenait à Thibaut du Pont, qui se signala à la bataille de Cocherel, en 1364, et massacrait les ennemis, dit la tradition, avec une épée de cinq pieds de long et du poids de douze livres.

Voici les ruines du château de Kergroadez, connu dans le pays sous le nom de château de Rauquelaure, voici la fontaine au bord de laquelle venait s'asseoir la blonde Azénor..... mais laissons la parole à un poëte populaire :

AZÉNOR LA PALE [1].

I

La petite Azénor la pâle est fiancée, mais elle ne l'est pas à son plus aimé;
La petite Azénor la pâle est fiancée, mais à son doux clerc elle ne l'est pas.

II

La petite Azénor était assise auprès de la fontaine, vêtue d'une robe de soie jaune;
Au bord de la fontaine, toute seule, assemblant des fleurs de genêts,
Pour en faire un joli bouquet, un petit bouquet au clerc de Mezléan.

[1] Barzaz-Breiz, *Chants populaires de la Bretagne*, par Th. Hersart de la Villemarqué, tome II, page 3.

Elle était assise près de la fontaine, lorsque passa le seigneur Ives,

Le seigneur Ives sur son cheval blanc, tout à coup, au grand galop;

Tout à coup, au grand galop, qui la regarda du coin de l'œil :

« Celle-ci sera ma femme, ou, certes, je n'en aurai point. »

III

Le clerc de Mezléan disait aux gens de son manoir, un jour :

« Où y a-t-il un messager, que j'écrive à ma douce amie?

— Des messagers, on en trouvera, mais ils arriveront trop tard.

— Ma petite servante, dites-moi, qu'y a-t-il d'écrit ici?

— Azénor, je n'en sais rien, je n'ai jamais été à l'école;

Azénor, je n'en sais rien; ouvrez la lettre, et vous verrez. »

Elle la posa sur ses genoux, et se mit à la lire.

Elle n'en pouvait venir à bout, tant elle avait de larmes aux yeux.

« Si cette lettre dit vrai, il est sur le point de mourir! »

IV

En parlant de la sorte, elle descendit au rez-de-chaussée.

« Qu'y a-t-il de nouveau dans cette maison, que je vois au feu les deux broches?

Que je vois les deux broches au feu, la grande et la petite?

Qu'y a-t-il de nouveau céans, que les ménétriers arrivent?

Que les ménétriers arrivent et les petits pages de Kermorvan.

— Ce soir il n'y a rien de nouveau céans, mais vos noces ont lieu demain.

— Si mes noces ont lieu demain, je m'en irai coucher de bonne heure,

Et je ne me lèverai que pour être ensevelie. »

Le lendemain, à son réveil, entra sa petite servante;

Sa petite servante entra et se mit à la fenêtre.

« Je vois sur le chemin une grande poussière qui s'élève, et beaucoup de chevaux qui viennent ici :

Messire Ives est à leur tête, puisse-t-il se casser le cou !

A sa suite des chevaliers et des écuyers, et une foule de gentilshommes le long du chemin.

Il monte un cheval blanc qui porte sur le poitrail un harnais doré ;

Un harnais doré tout du long, et, sur le dos, une housse de velours rouge.

— Maudite soit l'heure qui l'amène ! Maudits soient mon père et ma mère tout les premiers !

Jamais les jeunes gens, en ce monde, ne feront ce que leur cœur désire. »

V

La petite Azénor la pâle pleurait en allant à l'église ce jour-là !

La petite Azénor demandait, en passant près de Mezléan :

« Mon mari, s'il vous plaît, j'entrerai un moment dans cette maison.

— Pour aujourd'hui vous n'entrerez pas ; demain, si cela vous fait plaisir. »

La petite Azénor pleurait amèrement, et personne ne la consolait ;

Et personne ne la consolait, que sa petite servante :

« Taisez-vous, madame, ne pleurez pas ; le bon Dieu vous récompensera. »

La petite Azénor pleurait auprès de l'autel, à midi ;

De l'autel à la porte de l'église on entendait son cœur se fendre.

« Approchez, ma fille, que je vous passe l'anneau au doigt.

— M'approcher me semble bien dur ; je n'épouse point celui que j'aime.

— Petite Azénor, vous péchez; vous épousez un homme comme il faut;

Un homme qui a de l'or et de l'argent, et le clerc de Mezléan est pauvre.

— Quand je serais réduite à mendier avec lui mon pain, cela ne regarderait personne! »

VI

La petite Azénor demandait en arrivant à Kermorvan :
« Ma belle-mère, dites-moi, où mon lit est-il fait?

— Près de la chambre du chevalier noir; je vais vous y conduire. »

Elle tomba violemment sur ses deux genoux, ses blonds cheveux épars;

Elle tomba à terre, l'âme brisée de douleur. « Mon Dieu! ayez pitié de moi! »

VII

« Madame ma mère, s'il vous plaît, où est allée ma femme?

— Se coucher dans la chambre haute; montez-y, et consolez-la. »

Quand il entra dans la chambre de sa femme : « Bonheur à vous, dit-elle, ô veuf!

— Par Notre-Dame de la Trinité! est-ce que vous me prenez pour un veuf?

— Je ne vous prends pas pour un veuf, mais dans peu vous le serez.

Voici ma robe de fiancée, qui vaut, je pense, trente écus;

Ce sera pour la petite servante, à qui j'ai donné bien des peines,

Qui portait des lettres perdues... de Mezléan chez nous, mon mari;

Voici un manteau tout neuf que m'a brodé ma mère;
Celui-ci sera pour les prêtres, afin qu'ils prient Dieu pour mon âme.
Quant à ma croix et à mon chapelet, ils seront pour vous, mon mari;
Gardez-les bien, je vous prie, comme un souvenir de vos noces. »

VIII

« Qu'est-il arrivé au hameau, que les cloches sonnent en tintant?
— Azénor vient de mourir la tête sur les genoux de son mari.»

Au manoir du Hénan, sur une table ronde, a été écrite cette ballade;
Au manoir du Hénan, près de Pont-Aven, pour être à tout jamais chantée.
Le barde du vieux seigneur l'a composée, et une demoiselle l'a écrite.

En quittant Kergroadez, donnez un coup d'œil à la pierre sur laquelle saint Ronan a laissé l'empreinte de son corps; saluez en passant les ruines du château de Kerveac'htou, et traversez enfin la route qui conduit à Plouarzel. Nous voici devant le plus beau menhir du Finistère. Cette longue aiguille de granit a près de douze mètres de hauteur, et est plantée dans une lande, sur un des points les plus élevés du bas Léon.

En présence de ce monument on ne peut s'empêcher de songer aux mystères impénétrables du passé qui nous cachent la signification de ces pierres immenses semées sur le sol de la Bretagne. Monuments du culte druidique ou témoignages de la piété d'un peuple pour ses chefs, ces colosses de granit nous font éprouver en même temps de l'effroi et de l'admiration. L'esprit se met à douter de ces prodiges effrayants de vigueur, à la seule pensée que ce peuple était dépourvu de machines puissantes; mais si l'on songe à ces deux leviers des âmes fortes, l'amour et la foi, alors on ne doute plus, et l'on baisse la tête en tremblant devant l'œuvre d'un peuple de géants dont on ne possède pas les vertus.

Ce menhir présente une particularité qui n'a jamais été observée sur d'autres monuments du même genre. A la hauteur d'un mètre environ, se relieffent sur les deux faces opposées deux bosselures rondes de 35 centimètres de diamètre. Les habitants de ces côtes, fidèles à la tradition, ont conservé pour ce monument une sorte de culte bizarre dont l'origine se perd dans la nuit des temps. Souvent, à l'approche de la nuit, l'on voit deux jeunes époux se rendre dévotement au pied de ce menhir, se dépouiller de leurs vêtements, et se frotter le ventre nu contre l'une des ces bosses. Après cette cérémonie accomplie fort sérieusement, les deux époux joyeux reprennent leurs vêtements et s'en retournent au logis, l'homme sûr d'obtenir toujours des enfants mâles, et la femme heureuse de pouvoir toute sa vie gouverner son mari à sa guise et sûre d'être maîtresse absolue à la maison.

En foulant le sol de cette lande nommée Kergloas (terre de deuil), on est malgré soi vivement impressionné; aussi, après avoir examiné ce menhir, on éprouve naturellement le désir de quitter ce funèbre lieu.

Un autre menhir de neuf mètres de hauteur sur six de circonférence, s'aperçoit à quelque distance de Plouarzel. C'est aussi dans les environs qu'existent les ruines du vieux manoir de Kergadiou, dont le portail est flanqué de deux tourelles munies de meurtrières.

Regagnez maintenant la route de Ploudalmézeau, après avoir traversé la charmante rivière d'Abert-Ildut, au bas de laquelle ont été extraits les magnifiques granits qui ont servi à former le piédestal et le dé de l'obélisque de Luxor. Voici d'abord le village de Lanriouaré, célèbre par une tradition qui remonte aux premiers âges du christianisme, et dont on conserve encore un monument fort curieux. C'est un vaste enclos dans lequel on ne pénètre qu'à certaines époques de l'année, parce que, selon la tradition, sept mille sept cent soixante-dix-sept saints, martyrs de la religion catholique, y sont inhumés. Un vaste emplacement carré, couvert de dalles en pierres et encadré par une espèce de pavé en marbre noir indique l'endroit où ont été ensevelis ces 7777 saints.

Près du piédestal d'une croix, placée dans ce cimetière mystérieux, se voient sept grosses pierres rondes qui seraient, d'après la tradition, des pains changés en pierres par saint Hervé, pour punir un boulanger qui lui avait durement refusé l'aumône. Les jours de *pardons*, ce cimetière est ouvert aux fidèles, qui viennent en foule prier sur la tombe des saints martyrs.

La présence en un même lieu d'un si grand nombre de saints est certainement de nature à faire sourire d'incrédulité ceux qui ne connaissent point le pleuple breton et ignorent avec quelle facilité il allonge la liste des saints de son calendrier; mais, en y réfléchissant, on comprendra qu'un peuple primitif devait naturellement ranger au nombre des objets de son culte ses héros et les bienfaiteurs dont le courage et les vertus avaient fait jadis son admiration. Quant aux saints dont il est ici question, il est fort probable que les habitants de Lanriouaré, nouvellement convertis au christianisme, furent massacrés par une bande de païens habitant un pays voisin, et que, dès lors, ces nouveaux catéchumènes furent considérés comme des martyrs dignes de vénération et de respect.

Gagnez maintenant Ploudalmézeau, et dirigez-vous vers le village de Kersaint, où l'on aperçoit les ruines de l'ancien château de Trémazan, habité jadis par les seigneurs suzerains du bas Léon. C'est un édifice de forme carrée dont le portail était jadis flanqué de deux tours rondes, dont une seule, qui existe encore, est jointe par une tourelle à pans coupés. Du côté opposé au portail s'élève sur une butte artificielle un donjon carré très-élevé, ayant quatre étages, qui communiquent ensemble par un escalier pratiqué dans l'épaisseur des murailles. On pénètre dans l'étage inférieur par une petite porte en ogive qui donne sur la cour intérieure du château. Devant le portail, auquel il sert de défense, est un ouvrage avancé consistant dans une vaste enceinte carrée, flanquée d'une tour ronde à chaque angle et garnie dans tout son pourtour d'un parapet saillant et de machicoulis.

Ce château offre tous les caractères architectoniques du treizième siècle, et on en attribue la fondation à

Bernard du Châtel, à son retour de la croisade de 1249. C'est, en effet, à cette époque, dit M. de Freminville, qu'on commença à sentir en France l'importance des ouvrages avancés dans les fortifications, et qu'on les employa dans nos forteresses, surtout pour la défense des portes. C'est encore une chose que nos croisés empruntèrent aux Sarrasins, et un des mille et un perfectionnements que nos arts doivent aux croisades. Au retour de ces expéditions, ajoute le savant antiquaire, une multitude de forteresses furent ainsi érigées dans notre patrie sur les plans mêmes de celles dont nos guerriers avaient eu tant de peine à s'emparer en Syrie. Les châteaux d'Elven (Morbihan) et de Clisson (Loire-Inférieure) furent de ce nombre.

Dites un dernier adieu au château de Trémazan, au berceau de l'illustre Guillaume Tanguy du Châtel, célèbre par sa valeur et son attachement inviolable à la personne de Charles VII, et regagnez la route de Brest.

De retour à Saint-Renan, dirigez-vous vers le Conquet. Cette ville, jadis importante, fut brûlée et saccagée par une flotte anglaise, débarquée sur ces côtes le 29 septembre 1558; et ce port, qui avait été très-fréquenté à l'époque où Brest était encore à peu près dans le néant, perdit ainsi en un seul jour trois cents pièces de canon, trente-sept navires armés en guerre, enfin des sommes considérables, qui lui ôtèrent les moyens de se relever d'un si grand désastre.

Dans la presqu'île de Kermorvan, située au nord du Conquet, existaient jadis un cromlech et plusieurs dolmens considérables, mais tous ces monuments ont disparu depuis quelques années.

Du Conquet, on peut facilement se faire conduire aux îles Béniguet, Molène et Ouessant, que l'on aperçoit à quelque distance, noyées dans la brume.

L'île Béniguet (île bénite), était sans doute un lieu consacré à quelques cérémonies du culte druidique; certains antiquaires sont même portés à la considérer comme un cimetière où les druides et druidesses des pays voisins étaient déposés après leur mort. Les tombeaux celtiques, formés de pierres brutes, qui ont été découverts il y a quelques années dans cette île, ont sans doute accrédité cette opinion, qui, après tout, est fort admissible, car on comprend que les druides, qui voulaient surtout en imposer au peuple pour le gouverner, plus à leur aise, devaient chercher à entourer leurs morts d'une sorte de prestige et de mystère. On a pensé aussi que c'était dans cette île que les druides déposaient les restes des victimes qu'ils immolaient; mais cette seconde opinion est peu acceptable.

L'île Molène n'offre aucune particularité remarquable.

L'île d'Ouessant (Heuz-Enez, île de la Terreur), sur le compte de laquelle on a débité les contes les plus bouffons et les plus invraisemblables, est l'île la plus importante du Finistère. Les terres y sont fort bien cultivées, et chaque année les habitants amènent sur les marchés du pays de Léon un grand nombre de chevaux, qui sont de véritables miniatures de la race arabe [1].

On voyait jadis dans cette île les vestiges d'une ancienne construction, à laquelle la tradition avait conservé le nom de Temple des païens. Les habitants de l'île affirment encore aujourd'hui que la partie moderne du château de Trémazan a été construite avec les pierres provenant de ce temple, ce qui peut être vrai, car à la même époque, une demoiselle de Sourdéac fit transporter à Trémazan, sur les remontrances d'un évêque de Léon, un certain nombre de statues de divinités gauloises qui enflammaient les sens grossiers des Ouessantins.

Nous voici enfin sur la pointe la plus occidentale du continent européen. De là la vue s'étend à plusieurs lieues en pleine mer. Devant soi apparaissent les îles Béniguet, Quemènes, Molène et Ouessant, parcelles détachées de la masse du continent par les efforts non interrompus des flots de l'Océan et séparées des côtes du Conquet par une mer terrible et semée d'écueils funestes aux navires qui viennent fréquemment se perdre sur ces parages redoutables, au moment d'entrer dans le goulet de Brest.

En présence de cette mer en furie, debout sur ces rochers arides, battus et déchirés par les flots, vous éprouvez une sorte d'effroi qu'un tel spectacle peut seul inspirer; et alors vous vous laissez aller à une de ces rêveries mélancoliques, mêlées de plaisir et

---

[1] Voyez le chapitre *Agriculture* au commencement de ce volume.

de tristesse, d'où votre cœur ne voudrait jamais sortir.

Sur cette pointe escarpée, sur ces rochers creusés par d'immenses cavernes, dans lesquelles on entend mugir les flots impétueux de l'Océan, — monstres affamés qui semblent vouloir ravir encore une nouvelle proie au continent, — domine l'abbaye de Saint-Mathieu, célèbre, dans les annales de la Bretagne, par son ancienneté et par les événements qui s'y sont passés.

L'abbaye de Saint-Mathieu, fondée au sixième siècle ou plutôt au commencement du septième, par saint Tanguy [1], reçut des accroissements considérables au neuvième, et surtout au treizième siècle [2]. Les Anglais s'en emparèrent plusieurs fois, la dévastèrent, et emportèrent même le chef de saint Mathieu, qui avait été précédemment obtenu par les moines de l'abbaye. Cette précieuse relique fut plus tard rendue au couvent; mais, pour éviter de nouvelles invasions, les moines fortifièrent alors leur demeure, et n'eurent plus à craindre les surprises de l'ennemi. De toutes les vastes constructions qui couvraient jadis cette pointe avancée dans l'Océan, il ne reste plus aujourd'hui que des ruines causées par les siècles et achevées par le marteau des démolisseurs. L'église, attribuée au treizième siècle, bien que les ouvertures soient toutes en plein cintre, possède encore une partie de la voûte du chœur et de son pourtour,

---

[1] Voir à ce sujet, dans *Albert le Grand*, la vie de saint Tanguy.

[2] D'après les anciens historiens, les moines de l'abbaye de Saint-Mathieu furent obligés de se retirer devant la mer qui envahissait leurs domaines, et ce serait alors à cette époque qu'aurait été construit le monastère dont on voit aujourd'hui les ruines.

ainsi qu'un autel en kersanton, qui peut dater du quinzième siècle.

Avant d'arriver à Brest, arrêtez-vous à Plougonvelin, où vécut, dans le siècle dernier, Jean Causeur[1], le doyen des centenaires bretons. Un jour qu'on lui parlait de son grand âge, il prononça ces paroles sublimes : *Dieu, dans le livre des hommes, a tourné le feuillet et m'oublie sur la terre.*

Vous apercevez bientôt l'anse de Bertheaume, bordée d'une belle plage de sable, puis, un peu plus loin, le château ou fort de Bertheaume, bâti sur un rocher élevé, et ne communiquant au continent que par un simple pont de cordes d'une grande hardiesse.

L'aspect de toute cette côte, qui s'étend depuis la pointe Saint-Mathieu jusqu'à l'entrée de la rade de Brest, cause une sorte de tristesse à laquelle on ne peut se soustraire. Les déchirures du sol, les rochers gigantesques entassés les uns sur les autres, l'aridité de cette contrée battue sans cesse par les vents et les flots de la mer, enfin, toute cette nature sauvage rappelle involontairement l'idée du chaos, ou le résultat d'un de ces bouleversements terribles qui changèrent la surface du globe. Les puissances de la nature donnent ici la main à tout ce que le génie de l'homme a pu créer pour sa défense et le maintien de ses droits. Voilà là-bas la péninsule de Crozon, hérissée de rochers menaçants ; voici le passage dangereux de Toulinguet, puis la pointe du

[1] Il était né à Ploumoguer, et mourut à Plougonvelin, le 30 avril 1774, à l'âge de 137 ans.

Grand-Gouin, enfin la roche Men-Cam, et le goulet de Brest, défilé redoutable, festonné de canons et surveillé nuit et jour par une garde vigilante, prête, au premier signal, à défendre l'entrée de la rade.

Le village de la Trinité, situé près de la route de Brest, possède une église du commencement du seizième siècle, et une fontaine sacrée, remarquable en ce qu'elle a trois sources, surmontées chacune d'une arcade en maçonnerie, et venant s'épancher dans un même bassin, qui déverse lui-même ses eaux dans deux autres bassins placés un peu plus bas. Ce concours du nombre ternaire se retrouve ici appliqué au culte des fontaines, si répandu chez les anciens Celtes, et cette réunion mystérieuse et symbolique de trois sources, nées du même rocher et se confondant après s'être séparées, semble s'accorder avec le nom même du village, dont l'antiquité n'est pas douteuse.

Encore quelques pas, et, soudain, tout va changer. Ici tout est calme, silencieux; c'est la campagne avec ses frais ombrages, ses parfums enivrants et ses douces harmonies; mais, là-bas, entendez-vous déjà ce bruit confus qui s'élève et grandit sans cesse? distinguez-vous le cri des travailleurs, le bruit des marteaux, le grincement de la lime qui ronge le fer? . . . . .

. . . .

Voici Brest, redoutable et menaçant; voici ses armes, ses vaisseaux et ses richesses, dernière expression de la force et de la puissance d'une grande nation.

Adieu, Bretagne; France, salut!

IV

Brest. — Château de Brest. — Légende d'Azénor. — Landerneau. — Ancienne tradition. — Maisons du seizième siècle. — Église de Saint-Houardon. — Église de Saint-Thomas. — La lune de Landerneau. — Son origine et ses destinées. — La Roche. — Château de la Roche-Morice. — Légende. — Église de la Roche. — Ossuaire. — Danse Macabre. — La Martyre. — Église de la Martyre. — Pencran. — Le château de Joyeuse-Garde. — Légende de saint Thénénan. — Château gothique de la Palue. — Chapelle de Benzit. — Tombeau d'Olivier de la Palue.

Brest n'est pas une ville de Bretagne, c'est une colonie maritime peuplée de soldats, de marins et de marchands de tous les pays; en un mot, c'est plutôt une vaste hôtellerie ouverte aux voyageurs sur la grande route du monde qu'une de ces cités antiques, riches en souvenirs poétiques ou en monuments mystérieux du passé qui s'élèvent encore aujourd'hui sur le sol de la vieille Armorique. Brest est née d'hier; c'est la sœur cadette de Quimper, de Vannes, de Nantes et de Saint-Pol-de-Léon; les noms de Grallon, de Nominoë ou de Salomon ne figurent point sur ses parchemins aussi, pour éviter de se perdre dans les ténèbres qui entourent l'origine des cités, on peut admettre qu'Henri IV, puis Richelieu, le ministre-roi, furent réellement ses premiers fondateurs. Du reste, nous ne nous arrêterons point aux discussions interminables auxquelles a donné lieu l'origine obscure de la ville de Brest. Est-ce Occismor, cette ville infortunée que l'on a retrouvée alternativement à Saint-Pol-de-Léon, à Quimper et à Carhaix? Est-ce le Brivates-Portus dont parlent les anciens auteurs? Nous avouons ici notre incompétence pour résoudre ces importants problèmes; aussi, tout en reconnaissant une certaine valeur aux anciens documents qui font mention d'un château fort existant en ce lieu à des époques fort reculées, nous ne prendrons pour guides dans ce dédale d'opinions que les historiens contemporains du traité de Quimperlé, par lequel Hervé, vicomte de Léon, écrasé sous le poids de ses dettes, cédait le château de Brest à Jean Ier, dit le Roux, moyennant une redevance de douze cents livres de rente. Depuis longtemps, déjà, les ducs de Bretagne avaient apprécié l'importance de cette forteresse défendant une des portes de la Bretagne, et située en vue d'une rade magnifique encore inexploitée, mais qui était appelée aux plus hautes destinées. *Qui n'est pas maître de Brest n'est pas duc de Bretagne*, disait-on à cette époque, et, de jour en jour, les événements confirmèrent la vérité de ce proverbe; ainsi, en 1341 et dans les années qui suivirent, le château de Brest prit une part active à la fameuse querelle de Charles de Blois et de Montfort qui se disputaient la succession du duché de Bretagne.

A partir de cette époque (1341), le château de Brest changea bien souvent de maître, et, après avoir soutenu plusieurs siéges terribles, il resta enfin en la possession des ducs de Bretagne jusqu'au moment de la réunion de cette province à la couronne de France.

De la fin du quinzième siècle jusqu'en 1613, l'histoire ne mentionne aucun fait militaire auquel la forteresse ait pris part; mais, dans cette même année, un combat naval mémorable eut lieu à l'entrée de la rade. La flotte anglaise, composée de quarante-deux vaisseaux, croisait depuis quelque temps le long de la côte de Bretagne, et y exerçait de grands ravages en attendant le moment favorable pour se présenter devant la citadelle, lorsque l'escadre bretonne, quoique très-inférieure en nombre, sortit de Brest sous les ordres de l'amiral Hervé de Portzmoguer, qui commandait un vaisseau de cent canons, nommé *la Cordelière*. Le vaillant amiral fit des prodiges de valeur pendant plusieurs heures; mais, désespérant enfin de la victoire, et menacé de périr avec tous les siens dans un incendie qui venait de se déclarer à son bord au moment où il attaquait à l'abordage le vaisseau-amiral anglais *la Régente*, il voulut du moins, en succombant, entraîner avec lui son ennemi. L'incendie se développa bientôt à bord de *la Régente*, et avec une telle rapidité, que les autres vaisseaux anglais ne purent lui porter secours. Quelques instants après, les deux vaisseaux-amiral sautaient ensemble avec tous leurs équipages. Le brave Portzmoguer perdit la vie dans ce désastre, et n'eut même pas la satisfaction de voir arriver la flotte française, qui eut, du moins, la gloire de venger l'escadre bretonne, en repoussant vigoureusement les vaisseaux anglais, forcés de regagner leurs ports en toute hâte. Le château de Brest avait encore une fois échappé à un siége sérieux.

Plus tard, à l'époque des guerres de la Ligue, tandis que Henri IV cherchait à conquérir le trône de France, la Bretagne fut le théâtre de sanglants combats. Le château de Brest, resté fidèle à la légitimité, était sur le point d'être attaqué par l'ambitieux Mercœur, qui ne songeait à rien moins qu'à reconstituer la Bretagne en duché indépendant, lorsque Henri IV envoya contre lui une armée, et demanda en même temps des secours à la reine d'Angleterre, qui lui accorda un renfort de dix mille cinq cents hommes. Pendant ce temps des troupes espagnoles vinrent renforcer l'armée du duc de Mercœur, et parvinrent, malgré les efforts de René de Rieux, seigneur de Sourdéac, alors gouverneur de la forteresse, à construire à l'entrée du goulet de Brest, sur la pointe de Quelern, un fort considérable, entouré d'un fossé profond. Sourdéac comprit aussitôt l'importance de la position occupée par l'ennemi; aussi engagea-t-il le maréchal d'Aumont à commencer l'attaque, en lui proposant de mettre à sa disposition la plus grande partie des munitions qu'il avait dans le château de Brest. Nous n'entreprendrons point la description de ce siége mémorable, dont on retrouve la relation complète dans les précieux mémoires du chanoine Moreau, contemporain de la Ligue; nous dirons seulement que le fort tomba au pouvoir des Bretons après trois assauts successifs, où l'on perdit beaucoup de monde de part et d'autre. Ici se terminent à peu près les fastes militaires du château de Brest.

Le château de Brest est bâti sur une pointe rocheuse qui se trouve à l'entrée du port et à l'embouchure de la rivière de Penfell ; son plan affecte la forme d'un vaste trapèze, ayant à chacune de ses extrémités une grosse tour couronnée d'une plate-forme, et liée à sa voisine par une courtine et un chemin de ronde. La porte principale de la forteresse est flanquée de deux tours à créneaux et à machicoulis qui servent aujourd'hui de prisons. A l'extrémité gauche de cette façade est une grosse tour ronde qui domine la rade, c'est la *tour des Anglais*. Le bastion opposé porte le nom de Sourdéac, qui le fit construire en 1597 ; puis, en longeant le quai, on remarque d'abord une très-ancienne tour, nommée *tour d'Azénor*, parce que, d'après une ancienne tradition, une princesse de ce nom y fut longtemps détenue prisonnière ; enfin, à l'angle occidental, est une très-forte tour nommée *tour de Brest*. La tour dite de César et la tour de *la Madeleine* complètent le plan du château, que nous ne pouvons décrire ici dans tous ses détails ; cependant nous dirons quelques mots du donjon, ou vieux château, qui est, sans contredit, la partie la plus intéressante. Ce donjon est, en quelque sorte, une seconde forteresse bâtie dans la première, et qui s'en isolait à volonté en levant le pont-levis jeté sur le fossé profond qui l'entourait. Ce donjon, aujourd'hui fort délabré, était occupé jadis par les anciens gouverneurs et par les ducs de Bretagne quand ils habitaient le château. On y voit encore la grande salle d'honneur dont les fenêtres gothiques donnent sur la place du château, la chapelle particulière des ducs, pratiquée dans l'épaisseur de la muraille, la chambre où fut détenu Charles de Blois après la bataille de la Roche-Derrien, enfin la salle à manger et les cuisines seigneuriales.

9.

Nous ne descendrons pas dans les souterrains découverts il y a quelques années, à la grande joie des *cicerone*, toujours prêts à escompter à leur profit l'émotion des touristes. Nous ne dirons rien non plus des oubliettes profondes qui ont été le théâtre de tant de crimes, de tant de vengeances réelles ou fantastiques, et, cependant, nous ne pouvons quitter le château sans raconter l'histoire de l'infortunée princesse Azénor.

« Une des illustres maisons de la Bretagne armorique, dont l'antiquité se remarque dans l'histoire, c'est, sans contredit, celle des anciens comtes de Goëlo et de Tréguier, si puissante en l'année 493 que le roi Hoël, premier de ce nom, ayant la conduite d'une partie de l'armée du grand roi Arthur, son oncle, en la mémorable bataille de Langres, de tous les princes de son armée choisit *Chunaire*, comte de Tréguier, et Goëlo pour assaillir le bataillon du sénateur Lucius Iber, lieutenant de l'empire romain, dans lequel l'ardeur de son courage le porta si avant, qu'après avoir fait merveilles d'armes, et jonché le champ de corps romains, il se trouva enveloppé et accablé de toute l'armée, qui était accourue au secours de son général, où deux mille Bretons de sa compagnie furent taillés en pièces sans pouvoir être secourus de leur gros; et notre généreux comte, s'opiniâtrant au combat à côté des seigneurs Jagus Richomarch et Bodloi (qui combattaient à ses flancs), fut tué d'un coup d'épieu, le visage tourné sur l'ennemi, mourant au lit d'honneur, au regret extrême des rois et de toute l'armée, qui se sentit notablement affaiblie de la perte d'un si généreux capitaine et de si vaillants soldats.

» De cet excellent capitaine naquit un seigneur si puissant et considéré que l'histoire en ce lieu l'appelle roi, soit que, de la fainéantise du roi Hoël II, les princes et hauts barons de Bretagne se fussent donné la licence d'usurper ce titre majestueux, ou soit que les grandes altérations survenues dans l'État, après la mort d'Hoël Ier, et les étranges révolutions du siècle, eussent porté leur ambition à désirer ce titre souverain, aussi bien que leur convoitise à entreprendre sur les États de leurs voisins, soit encore (ce qui a plus d'apparence) qu'étant issu du sang illustre de Bretagne, et ses comtes étant sortis en apanage de la maison royale, il en eût aussi voulu retenir le titre. Quoi qu'il en soit, ce seigneur, fils aîné du comte *Chunaire* (que nous appellerons désormais comte de Goëlo, l'histoire nous ayant célé son nom propre), se voulant allier en quelque puissante maison, après avoir bien cherché partout, arrêta ses yeux et ses affections sur la princesse *Azénor*, fille unique du prince de Léon, issue des anciens rois de la Grande-Bretagne, mêlés depuis, en leurs descendants, avec celui de l'illustre et ancienne maison de Rohan, ensemble de onze maisons royales, dans lesquelles lesdits seigneurs de Rohan, princes de Léon, ont pris alliance.

» Cette princesse, dont la beauté et les rares perfections l'emportaient au delà de toutes les dames de son siècle, blessa le cœur du comte, et l'engagea à sa recherche. Elle était de riche taille, droite comme une palme, belle comme un astre; mais cette beauté extérieure n'était rien en comparaison des belles qualités de son âme, qui la rendaient d'un naturel doux et bénin, encline aux œuvres de piété et religion, discrète, chaste, accorte, respectueuse, obéissante à ses parents, amie de la retraite et solitude, ne s'estimant moins seule que lorsqu'elle se trouvait éloignée de la fréquentation du monde pour jouir plus librement des délices et consolations qu'elle rencontrait en l'oraison, et des visites et caresses intérieures qu'elle y recevait de son époux céleste, auquel elle désirait entièrement se donner, vivant, au reste, au milieu des délices de la cour comme Job sur son fumier, sans arrêter son affection aux choses périssables. Aussi avait-elle été, dès son enfance, élevée en la piété et bonnes mœurs, et louables exercices séant à sa qualité et à la grandeur de son lignage.

» Le comte, ayant fait choix de cette maîtresse et formé le dessein de sa recherche, dépêcha deux des principaux de ses barons vers le comte de Léon, qui tenait alors sa cour en la ville de Brest (ce qui fait que l'histoire ici l'appelle roi de Brest), avec charge expresse de lui faire offre de son amitié et alliance, et lui demander en mariage la princesse sa fille. Ces ambassadeurs furent courtoisement accueillis du prince, lequel fut bien joyeux de leur proposition, qui lui offrait une belle occasion de se fortifier de l'alliance d'un si puissant voisin, qui lui pourrait servir pour maintenir la possession des conquêtes de ses prédécesseurs. Les ayant entretenus quelque temps, il les fit conduire à l'hôtel qu'il leur avait fait préparer, et alla trouver sa fille pour lui donner avis de leur arrivée et du sujet d'icelle, la priant de leur donner satisfaction, lui représentant combien ce parti lui était avantageux, et l'utilité qui en reviendrait à ses États. Elle se troubla de prime-abord à cette nouvelle, et une honte pudique parut sur son visage quand elle ouït parler de prendre un mari, dont elle pria son père de la dispenser, attendu la résolution qu'elle avait faite de passer sa vie au service de Dieu en une parfaite chasteté; qu'elle se tenait comme fort honorée de cette recherche; mais que, d'ailleurs, elle savait bien que le comte ne manquerait de maîtresse d'aussi bonne maison et douée de plus belles parties qu'elle. Son père, qui l'aimait tendrement, ne la voulut importuner davantage pour ce coup, moins encore la contraindre en chose de telle importance, où le choix et l'élection doivent être libres; seulement il chargea ces ambassadeurs d'assurer à leur maître qu'il tenait sa recherche à honneur, et ferait tout son possible pour fléchir l'esprit de sa fille à son contentement et porter ses volontés à cette alliance, leur permettant de la voir avant leur retour, et d'apprendre, par sa bouche, ce qu'elle en avait résolu. Entrés en la chambre de la princesse, ils la saluèrent et lui firent savoir ce dont ils étaient chargés; à quoi elle fit réponse qu'elle serait toute sa vie très-humble servante du comte leur maître, et conserverait un ressentiment éternel de la bonne volonté qu'il lui témoignait; mais, pour l'épouser, elle le priait de porter ses affections ailleurs, vu la résolution constante qu'elle avait prise de ne se jamais marier. Cette réponse ouïe, ils prirent congé d'elle et du prince son père, et s'en retournèrent en Goëlo.

» Le comte attendait leur retour avec impatience; mais, ayant appris d'eux la résolution de la princesse, il en fut extrêmement affligé, et, s'étant enquis de ce qu'il leur semblait de cette fille, ils avouèrent n'avoir jamais envisagé telle beauté, ni entretenu si sage dame. Le désir qu'il avait de réussir en sa recherche fit qu'il ne se tint pas entièrement refusé pour ce coup, et, résolu de poursuivre sa pointe, il dépêcha une seconde ambassade plus magnifique que la précédente, avec des présents de grand prix pour offrir de sa part à sa maîtresse, comme gage de la sincérité de son affection. Ces ambassadeurs furent accueillis à Brest avec tout l'honneur et civilité qu'on eût pu souhaiter, et, s'étant rafraîchis en leur hôtel, furent conduits avec cérémonie vers le prince, qui, leur créance entendue, leur fit réponse : « Que bien qu'il reconnût que sa fille n'avait du tout point d'inclination au mariage, néanmoins la persévérance de leur maître méritait qu'on tâchât de lui donner toute la satisfaction possible; qu'il connaissait sa fille si respectueuse en son endroit et si obéissante à ses justes volontés, qu'il ne se pouvait persuader qu'elle l'eût voulu éconduire s'il lui commandait absolument d'aimer le comte et de l'agréer pour mari, et se promettait de gagner ce point sur elle, et leur en donnerait résolution dans le jour.

» Les ambassadeurs remercièrent le prince et se retirèrent, et lui, dès ce pas, alla trouver la princesse sa femme, qui se chargea de traiter cette affaire et ménager les affections de sa fille pour son serviteur; ce qui lui réussit si heureusement que la princesse, pour ne contrevenir à la volonté de ceux auxquels elle avait appris à déférer, postposa ses sentiments au devoir de l'obéissance, se mit le joug au cou, et consentit (quoique avec répugnance) d'épouser le comte, dont elle engagea sa parole auxdits ambassadeurs, qui s'en retournèrent, bien joyeux, porter cette nouvelle à leur maître ; lequel, plus content de cet heureux succès qu'il ne l'eût été de la conquête d'un royaume, dressa en peu de jours son équipage si somptueux et magnifique, qu'il ne se pouvait rien voir de plus riche. Il fit monter à cheval l'élite de sa noblesse pour l'accompagner, et, étant arrivé à Brest, alla descendre au château, salua le prince et sa femme, et, avec leur permission, alla faire la révérence à sa maîtresse, avec les offres de services qu'on eût pu espérer d'un amant fidèle. Il était beau, jeune, de belle taille, brave, bien couvert, et mieux disant, adroit, courtois, et tellement aimable que la princesse Azénor ne se repentit point de l'avoir fiancé. Après cette entrevue, il avoua franchement aux seigneurs de sa suite que tout ce que la renommée lui avait appris de la beauté, bonne grâce et perfections de sa maîtresse, n'était rien au prix de ce qui en était. Le contrat fait de l'un et l'autre parti (qui s'éjouissaient de cette alliance, dans laquelle ils voyaient germer toutes les espérances de leurs États), les noces furent célébrées, et n'y furent oubliés les festins, les danses, les tournois, les naumachies et feintes navales sur le golfe et dans le port, et toutes sortes de passe-temps pour témoigner la réjouissance publique, l'espace de quinze jours que dura la fête ; lesquels expirés, le prince, assisté de toute la noblesse de Léon, fut rendre les nouveaux mariés en leur terre, où la comtesse fut reçue de ses sujets et des parents de son mari avec tout le respect dû à sa qualité et à son mérite.

» Ils choisirent pour séjour et demeure ordinaire un beau château assis sur une petite colline élevée dessus une agréable vallée, ceint, pour bonne part, d'un bel étang, qui fortifie les fossés et est de très-bon rapport pour la pêche; lequel, pour avoir été autrefois bâti par les rois Audren, en a retenu le nom de *Chastel-Audren*, situé justement entre les deux comtés de Tréguier et Goëlo, dont la ville, qui est au pied, en est encore aujourd'hui capitale. En ce lieu ils menaient une vie autant douce et innocente qu'on eût pu souhaiter, si elle eût été de plus longue durée. D'un si heureux commencement de nouveau ménage tout le monde présageait des prospérités éternelles à ces deux époux. Mais, hélas! c'est en vain que la prudence humaine s'efforce de pénétrer dans l'avenir. On cueille peu de roses parmi beaucoup d'épines, et une once de douceur et de contentement est souvent suivie d'une livre d'amertume et d'affliction. J'avoue que les roses qui naissent dans les jardins des princes sont, ce semble, plus odoriférantes que les communes, mais aussi, leurs épines sont bien plus piquantes, et leurs grandes pointes blessent plus vivement, comme cette histoire vous le fera voir. A peine la première année s'était-elle écoulée, que la tranquillité de leur repos fut troublée par la nouvelle du décès de la princesse de Léon, mère de la comtesse; perte qui lui fut si sensible qu'elle en fit prendre le deuil à toute sa cour, et s'en alla avec son mari consoler son père et assister aux obsèques de la défunte, lesquelles finies, elle s'en retourna en sa maison. Quelques mois après, le prince son père, ne pouvant supporter la solitude d'un triste veuvage, épousa une dame de grande maison, mais qui avait l'esprit malicieux, noir, sombre et malin, laquelle le sut si bien captiver qu'elle possédait absolument son esprit et ses volontés, n'agissant quasi que par elle. Le diable, qui s'était servi de la malice d'une femme pour ruiner nos premiers parents, se voulut aussi servir de cette marâtre pour perdre notre vertueuse comtesse, et tâcher à lui ravir injustement la vie et l'honneur tout ensemble. Mais Dieu, qui se sert de la malice des méchants pour perfectionner ses élus, comme les empiriques font des serpents auxquels ils écrasent la tête pour en composer le contre-poison, fit servir la malignité de cette femme à l'utilité de notre comtesse, qu'elle trouva ferme comme un rocher que les vents de la tribulation affermirent plutôt que de l'ébranler, et les flots de la persécution polirent sans le pouvoir miner.

» Cette perverse créature, ne pouvant supporter l'éclat des vertus dont la comtesse était ornée (qui étaient autant de condamnations tacites de ses dissolutions), jalouse, d'ailleurs, de l'amitié que lui témoignaient son père et son mari, et du respect et bon vouloir que lui portait tout le peuple, prit une résolution désespérée de s'en défaire à quelque prix que ce fût, aux dépens de sa vie et de sa réputation. On dit qu'il n'y a meilleur miel ni pire aiguillon que des abeilles; aussi n'y a-t-il meilleure amitié ni pire inimitié que celles des femmes. Elle savait bien que la comtesse n'avait que trop de beauté pour être aimée, mais elle n'ignorait pas aussi qu'elle n'eût trop d'honnêteté pour le permettre à autre qu'à son mari, et de vertu pour se conserver tout entière avec celui qui ne la devait partager avec personne. Si est-ce que, fermant les yeux à toutes ces considérations, elle résolut de faire entrer le comte en défiance de sa fidélité, et sachant bien que l'affection excessive en la possession d'une beauté qui n'a pas sa pareille dégénère aisément en jalousie, elle conçut une espérance certaine de l'y faire tomber; et, en ce dessein, lui écrivit un petit billet d'avis de trois ou quatre lignes en ces termes :

« Monsieur, ayant l'honneur de vous être si prochement alliée, je ne puis ni dois supporter davantage le désordre que cause dans votre maison la malversation de votre femme, dont l'impudicité et abandonnement passe en scandale public, à votre préjudice. Si je m'en taisais, en ayant des preuves si manifestes, je ne me pourrais jamais justifier envers vous d'une grande ingratitude, ni m'exempter d'encourir le blâme d'une punissable connivence et dissimulation. Au reste, si vous hésitez à m'en croire, je vous en donnerai des preuves si évidentes que vous n'aurez plus lieu d'en douter. »

» C'était assez et trop dit pour donner martel en tête à ce pauvre prince, auquel elle fit porter sa lettre par un de ses gens, à qui elle avait fait le bec, tandis qu'elle fut faire le même rapport au prince son mari. Cette nouvelle inopinée perça le cœur du triste père du glaive d'une douleur très-sensible, qui lui interdit la parole quelque temps. Il aimait uniquement cette fille, comme sa vraie image, la dépositrice de son cœur et le soutien de sa maison, et ne se pouvait persuader qu'elle se fût oubliée jusqu'à ce point. Ce néanmoins la créance qu'il avait en sa femme, et les serments exécrables qu'elle faisait pour affirmer la vérité de son accusation, le lui firent croire, et résoudre à en faire un châtiment exemplaire, sans grâce ni miséricorde, et l'envoyer en l'autre monde par arrêt de justice. Que ne peut une âme perfide et désespérée pour la subversion des simples? Que ne fait une malicieuse femme depuis qu'une fois elle possède l'esprit trop crédule de son mari?

» Cependant, le messager arrivé à la cour du comte, lui rend la lettre de sa perfide maîtresse, laquelle ayant lue, il demeura étonné et immobile, comme s'il eût été frappé de la foudre. Revenu de cet étonnement, il ne pouvait croire à ses yeux, relit la lettre, et s'étonne encore plus d'ouïr de sa femme ce dont il ne se fût jamais défié. Et, prenant cette calomnie pour une vérité, changea tout à coup l'amour qu'il lui avait porté en une haine et dédain extrêmes, lui retrancha toute honnête liberté, lui interdit les compagnies, faisait épier ses allées et venues, examiner toutes ses paroles et actions, dont les plus sincères et innocentes étaient interprétées tout au rebours de ses intentions et selon le soupçon de ce pauvre prince, si puissamment prévenu de la calomnie; laquelle le fortifia tellement en sa fausse créance, qu'il fit enfin arrêter la comtesse et l'enfermer en une chambre d'une des tours du château qui regardait sur l'étang, l'y faisant soigneusement garder, avec défense de la laisser visiter à qui que ce fût, que par son ordre et permission. Ce fut en cette rencontre que notre innocente comtesse eut besoin de toute sa vertu ; aussi y fit-elle paraître sa patience admirable ; et, comme elle avait toujours vécu sans ambition, aussi porta-t-elle le changement de sa fortune avec une grande égalité d'esprit, sans jamais ouvrir la bouche pour se plaindre du tort qu'on lui faisait ; au contraire, s'éjouissant de se voir affligée dans l'innocence, attendant sa consolation de Dieu, pour l'amour duquel elle endurait, se résignant entièrement à sa sainte volonté, se recommandant de tout son cœur à la sainte Vierge Marie, vrai asile des affligés, et à sainte Brigitte, vierge irlandaise, sa patronne, dont Dieu, en ce temps-là, manifestait la gloire par les grands miracles qu'il opérait à son tombeau.

» Tandis que l'innocente Azénor boit patiemment ce calice d'amertume, sa marâtre, pour achever le sacrifice de sa cruauté, et l'accabler à force de calomnie, pratiqua des gens perdus et sans âme, auxquels, à force d'argent, elle ferait dire tout ce qu'elle voudrait contre la comtesse. On ne saurait trouver une plus dangereuse haine que celle des femmes contre des femmes, quand la jalousie s'est une fois emparée de leur cervelle. Le comte, d'autre côté, ayant assemblé ses barons et ceux de son conseil dans la haute salle du château, pour prendre leur avis sur ce qu'il serait expédient de faire en cette occurrence, commanda qu'on tirât sa femme de cette prison, et qu'on la conduisît en ce parquet de justice, où il entra quelque peu après tout transporté de fureur, et si hors de lui qu'encore bien qu'il tâchât, le plus qu'il pouvait, de dissimuler sa passion, néanmoins, rongeant son frein avec difficulté, il écumait si étrangement que toute la compagnie vit bien qu'il était en une furieuse colère, et que son dessein était d'exterminer la comtesse. Ayant pris sa place, et fait seoir l'accusée sur un petit escabeau au milieu du parquet, il commanda à son procureur fiscal de proposer les chefs de l'accusation, ce qu'il fit, exagérant avec une grande véhémence les plus petites circonstances du crime supposé vers elle, la sommant de répondre à ce qui lui serait objecté. Cet homme ayant ainsi parlé, toute l'assistance craignait déjà pour la princesse accusée; mais elle, qui avait autant d'innocence que de simplicité, se voyant chargée de cette tempête de paroles de feu, qui avait mis toute l'assemblée en effroi, se prit à pleurer amèrement; toutefois, craignant que son silence la rendît coupable, elle se leva pour devoir parler; mais, plus elle faisait d'efforts, plus les sanglots étouffaient sa parole. Enfin, reprenant ses esprits, elle fendit la presse des soupirs, et dit, en peu de paroles que : si c'était chose arrêtée d'opprimer son innocence par faux témoignage, il n'était point besoin de tant de formalités où la force faisait la loi ; que la vie et la mort lui étaient choses indifférentes, n'ayant jamais eu tant d'attaches aux délices de cette vie qu'elle ne s'en dépouillerait aussi aisément que de sa robe, lorsqu'il plairait à Dieu, à la providence duquel elle avait parfaitement soumis la conduite de sa vie et de toutes ses actions. Au reste, qu'aisément ils lui pourraient ôter la vie, mais jamais lui ravir l'amour inviolable qu'elle portait à son seigneur et mari, et la réputation de princesse d'honneur, qu'elle ferait passer jusques aux cendres de son tombeau, malgré la calomnie et les artifices malicieux de ses ennemis. Ayant ainsi parlé, elle fit une humble révérence à la compagnie, et fut ramenée en la prison; et les juges, ayant été longtemps aux opinions, il fut enfin arrêté que le comte l'irait rendre à son père, et poursuivrait envers lui réparation de cet affront, par toutes les voies dues et raisonnables.

» Dès le lendemain, le comte la fit derechef tirer de la prison et jeter dans un carrosse bien gardé d'archers et de soldats, pour la conduire en sûreté vers son père, auquel il la rendit, avec des plaintes et reproches tels que la violence de sa passion lui pouvait suggérer. Le prince, voyant sa fille garrottée comme une esclave et accusée d'un crime si détestable, jeta un cri comme un rugissement de lion, qui perçait le ciel, et faisait fendre le cœur des assistants de compassion de ce pauvre vieillard, qui, s'arrachant la barbe et sa perruque chenue, jeta une pitoyable œillade vers son innocente fille. Le comte l'aperçut, et, craignant qu'il la voulût sauver, il entra dans des fougues si désespérées qu'il semblait vouloir enrager. Et, après avoir vomi une infinité d'injures contre sa femme et son beau-père, mettant sa main droite sur les gardes de son épée, jurant son grand serment que, si on ne lui faisait prompte justice, il en tirerait raison par les armes, il voulut sortir; mais le prince l'arrêta, et, le tenant par la main, tâcha de l'apaiser, lui promettant, en foi de prince, que si sa fille était trouvée coupable de ce crime, il l'en châtierait si sévèrement qu'il en serait satisfait, le priant de s'en retourner qu'il n'eût été témoin oculaire de la rigueur dont il voulait user à venger cet outrage, et commanda qu'on la serrât en une grosse tour qui regardait sur la mer, tandis que l'on travaillerait à son procès.

» Le comte se contenta de ces offres, et la pauvre innocente, ayant essuyé les injures de ses ennemis et de ses plus proches, et (ce qui lui fut le plus sensible) les insultations de sa marâtre, qui lui avait dressé cette partie, fut traînée par des satellites en cette chartre et étroitement gardée, sans être visitée ni consolée des hommes, mais, d'ailleurs, assistée de la grâce de Dieu, avec lequel elle s'entretenait en l'oraison, vivant dans ce cachot en austérités et pénitence, s'armant, par ces beaux exercices, contre la violence de la persécution, avec une confiance filiale en la miséricorde de Dieu, qui lui faisait espérer de remporter la victoire des ennemis conjurés de sa vie, de son honneur et de son salut.

» Le prince lui ayant donné des juges, le comte pressait le jugement, sollicitant nuit et jour contre sa femme. Le procès instruit avec toutes les solennités et formalités, s'ensuivit sentence portant que : La jadis comtesse de Tréguier et Goëlo, atteinte et convaincue d'adultère et infidélité envers son mari, était condamnée d'être brûlée vive, et les cendres jetées en la mer. Ce jugement arrêté, les juges en donnèrent avis au prince, pour savoir ce qu'il en ordonnerait. (Jugez quel compliment de déférence à un père affligé!) Néanmoins, pour contenter son gendre, et ne contrevenir à son serment, il abandonna sa fille à la rigueur de la justice, et voulut que la sentence sortît son plein et entier effet, et l'envoya tout à l'heure signifier à la prisonnière.

» Cette femme, non moins constante qu'innocente, ne se troubla de cette nouvelle; et, s'étant jetée à genoux, les yeux arrêtés sur un crucifix qu'elle tenait en sa main, écouta paisiblement la longue suite de tant de paroles, funestes messagères de sa mort, sans que sa constance parût aucunement ébranlée. La vertu est comme le cube : de quelque part qu'on le jette se trouve toujours sur sa base. Cette triste lecture faite, elle baisa son crucifix, et, s'étant levée, dressa ses beaux yeux vers le ciel, et dit d'une voix forte et assurée :

» Mon Dieu, mon Seigneur, qui connaissez les plus secrets replis de ma conscience, je supplie très-humblement votre adorable majesté de fortifier mon âme de votre grâce en ce dernier période de ma vie; et, puisque les hommes manquent au témoignage de mon innocence, donnez-moi la patience pour endurer la rigueur et l'ignominie du supplice, et la perte de ma réputation, qui va présentement succomber à la calomnie et aux malices artificieuses de mes ennemis. Et, portant sa main droite sur le crucifix qu'elle tenait en sa main gauche, elle jura et protesta hautement que, sur le salut de son âme, jamais elle n'avait failli à l'endroit de son seigneur et mari; lui pardonna sa mort, et aussi à son père, à sa marâtre et aux témoins qui avaient faussement déposé contre elle; puis, se tournant vers les commissaires, leur dit : Je vous assure, messieurs, que tout le regret que j'emporte hors du monde n'est que de voir que la rigueur de votre justice, faisant une trop hardie saillie hors des bornes de la juridiction, enveloppe celui qui est manifestement innocent dans le supplice de celle que vous avez jugée comme criminelle, et punit une créature de mort temporelle et éternelle avant d'avoir su pécher. Je suis grosse de quatre mois; mon enfant est vivant et bougeant, et vous le privez de baptême et de vie pour le crime supposé à sa mère. Pensez-y bien, je vous en prie, et, cependant, envoyez-moi des gens d'église pour mettre ordre au fait de ma conscience.

» Les commissaires ayant fait ce rapport, les juges, croyant que ce fût une feinte pour prolonger sa vie de cinq mois, procédant d'une pusillanimité féminine, ordonnèrent qu'elle serait visitée des matrones; lesquelles ayant, par leur rapport, confirmé la vérité de sa grossesse, les juges étaient d'avis de surseoir l'exécution, jusqu'à ce qu'elle se fût délivrée de son fruit, et en furent conférer avec les princes. Son père y consentait, mais le comte insista, et qu'on se dépêchât au plus tôt de la mère et du fruit. Les juges, trouvant trop de cruauté en cette précipitation, voulant, toutefois, donner quelque satisfaction à cet homme, révoquèrent la première sentence, et, par une seconde, la condamnèrent d'être renfermée vive dans un tonneau de bois, et jetée en pleine mer, à la merci des vents, des ondes et des écueils. Cette seconde sentence lui ayant été prononcée, les bourreaux se saisirent d'elle et la lièrent; puis elle réitéra sa confession, et fit quelques ordonnances testamentaires, dont elle recommanda l'exécution à son mari.

» L'heure venue qu'il fallait aller au supplice, on lui vint dire qu'il était temps. Alors elle sortit de son cachot comme une lionne de sa caverne, tenant son crucifix en ses pures et délicates mains, liées de grosses cordes, faisant paraître le ris sur son front, en dépit des larmes qu'elle versait ordinairement au plus fort de sa dévotion. Ce fut un spectacle de compassion de voir passer cette belle princesse le long de la ville, depuis le château jusqu'au port, entre les bourreaux et satellites, conduite des officiers de la justice, suivie d'une multitude confuse de peuple, dont les uns déploraient son malheur, les autres détestaient son crime, selon les diverses passions dont ils étaient agités.

» La pureté de sa conscience avait tellement charmé le sentiment des cruautés de son supplice, que, comme elle avait ouvert son cœur à l'amour divin, aussi ouvrit-elle derechef sa bouche au pardon de ses ennemis, et au dernier temps (qu'elle croyait) de sa vie, pria pour eux d'un cœur amoureux et d'une voix toute angélique, ajoutant : « qu'elle espérait qu'enfin ce beau jour viendrait qui ferait voir son innocence éclipsée sous les cruelles nuées de la perfidie. » Cela dit, elle monta dans le navire, qui se mit incontinent à la voile; et, étant éloigné de terre de quinze à vingt lieues, on lui commanda de se disposer à subir l'exécution de la sentence. Elle se mit à genoux, recommanda son âme à Dieu, remercia les officiers de la peine qu'ils prenaient pour elle, les chargea d'assurer son père et son mari qu'elle mourait innocente des crimes dont on l'avait accusée, et dans le devoir de bonne fille et fidèle épouse, pardonna à ses ennemis, et, s'étant munie du signe de la croix, entra courageusement dans le tonneau funeste que la malice des hommes avait préparé pour son naufrage, mais que la Providence divine avait disposé pour lui servir d'arche, afin de la sauver d'un déluge de tant de misères.

» Sitôt qu'elle fut dedans le tonneau, il fut bouché et fermé, puis jeté à la mer. Quoi fait, ils s'en retournent à Brest en assurer les princes. Le comte, satisfait de la bonne justice que lui avait rendue son beau-père, prit congé de lui et s'en retourna en son pays.

» La perfide et déloyale marâtre, qui eût mieux mérité de passer par les mains impitoyables d'un bourreau, pour avoir, par ses sanglantes impostures, prostitué à l'ignominie du supplice celle que jamais l'amour lascif n'avait jamais surmontée, triomphait de ce succès, et s'éjouissait de s'être levé cette épine du cœur. Mais la providence de Dieu, qui avait déjà préservé notre innocente du feu, la délivra encore de cet autre élément, non moins favorable pour lui donner sujet de chanter un jour en son honneur : « Nous avons passé par le feu et par l'eau, et vous nous avez conduit en lieu de rafraîchissement. »

» Son petit vaisseau, ballotté sur les ondes, servit de jouet aux vents et aux marées cinq mois entiers, qu'il côtoya les rivages de la Bretagne, de l'Angleterre et de l'Irlande, en danger continuel de mille naufrages, humainement parlant, inévitables, si la main du Tout-Puissant ne l'eût préservée de la furie des vents, de la violence des tempêtes, du choc des rochers et du bris des écueils.

» En cette effroyable solitude et cruel abandonnement, la pauvre princesse n'avait d'autre espérance qu'en la miséricorde de Dieu, qui n'abandonne jamais ses serviteurs. L'esprit (dit Philon) doit avoir un petit consistoire domestique où, déchargé des sens et de la masse des choses sensibles, il s'étudie à la connaissance de soi-même et à la recherche de la vérité. C'était en ce consistoire intérieur que notre sainte solitaire s'entretenait avec Dieu, dont elle recevait des caresses et des consolations qui charmaient l'ennui de ses misères. On ne lui avait donné aucune provision ni victuailles, de sorte qu'en peu de temps elle fut pressée de disette et nécessité, nourrissant seulement son âme du pain de l'oraison, détrempé en ses larmes, tandis que son pauvre corps exténué s'en allait entièrement défaillant. Que faire en telle extrémité ? O merveille de la bonté et miséricorde de Dieu ! O abîme des secrets incompréhensibles de sa providence adorable !

» La pauvre Azénor gisait adossée aux flancs de son tonneau, les yeux levés vers le ciel, faisant rouler de grosses larmes, comme autant de perles liquides sur ses joues pudiques, recommandant à Dieu sa pauvre âme, qui, succombant à tant de misères, s'en allait déloger de son corps, lorsque ses yeux mourants furent subitement frappés d'une clarté céleste qui pénétra le haut de son tonneau, et lui fit voir un ange qui, de sa seule présence, convertit ce lieu infect et étroit en un paradis de délices, et, la saluant amiablement, l'assura que ses prières étaient agréables à Dieu, qui ne l'abandonnerait jamais en cette affliction; qu'elle espérât toujours en sa miséricorde, et qu'il ferait paraître un jour son innocence avec plus d'éclat qu'elle n'avait enduré d'ignominie, à la confusion de ses ennemis. Puis lui présenta des vivres à foison, lui commandant d'en manger. Elle obéit, et, ayant rendu grâces à Dieu et à son céleste gardien, prit sobrement son repas, et incontinent son pauvre corps reprit ses forces et son cœur sa première vigueur. L'ange disparut sur l'heure, mais il ne faillit désormais de la visiter et lui apporter journellement tout ce qui lui était nécessaire pour sa nourriture et son entretien.

» Au bout des cinq mois de sa périlleuse navigation, elle accoucha heureusement d'un fils dans cette étroite cabane, sans sage-femme et autre assistance que celle qui lui venait du ciel, de son ange et de sainte Brigitte, sa bonne maîtresse et patronne, qui la visitait souvent avant et après ses couches. Quand elle eut mis son enfant au monde, elle le prit entre ses bras, fit le signe de la croix sur lui, et lui fit baiser son crucifix, attendant la commodité de le faire baptiser, et le pressant contre son sein pour l'échauffer, le baisait tendrement, versant quantité de larmes sur ses petites joues, puis le recommanda à Dieu, disant : Seigneur, qui avez délivré les trois enfants vivants de la fournaise en Babylone, et eu soin du petit Ismaël, abandonné dans la solitude d'un désert stérile ; qui avez préservé votre prophète du naufrage au milieu des mêmes abîmes, et fournissez abondamment aux petits corbeaux les nécessités de leur vie, je recommande à votre paternelle providence cette petite créature, affligée pour le crime supposé à sa mère; ne permettez, mon Dieu, qu'il soit traité en coupable parce qu'il est né malheureux, et, puisque vous avez daigné avoir soin de la mère, n'oubliez pas aussi d'assister son enfant, afin que, régénéré du saint baptême et enrôlé dans le catalogue de vos enfants, il glorifie éternellement votre saint nom et publie vos miséricordes. Ayant achevé, Dieu, pour sa consolation, lui fit connaître, par un signe visible, qu'il avait exaucé sa prière, déliant la langue du petit enfant, lequel, voyant sa mère si affligée pour n'avoir le moyen de l'assister comme elle eût désiré, la regarda fixement, et, souriant doucement, lui dit : « Consolez-vous, ma chère mère, nous ne devons rien craindre puisque Dieu est avec nous, nous sommes arrivés au terme de notre voyage et proches au temps de la consolation que Dieu vous a promise par son ange. »

» La comtesse fut bien étonnée de cette merveille, mais bien plus quand elle vit, le même jour, les effets prodigieux de la prédiction de son enfant. Car, ne sentant plus son tonneau branler sur les ondes, ni repousser le choc des flots, elle jugea que Dieu l'avait conduite en quelque rade; ce qui se trouva véritable. Son tonneau fut premièrement aperçu d'un villageois qui avait sa maison proche de ce havre, nommé *Beau-Port*, à raison d'une riche abbaye de ce nom qui était là auprès en l'île d'Irlande. Ce paysan descendit promptement en la grève voir ce que c'était, et, croyant que ce fût un tonneau de vin ou d'autre boisson, resté du débris de quelque navire, que les houles et marées auraient poussé au rivage, il y allait donner du guimbelet ; mais Dieu, redoublant ses merveilles, délia derechef la petite langue de l'enfant, qui défendit à ce paysan de passer outre, lui commandant d'aller trouver l'abbé de Beau-Port, seigneur de cette côte, et lui donner avis de ce qu'il avait trouvé.

» Le pauvre homme, épouvanté de cette voix, obéit et s'en alla trouver l'abbé, lui raconta ce qu'il avait vu et ouï, le priant de se transporter sur les lieux pour voir ce que ce pourrait être. Il alla, accompagné de quelques religieux et des plus apparents habitants de son bourg, fit faire ouverture du tonneau, où il trouva une belle jeune femme qui tenait un petit enfant de deux jours, lequel, par son souris et par ses gestes enfantins, le semblait courtoisement saluer. Il les mena au bourg de son abbaye, les fit revêtir et rafraîchir, et, ayant entendu tout à loisir le récit de leur fortune, il rendit solennellement grâce à Dieu, et, dès le lendemain, baptisa le petit prince en la présence d'une multitude de peuple qui était venu voir cette merveille. Et, afin que son nom exprimât en quelque façon sa fortune, il le nomma sur les saints fonts *Buzeuc*, pour avoir été, par des miracles si prodigieux, né sur les eaux, et miraculeusement préservé de tant de morts et périls humainement inévitables. La comtesse s'habitua en cette bourgade, et y passa le reste de ses jours, assistée des charités et aumônes de l'abbé et des gens de bien ; et, pour éviter l'oisiveté, elle s'employait à laver les draps avec d'autres lavandières, gagnant sa vie à la sueur de son visage, distribuant aux pauvres le peu de gain qu'elle tirait de ce métier vil et humble, réservant ce qui était précisément nécessaire pour sa nourriture et l'entretien de son enfant, qu'elle élevait soigneusement en l'amour et crainte de Dieu ; et, dès qu'il fut en âge capable des lettres, l'abbé de Beau-Port le retira en son abbaye, et se chargea de son instruction. Or, laissons ici nos deux saints, et repassons la mer pour voir comme tout se porte à la cour de Tréguier.

» Si la comtesse trempait en une grande disette après tant de misères et de périls, le comte ne souffrait pas moins dans les horreurs d'un crime qu'il n'avait commis que par trop de crédulité. Les deux années de l'absence de sa femme n'étaient encore écoulées, quand l'amour, que la calomnie semblait avoir éteint dans son cœur, se ralluma tout d'un coup, et le jeta dans un cuisant repentir du traitement impitoyable qu'il lui avait fait ; ce qui le rendit si chagrin et pensif qu'il ne reposait ni jour ni nuit ; il ne trouvait rien à sa fantaisie, tout lui déplaisait, les visites mêmes de ses amis lui étaient importunes, et se laissa gagner à une sombre mélancolie, qui le confina dans une triste solitude, où, tirant des sanglots du profond de son cœur, il pleurait continuellement son désastre et détestait sa trop grande crédulité, cause de la perte d'une des plus aimables créatures du monde.

» Ses serviteurs et ceux qu'il approchait de plus près tâchaient en vain de le divertir par toutes sortes de récréations et passe-temps, lui remontrant qu'il ne se devait laisser accabler à ces pensées mélancoliques, qui ne servaient qu'à troubler le repos de son esprit; au reste, qu'il n'avait point de sujet de regretter l'absence de la comtesse, qui l'avait si ingratement éloigné de son cœur et de ses affections, qu'elle avait laissé embraser à des flammes si préjudiciables à son honneur, qu'on n'y pouvait seulement penser sans exécration. On avait beau dire, tout cela n'était pourtant capable d'effacer de son esprit l'image de celle dont la vertu et honnêteté se présentaient continuellement à ses yeux, et lui reprochaient sa trop grande précipitation; et quelque devoir que l'on fît pour le retirer de ces pensées pleines d'inquiétude, si faisaient-elles toujours quelque impression dans son esprit.

» Tandis que le comte se repent à loisir de sa faute, le temps, qui découvre tout, mit en évidence son erreur, l'innocence de sa femme et la malice de sa marâtre, laquelle, étant tombée malade, fut, en peu de jours, désespérée des médecins. Ce fut un rude coup de tonnerre qui éveilla puissamment cette déloyale lorsque moins elle s'y attendait, et la jeta dans des étranges appréhensions. D'un côté, elle voyait sa vie terminer en angoisses, et, d'ailleurs, elle avait devant les yeux l'horreur de son crime, et à ses oreilles la voix du sang innocent qui criait vengeance de ses impostures. Enfin, alarmée de toutes parts, ne pouvant plus endurer le bourrellement de sa conscience, elle déclara publiquement les artifices dont elle s'était servie pour ruiner la comtesse : petite satisfaction pour une si grande faute. Le prince, l'ayant ouïe parler, tomba évanoui, tandis que la misérable rendit l'esprit. Revenu de pâmoison, il la voulait étrangler; et, sachant qu'elle était décédée, à peu qu'il ne déchirât sa charogne à belles dents.

» Le comte ne tarda guère à avoir avis de cette palinodie, qui le frappa si vivement, que, de la tristesse, il passa dans la fureur, et de celle-ci dans la rage, s'arrachant les cheveux et la barbe, renversant tout ce qu'il rencontrait; mais, quand sa mémoire lui faisait ressouvenir du cruel tourment qu'il avait fait à sa chère et innocente épouse, il entrait en tel désespoir qu'il eût volontiers pardonné à qui l'eût tué, pour se voir délivré de tant de furies qui le persécutaient partout où il allait. Il maudissait tantôt la perfidie de sa marâtre, tantôt il se prenait à soi-même, puis détestait sa promptitude et précipitation; bref, ce n'était qu'épouvantables imprécations et serments exécrables de tirer vengeance des auteurs de cette perfidie.

» Enfin, ne pouvant plus supporter tant d'inquiétudes, il s'avisa d'aller chercher le remède à sa douleur, et voir dans les îles et côtes septentrionales s'il pourrait apprendre quelque nouvelle de la comtesse, que Dieu pourrait avoir (comme innocente) sauvée du naufrage. Il communiqua son dessein à ses plus affidés serviteurs; et, ayant pris de l'argent autant qu'il jugea lui être nécessaire, se mit en chemin, courut toutes les côtes maritimes de la Bretagne, Normandie, Picardie, Pays-Bas et Flandre, sans trouver aucune chose de ce qu'il cherchait. Il passa en la Grande-Bretagne et les îles adjacentes, y fit les mêmes perquisitions, mais en vain; ce qui le fit résoudre à s'en retourner en Bretagne, désespérant désormais de son entreprise.

» Sur le point de son embarquement, son bon génie l'inspira de passer en Irlande, ce qu'il fit; et étant arrivé à Beau-Port, il déclara à l'abbé le sujet de son voyage et ce qu'il cherchait en ce pays. L'abbé (à qui, peu de jours auparavant, le petit prince Budoc avait prédit cette arrivée de son père), voyant l'accomplissement de la prédiction de son petit saint, embrassa affectueusement le comte, l'assurant qu'il était le très-bien venu, et que celle qu'il cherchait n'était pas loin de là. A cette nouvelle le comte ressuscita comme de mort à vie, et, sans plus tarder, voulut voir sa femme, que l'abbé fit incontinent venir avec son fils.

» Quand la comtesse vit son cher mari en sa présence, elle demeura immobile comme une statue, sans pouvoir dire mot, considérant l'admirable providence de Dieu, qui, par des voies si considérables, commençait enfin à justifier l'innocence de ses déportements. La batterie n'était que trop forte pour enlever son cœur, qui n'avait jamais écarté ses affections de son mari, même dans les plus cuisantes angoisses.

» Encore que tant de misères et langueurs eussent beaucoup ruiné la première beauté de la comtesse, si est-ce que son mari la reconnut, et, se laissant tomber sur son col, lui donna mille baisers amoureux, et, la tenant étroitement embrassée, versait un déluge de larmes, ne pouvant quitter celle qu'il avait tant regrettée et si longtemps cherchée. Est-il possible (disait-il) que ce soit ici ma chère Azénor, que j'ai tant pleurée comme morte, et tant cherchée depuis notre départ? Oserai-je bien regarder cette innocente, qui a trouvé son salut dans les abîmes, la sûreté dans la violence des tempêtes, la furie des vents et les précipices des écueils? Que, pour le moins, j'embrasse tes pieds, chère moitié, puisque je ne mérite de te regarder en face! » Puis, se tournant vers le petit prince Budoc, son fils, le prit entre ses bras, et le caressant mignardement, s'enquérait de lui des circonstances et particularités de leur fortune, et, ayant entendu avec admiration les miracles que Dieu avait faits en leur faveur, il en rendit grâces à la bonté divine, qui ne délaisse jamais ses fidèles serviteurs.

» Le voyage du comte ayant eu une issue si heureuse, il fit

équiper un grand navire pour repasser avec sa femme et son fils en Bretagne, résolu d'y vivre désormais paisiblement avec eux en ses terres. Néanmoins, Dieu en disposa autrement; car, soit que la fatigue de ses voyages l'eût trop travaillé, soit aussi que la longue tristesse et mélancolie l'eût accablé, soit aussi que cet air grossier et septentrional eût altéré sa complexion et son tempérament naturel, il tomba malade d'une langueur qui ne lui permit pas de se mettre sur mer, pendant laquelle la comtesse lui rendit toutes sortes d'assistance ; ce qui lui perçait le cœur, la voyant avoir si parfaitement oublié le mauvais traitement qu'elle avait reçu de lui.

» Enfin, la longueur de sa maladie, qui l'affaiblissait de jour à autre, lui faisant craindre quelle en serait l'issue, il voulut de bonne heure mettre ordre au fait de sa conscience, se confessa généralement à l'abbé, reçut les saints sacrements de l'eucharistie et de l'extrême-onction, demanda pardon à sa femme, donna sa bénédiction à son fils, et passa paisiblement de cette vie à l'autre. Son corps fut porté dans l'église abbatiale de Beau-Port, où, ses obsèques solennellement célébrées, il fut enterré en lieu honorable.

» La comtesse, devenue veuve, perdit l'envie de retourner en son pays, et voulut passer le reste de sa vie en ce pauvre village, ayant parfaitement oublié le monde et tout ce qui le concerne. Dès qu'elle eut congédié les serviteurs de son défunt mari, elle s'adonna plus que de coutume aux œuvres de pénitence et mortification, redoublant ses charités envers les pauvres, selon la portée de son petit pouvoir. Elle recevait un singulier contentement de se voir, de riche comtesse, devenue pauvre lavandière; de princesse de sang illustre, chétive femmelette, inconnue des hommes; de grande dame honorée et suivie de train et serviteurs, veuve retirée, seulette, méprisée du monde et abandonnée de ses parents. Son exercice ordinaire c'était l'oraison, y employant tout le temps qu'elle pouvait dérober à son travail, fréquentant l'église où était enterré son mari, dont elle arrosait le tombeau d'abondance de larmes, et soulageait l'âme de ses prières, aumônes et bonnes œuvres, surtout de grand nombre de messes qu'elle y faisait célébrer à son intention.

» Elle eut ce contentement, avant de mourir, de voir le prince saint Budoc, son fils, fouler généreusement aux pieds les grandeurs passagères du monde, et, dédaignant de recueillir les riches successions de ses parents, faire heureusement échange des possessions temporelles avec l'héritage éternel, lorsque, humblement prosterné aux pieds de l'abbé de Beau-Port, il reçut de ses mains l'habit de religieux, postposant l'éclat de son cercle comtal à l'humilité d'une couronne monacale, et son écarlate à un simple et pauvre froc, pour s'assurer un jour de la robe d'immortalité. Certes, notre comtesse se trouva alors au comble de ses souhaits, et pouvait dire comme sainte Monique, quand elle vit son fils Augustin entièrement converti à Dieu, qu'elle ne désirait rien plus en cette vie, puisqu'elle voyait son cher enfant si avantageusement appointé en la cour du Roi des rois, ne souhaitant désormais aucune chose avec plus de passion que de se voir déliée de son corps et être avec Jésus-Christ. Le ciel agréa ses désirs, et Dieu, voulant récompenser ses travaux et sa patience de la couronne d'immortalité, l'appela à soi après une légère maladie, pendant laquelle elle eut le loisir de se disposer à ce passage, recevoir ses sacrements et donner sa bénédiction à son fils, lequel l'ensevelit près de son défunt mari, en son monastère, et s'acquitta de prier Dieu pour le repos de son âme[1]. »

Après avoir visité le château, le port appelle naturellement l'attention du touriste, car, à vrai dire, il constitue à lui seul toute la splendeur de Brest et est digne de précéder la plus belle rade du monde. Malheureuse-

---

[1] *Vie des Saints de Bretagne*, par Albert le Grand.

ment nous devrons abandonner ici notre rôle, et confier à des guides plus habiles le soin de décrire les richesses de l'atelier des modèles, de la salle d'armes, de l'établissement des machines à vapeur, enfin, toutes les beautés que l'on ne peut bien apprécier qu'après une étude soutenue ou une longue habitude du matériel de la marine.

Le port avec toutes ses richesses, le château, fier aujourd'hui de ses blessures, ne sont point, croyez-le bien, ce qu'il faut le plus admirer à Brest. Le vrai coup d'œil, le beau spectacle, ce n'est pas la terre, c'est la mer, c'est la rade couverte de vaisseaux de toute forme et de toute grandeur, prêts à se mettre en mouvement au premier signal. Peut-on rêver un plus splendide panorama que celui qui se découvre de la magnifique promenade du *cours d'Ajot!* Regardez là bas ces rivages hérissés de rochers menaçants, ce sont les côtes de Roscanvel, de Lanvéoc et de Crozon. Voyez-vous cette baie qui se développe à l'ouest de la rade? c'est là que viennent se jeter les rivières de Chateaulin et du Faou; plus loin c'est la presqu'île de Plougastel, avec ses campagnes fertiles et ses rochers arides, c'est l'embouchure de l'Élorn, c'est la rivière de Landerneau. Que de fraîcheur, que de verdure! Quel saisissant contraste avec les aspects sauvages de la presqu'île de Quelern et des environs du Goulet! Quel splendide spectacle que celui de cette rade immense, l'une des plus vastes et des plus sûres de toutes les rades de l'Europe! On ne se lasse point d'admirer cet ensemble, et, cependant, il faut céder au désir de visiter les côtes qui, tout à la fois, empruntent et donnent à la rade des aspects si variés. Dirigeons-nous donc en toute hâte vers Landerneau.

Il fuit le bateau qui nous emporte, la rade de Brest est déjà franchie, les vaisseaux ont disparu dans la brume, les forts ne laissent plus apercevoir que le pavillon français qui s'agite et semble nous dire adieu. La France est déjà loin; encore quelques instants, et la Bretagne va nous apparaître sous un nouvel aspect.

Voici la rivière de Landerneau, voici l'Élorn, aux rives enchanteresses. A vous, peintres, tous ces délicieux paysages, ces rochers abrupts, ces îles fleuries, ces bois et ces manoirs silencieux! A vous, poëtes, ces forêts mystérieuses et ces ruines couronnées de lierre; à vous les belles inspirations! Écoutez l'écho qui vous apporte les noms de Tristan le Léonais, de Lancelot du Lac, de la blonde Yseult et du roi Arthur; nous voilà sur la terre classique de la chevalerie et des légendes, les souvenirs se pressent, l'inspiration déborde; amoureux, guerriers et enchanteurs vous tiennent sous le charme de leurs mystérieuses aventures en vous rappelant les ravissants récits créés par la riche imagination d'un peuple naïf et ami du merveilleux. Oh! soyez prudent, surtout soyez discret, car, en ce moment même, la *Chanteuse des mers* songe peut-être à vous introduire dans son séjour enchanté, où vous jouirez d'un bonheur sans fin, si l'on en croit une tradition poétique que les anciens du pays racontent le soir au coin du feu.

« Près de la ville existait jadis un lac dont les eaux

ne pouvaient être aperçues que du sommet d'un rocher fort élevé. Au milieu de ce rocher une porte s'ouvrait mystérieusement une seule fois dans l'année. Celui qui osait s'aventurer sous la sombre voûte arrivait, après un long et pénible chemin, dans une petite île qui s'élevait au centre du lac. Des jardins magnifiques, des femmes et des fruits inconnus, une foule de fées charmantes, et, plus belle que toutes les autres, leur reine et maîtresse, la *Chanteuse des mers*[1], l'attendaient dans cette île merveilleuse. Mais malheur à celui qui aurait redit au monde les délices de ce séjour! Tous ces enchantements devaient rester à jamais un mystère pour les habitants des bords du lac; l'île même était pour eux invisible. Ils ne distinguaient qu'une masse informe, au-dessus de laquelle les oiseaux ne passaient point sans chanter, et d'où s'échappait, par intervalles, une douce mélodie. Le plus précieux trésor de cette île était une fleur dont le parfum empêchait de vieillir. Un profane l'emporta en abandonnant la *Chanteuse des mers*. La porte du rocher se ferma aussitôt derrière lui pour ne jamais se rouvrir, et la fleur magique, loin de la terre qui la faisait éclore, perdit sa vertu. Dès ce moment la *Ganerez-Mor* ne laissa plus pénétrer aucun être humain dans son île enchantée. Lorsqu'un chevalier aventureux tentait de s'en approcher, un fantôme terrible se dressait sur les eaux et lui ordonnait d'abandonner son entreprise, s'il ne voulait causer la destruction de toute la contrée.

» Depuis lors, les forêts ont pris la place de l'île de

[1] Ar-Ganerez-Mor ou Mor Gane, dont on a fait la fée Morgane, qu ouc un si grand rôle dans le poëme de l'Arioste.

Morgane, les rochers ont changé de forme, et le lac a disparu. Les anciens du pays sauraient seuls en trouver la trace. Mais, de temps en temps, la *Chanteuse des mers* et ses sœurs se font encore entendre sur la grève, et marient leurs voix, pendant la nuit, au murume de la brise ou bien au bruit de la tempête. Tantôt c'est pour composer un charme, tantôt c'est pour sauver du naufrage quelque matelot favorisé, qui trouve dans leur retraite un bonheur sans fin. »

On aperçoit déjà Landerneau, assis au milieu d'une riante vallée dominée par des coteaux splendidement boisés, d'où l'on découvre les sinueux détours de l'Élorn à travers des campagnes éblouissantes de fraîcheur et de fertilité. Cette petite ville renferme encore aujourd'hui plusieurs maisons fort anciennes, parmi lesquelles il faut citer celle de la sénéchaussée, bâtie sur le pont qui traverse l'Élorn. On lit l'inscription suivante, sculptée sur une pierre en kersanton, placée au-dessus de la porte principale : *L'an* 1518, *puissant Jacques, vicomte de Rohan, comte de Porhoët, seigneur de Léon, de la Garnache, de Beauvoir-sur-mer et de Blatn, fist faire ces ponts et maison au-dessus de rivière. . . . par Jean le Guiriec, seneschal de cette ville.*

L'église de Saint-Houardon est un édifice de la fin du seizième siècle (1589), qui n'offre rien de remarquable. Sur de petits pinacles, placés de chaque côté des portes, on voit, à gauche, un joueur de tambourin et un joueur de biniou, et, à droite, un joueur de hautbois et un danseur. Sous le porche principal est un bénitier assez curieux, supporté par une colonnette chargée de mâcles, qui sont les armes de la famille de Rohan.

L'église Saint-Thomas est de la même époque que la précédente, mais elle paraît avoir subi moins de restaurations. On remarque, sur une corniche, un renard prêchant des poules, et une virulente satire de l'ivrognerie, représentée par un porc ayant le museau à la clef d'un tonneau de vin.

Ces figures grotesques ou railleuses se retrouvent fréquemment, à partir du seizième siècle, au dedans et au dehors des édifices religieux; mais, à cette époque, la symbolique chrétienne n'avait plus pour but de flétrir le vice et le péché, en plaçant avec intention, à l'extérieur des églises, des animaux réels ou fantastiques représentant les symboles de la méchanceté et de la bassesse. Dès lors les artistes du moyen âge se laissèrent aller à la fantaisie de leur imagination, et trouvèrent un malin plaisir à diriger contre le clergé de virulentes satires, dont le sens n'échappait alors à personne. Peu d'églises en France parvinrent à se soustraire à cette influence satirique, et il serait vraiment curieux de réunir les feuillets épars de ce drame burlesque où vinrent figurer les vices et les ridicules du clergé. Ici, c'est un renard couvert d'un froc et prêchant des poules, satire évidente des prédicateurs dangereux ; là, c'est une femme à genoux devant un porc grimaçant. A la cathédrale du Mans, on voit un globe (le monde) surmonté d'une croix, et traversé ou parcouru en tous sens par des rats (c'est-à-dire des gens d'église). A Amiens, un bas-relief du portail offre la figure d'un jeune homme enlaçant dans ses bras une jeune fille. Sur le portail principal de l'église de Brandebourg (Prusse), un renard en habit de moine prêche des oies. « Sur le vieil autel de Cantorbéry, on reconnaît encore, très-bien sculptés, maître Renard, maître Isengrin (le loup), et maître Lion, canonisés comme de petits saints [1]. » A Paris, vers la fin du treizième siècle, on faisait une procession dans laquelle un renard, couvert d'une espèce de surplis, paraissait au milieu des ecclésiastiques la mitre et la tiare sur la tête. Non loin du chemin qu'il suivait on avait placé de la volaille, et le renard, sans respect pour l'habit qu'il portait, se jetait de temps en temps sur les poules, à la grande joie des assistants.

L'esprit railleur du moyen âge, et cette liberté de critique qui ne craignait même pas de s'attaquer aux choses saintes, ont dérangé, il faut en convenir, les systèmes de quelques historiens qui ne voulaient voir dans les siècles passés que despotisme et servitude. Cependant le moyen âge fut libre, indépendant, et jamais la crainte des bourreaux ne put entraver cette franchise de l'esprit, cette gaîté insouciante, sans règle et sans entraves, dont nous trouvons tant de preuves dans ces satires sculptées dans le chêne de nos jubés ou dans le granit de nos églises. Du reste, comme l'a dit un savant écrivain, il fallait bien qu'il y eût pour les gens du peuple, comme compensation à leur misère et à leur abaissement, des instants où ils pussent faire en-

---

[1] *Études sur le Moyen Age*, par M. Philarète Chasles.

tendre leur voix étouffée, où les plaintes de celui qui souffrait de l'oppression parvinssent aux oreilles de ceux qui abusaient du pouvoir, où l'on pût montrer au doigt les riches avares, les juges corrompus, les prêtres licencieux, les maris faciles et les femmes adultères ! Quant aux satires dirigées contre le culte ou contre ses ministres, il ne faut point voir là une preuve d'impiété ou de scepticisme ; le moyen âge apparaît ici dans toute sa naïveté, il attaque ce qu'il adore, il insulte ce qu'il vénère, et c'est en quelque sorte en se jouant et pour se tenir en haleine, qu'il stigmatise de son ironie le clergé qui, à certains jours, est le premier à prendre part aux farces obscènes, aux mascarades burlesques dont les lieux saints deviennent le théâtre ou le prétexte [1].

Les Brestois, les Châteaulinois ou autres Bretons bretonnants des environs de Landerneau se croient, depuis des siècles, obligés de plaisanter les touristes qui viennent, pour la première fois, de visiter les rives poétiques de l'Élorn. « *Avez-vous vu la lune de Landerneau ?* » vous disent-ils en vous regardant entre les deux yeux, comme s'ils cherchaient à surprendre les premiers effets produits par cette funeste lune, dont les rayons ont, à ce qu'il paraît, bouleversé bien des cerveaux... déjà malades. Nous autres Bretons nés d'hier, nous avions toujours souri d'incrédulité lorsque nous entendions renouveler cette plaisanterie vieillie,

---

[1] « Les scandales de la fête des Fous, de la fête de l'Ane, de l'*Episcopus puerorum* sont des parodies joyeuses, concession faite au bas clergé par les hauts dignitaires de l'Église au temps de leur plus ferme puissance. » M. MAGNIN.

et nous avions laissé les naïfs, pour ne pas dire les sots, croire que la lune était plus grande à Landerneau que partout ailleurs. De leur côté, les habitants de Landerneau ne s'étaient jamais émus de cette plaisanterie, ou de ce ridicule, qui, après tout, ne les atteignait nullement, et, dès lors, on inventa probablement cette locution tout aussi vieillie : *Le Landerneau de la littérature est en émoi*, ou : *Cela fera du bruit dans Landerneau*. Rien n'y faisait ; la petite ville bretonne était calme, et se préoccupait peu du rôle qu'on lui faisait jouer.

Dans notre dernier voyage en Bretagne nous voulûmes savoir, à tout prix, ce qui avait pu donner naissance à cette lune incomparable. Nous ne dirons rien des recherches pénibles auxquelles il faut se livrer pour retrouver une lune, et surtout une vieille lune ; car l'astre de Landerneau est un astre disparu, anéanti, enfin un astre fondu. En deux mots, voici le fait : Il paraît qu'il existait jadis, tout au haut du clocher de Saint-Houardon, une magnifique lune en cuivre poli, un vrai miroir dans lequel venait se regarder l'astre des nuits, comme disent les poëtes, lorsqu'il daignait se montrer à la terre ; mais, un beau jour, l'astre disparut, et, il y a trente ans à peine, un chaudronnier du pays, un Vandale né sur les bords de l'Élorn, eut la barbarie de mettre à la fonte cette lune de Landerneau qui avait fait, pendant plusieurs siècles, l'admiration des habitants et excité la jalousie des villes environnantes. Dans quel but avait-on placé au sommet d'un clocher la lune dont il est ici parlé ? Voilà la question qu'il faudrait résoudre. Des archéologues audacieux nous ont bien dit que cette lune avait fait son apparition sur une église[1] de Landerneau quelque temps après les croisades; mais, comme cette indication ne nous éclaire nullement sur l'usage ou sur la signification de cet ornement, nous nous contenterons de savoir l'origine de cette question saugrenue : *Avez-vous vu la lune de Landerneau?*

Après avoir parcouru Landerneau, allez visiter, à une lieue de la ville, les ruines d'une des plus antiques forteresses du Finistère ; c'est le château de la Roche-Morice (Roc'h Morvan), dont les débris s'aperçoivent encore sur le sommet d'un roc escarpé, plus fréquenté par les chèvres que par les hommes. Du haut de ces décombres le regard plonge dans une campagne délicieuse, au milieu de laquelle serpente capricieusement la rivière d'Élorn. L'aspect de cette forteresse, où se réunissaient les princes bretons, les vieux murs ruinés de ses tours, les vestiges des fortifications qui défendaient ses épaisses murailles, son souterrain aujourd'hui en partie comblé, enfin tout cet ensemble qui a quelque chose d'âpre et de sauvage, fait un étrange contraste avec la vue du paysage environnant. On prétend que le souterrain, dont l'ouverture s'aperçoit au-dessous du grand donjon, s'avance fort loin dans la campagne, et passe sous deux moulins situés de l'autre côté de la rivière. Un soldat réfractaire qui s'y était réfugié, il y a quelques années, a même accrédité dans le pays certains contes de brigands que les habitants

---

[1] L'église qui existait avant celle que nous voyons aujourd'hui aurait, dit-on, possédé cette lune.

de la Roche racontent volontiers aux amateurs d'histoires fantastiques.

Morvan, roi de Léon et de Cornouaille[1], mort en 819, fut, dit-on, le fondateur de ce château et lui donna son nom; mais, d'après la légende de saint Riok, il paraîtrait qu'une autre forteresse avait déjà existé en ce lieu.

Deux guerriers de la Grande-Bretagne, Neventer et Derrien, qui vivaient au commencement du quatrième siècle, passant un jour près de la rivière de Dour-doûn (eau profonde), qui sépare le Léonais de la Cornouaille Armorique, virent le seigneur de la forteresse qui dominait cette rivière s'y précipiter d'une de ses tours. Ils se hâtèrent de le secourir, le retirèrent de l'eau et le firent transporter au château.

Rappelé à la vie, ce seigneur leur raconta que le pays étant ravagé par un dragon qui dévorait indistinctement les hommes et les bestiaux, Bristokus, roi de Brest, avait alors fait avec le monstre un accord moyennant lequel on lui livrerait tous les samedis un homme tiré au sort; mais le seigneur Élorn avait été choisi tant de fois par le hasard, qu'il avait successivement livré au dragon tous ses domestiques et vassaux, si bien qu'il ne restait plus que sa femme et son fils Riok; aussi, ne voulant pas voir périr les seuls êtres qui lui fussent chers, il avait préféré se donner la mort. Neventer et Derrien consolèrent cet infortuné, et lui promirent de le délivrer du dragon s'il voulait que son fils Riok em-

[1] Voir dans les *Chants populaires de la Bretagne*, page 127, Ier volume, les fragments du poëme de Lez-Breiz (Morvan), et les judicieux et savants commentaires de M. de la Villemarqué.

brassât la religion catholique. Élorn ayant consenti, les deux guerriers se rendirent à la caverne du dragon, qui sortit en poussant des cris effroyables. Il était, dit la légende, *long de cinq toises, gros par le corps comme un cheval, sa teste faite comme un coq, retirant fort au basilic, tout couvert de dures écailles, la gueule si grande que d'un seul morceau il avalait une brebis.* Derrien le blessa mortellement, et, l'ayant lié avec son écharpe, il le donna à conduire au jeune Riok, qui le mena au château de son père. De là les deux guerriers se rendirent à Brest, et présentèrent le monstre au roi Bristokus, puis ils partirent pour Tolente, où ils s'embarquèrent pour l'Angleterre, après avoir commandé au dragon de se précipiter dans la mer, ce qu'il fit, dit la légende, au lieu appelé *Poullbeuzanneval* ou Poulbeunzual (marais où fut noyée la bête), en la paroisse de Plounéour-Trez.

En mémoire de cette aventure, la rivière de Dour-doûn prit le nom d'Élorn, qu'elle porte encore aujourd'hui.

Le clocher tailladé à jour de l'église de la Roche, ainsi que le portail principal, orné de petites statues assez correctement exécutées, ne sont point sans quelque mérite. La maîtresse vitre, ornée de vitraux fort habilement coloriés, date du seizième siècle, mais le jubé en bois et les corniches sculptées qui garnissent le chœur sont seulement du siècle suivant. L'ossuaire placé dans le cimetière est un édifice d'ordre corinthien, décoré avec une grande richesse de sculptures. C'est, sans contredit, le monument de ce genre le plus considérable du Finistère; aussi l'originalité de son ornementation fait-elle désirer qu'il ne subisse point le sort des ossuaires de Quimper, de Saint-Pol-de-Léon et de Landerneau, complétement détruits aujourd'hui, ou la destinée non moins malheureuse de celui de Pleyben, actuellement converti en salle d'école.

Au-dessus de la porte principale de ce petit édifice on lit l'inscription suivante :

Memor esto : judicii : mei : sic : erit :
Et tuum : mihi : hodie : tibi : cras.

1639

Et, au-dessus d'une petite porte :

Memento homo quia pulvis es.

1640

On aperçoit sous le soubassement dix compartiments dans lesquels se trouvent des figures représentant les diverses professions de la société.

En commençant par la gauche, la première de ces figures représente un laboureur coiffé d'un bonnet plat, d'où s'échappe la longue chevelure du paysan breton ; il tient une bêche sur son épaule.

La seconde est une dame attifée dans le goût de l'époque : collet monté, corps de jupe serré à la taille, manches bouffantes, et robe à vertugadin ; elle a les mains gantées et tient un bouquet dans la main gauche.

La troisième figure est celle d'un juge en robe et bonnet carré ; il porte les moustaches relevées et la petite barbe pointue à la Louis XIII ; il tient à la main un rouleau de papier.

Le compartiment suivant a été martelé.

La cinquième figure représente un pape, la tiare en tête, tenant d'une main la croix papale, et de l'autre semblant donner sa bénédiction.

Le premier compartiment, au côté droit du portique, est rempli par une tête qui surmonte deux os en sautoir.

Dans le second est un mendiant tenant en main son chapeau et son bâton. Il a la tête inclinée dans une attitude suppliante.

Dans le troisième on voit un docteur avec sa robe; il est coiffé d'un bonnet carré, et tient dans la main droite un papier roulé.

Dans le quatrième compartiment est figuré un marchand, coiffé d'une toque, et ayant à son côté gauche une grosse bourse ou escarcelle dans laquelle il plonge la main.

Le cinquième, enfin, n'est orné que d'une espèce de rosace.

Du côté gauche de la façade est un bénitier au-dessus duquel on a représenté la Mort armée d'un dard. Au-dessous du terrible squelette on lit cet arrêt fatal :

Je vous tue tous.

Les danses des morts, peintes ou sculptées dans les cloîtres, sur les murs des cimetières ou dans l'intérieur des églises, apparurent pour la première fois vers la fin du treizième siècle, et furent bien fréquemment reproduites dans le siècle suivant. La Mort était toujours représentée sous la forme d'un squelette, appelant à elle, d'un air malin, des personnages de tout état, de tout sexe et de tout âge, qu'elle conviait à son bal au son de la musette ou du hautbois. Les artistes du moyen âge comprirent généralement bien l'esprit de ces créations bizarres, et il n'est pas rare de voir la Mort varier ses attitudes et ses moyens de séduction pour entraîner, dans sa ronde immense, les divers personnages auxquels elle s'adresse. La physionomie des invités n'était pas moins bien rendue, et la verve satirique des peintres et des sculpteurs trouva ainsi l'occasion de s'exercer librement aux dépens des petits et des grands de la terre, redevenus égaux devant leur maître commun. Un grand nombre de précieux manuscrits du quinzième siècle nous ont conservé le souvenir de ces danses des morts, qui ont disparu peu à peu sous le marteau des huguenots ou le pinceau des badigeonneurs; aussi il ne nous reste plus guère aujourd'hui que le souvenir de ces décorations pittoresques qui ornaient le charnier des Innocents à Paris, le cimetière Saint-Jean à Bâle, et celui de Saint-Maclou à Rouen. Disons, en terminant, que, selon l'opinion des archéologues les plus distingués, ces danses furent représentées à l'époque des différentes pestes qui dévastèrent l'Europe, dans le but d'affaiblir chez le peuple la crainte de la mort, en la lui montrant sous des aspects grotesques et risibles; il n'est point impossible, non plus, que le peuple ait cherché à satisfaire ainsi le plaisir qu'il a éprouvé, de tout temps, à humilier devant lui ceux que le destin semblait lui donner pour maîtres. Quoi qu'il en soit, ces fantaisies du moyen âge méritent d'être conservées avec le plus grand soin, et l'on ne saurait trop blâmer le zèle stupide des *utilitaires*, qui grattent et badigeonnent nos anciens monuments, pour en faire des magasins à fourrages, des écuries ou des guinguettes.

En quittant la Roche, dirigez-vous vers le bourg de la Martyre. C'est en ce lieu même que Salomon, roi de Bretagne, fut assassiné par ses sujets révoltés. L'église, bâtie sur le théâtre du meurtre (Er-Merzeur), fut possédée, suivant Ogée, par les Templiers, qui durent la reconstruire au treizième siècle; mais il ne reste de cette époque que les arcades de la nef, et la tour sur laquelle on voit sculptée la croix pattée de l'ordre du Temple. Le porche méridional est du quinzième siècle. Les magnifiques vitraux de cette petite église sont attribués à Alain Cap, le célèbre verrier breton, qui vivait au commencement du dix-septième siècle.

Après la mort de Salomon, ses anciens sujets vinrent chaque année, en pèlerinage, prier sur son tombeau, dans l'espoir de se faire pardonner le crime qu'ils avaient commis; aussi le pauvre village devint bientôt très-fréquenté, et aujourd'hui c'est un des bourgs les plus importants dn Finistère[1].

Allez maintenant visiter la petite église de Pencran, cachée au milieu d'un bouquet d'arbres. Que d'harmonies, que de fraîcheur dans tout ce paysage! On croit fouler une terre bénie et privilégiée, et l'on serait tenté de céder au charme entraînant de cette retraite, si la loi impérieuse du mouvement, si cette soif de sensations nouvelles qui tourmente sans cesse le touriste, ne venait s'emparer de vous et vous contraindre à abandonner ces sites enchanteurs. Quittons donc Pencran et son joli clocher à jour, et dirigeons-nous en toute hâte vers un bois épais que l'on aperçoit sur la rive droite de l'Élorn.

Nous voici au milieu d'une forêt silencieuse, peuplée d'ombres et de fantômes. Suivons ces sentiers poétiques que foulèrent tant de fois les preux chevaliers,

---

[1] Il s'y tient chaque année, dans les premiers jours de juillet, un marché aux chevaux qui dure trois jours.

les amoureux et les bardes; les traces de leurs pas ont disparu, mais voici encore les ruines du château de Joyeuse-Garde, séjour d'amour et de merveilles célèbre dans les romans de la *Table Ronde*.

Une grande porte en ogive et quelques pans de murailles couronnées de lierre indiquent aujourd'hui la place occupée par ce château, qui peut dater du douzième siècle. Un vaste souterrain, dont on aperçoit encore l'entrée, semble appartenir à une époque beaucoup plus reculée.

Dès le sixième siècle, il est question du château de la Joyeuse-Garde, comme nous le prouve la légende de saint Thénénan.

Laissons parler Albert le Grand :

« Saint Thénénan était fils d'un prince d'Irlande nommé Tinidor; il fut éduqué par saint Karadeuc ou Karantec, et se voua à la vie religieuse. Il s'embarqua pour venir en Armorique de concert avec les prêtres Kenan et Senan. Tous lesquels, ayant heureusement traversé la grande mer Britannique, abordèrent à la côte de Bretagne Armorique, et, rangeant la côte de Léon, entrèrent par la côte de *Mull Gull*[1], dans le golfe de Brest, le long duquel ils cinglèrent à pleine voile, et entrèrent dans le canal de la rivière d'Élorn, qui est le bras de mer qui vient à la ville de Land-Ternock, et prit terre au pied du château de la Joyeuse-Garde.

» Peu de temps avant que saint Thénénan eût passé la mer, saint Goulven étant évêque de Léon, les Danois, peuples barbares et idolâtres, mirent pied à terre sur la côte de Léon, et en quelques courses et surprises qu'ils y faisaient, lorsque moins on s'en doutait, exerçaient tant de cruautés que les

[1] Le goulet de Brest.

paysans et gentilshommes du plat pays, principalement des côtes armoriques, ne se tenant en sûreté dans leurs manoirs et maisons, se retiraient, les uns aux villes, places fortes et châteaux du pays, les autres ès forêts les plus épaisses et écartées, pour éviter la cruauté de ces barbares qui, partout où ils passaient, faisaient un dégât irréparable, mettant tout à feu et à sang, sans pardonner à âge ni sexe. En cet endroit de Léon où aborda saint Thénénan, il y avait une grande forêt qui aboutissait à ce bras de mer qui va à Land-Ternock, dans laquelle s'était retiré grand nombre de paysans de divers cantons pour éviter la fureur des barbares, et y ayant amené leurs troupeaux et le plus beau et le meilleur de leur bien, et, pour n'être forcés, s'étaient remparés légèrement et tenaient une sentinelle et garnison dans ledit château de Joyeuse-Garde pour deffendre la rivière et le grand chemin droit entre lesquels il est situé. Quand la sentinelle du château aperçut le vaisseau de saint Thénénan, elle s'écria à pleine voix *que le serviteur de Dieu qui les devait garantir des barbares, et délivrer de la peur et appréhension qui continuellement glaçait leur sang, arrivait.* A ce cry, le capitaine du château et toute la garnison se jeta sur les créneaux et guérites du donjon, et voyant le navire venir à toutes voiles donner debout à terre au pied du château, firent retentir l'air, les rivages et toute la forêt de crys de joie. A ce cry tous ceux qui étaient dans la forêt s'enquirent de cette réjouissance, disant l'un à l'autre : *Merbet a joa a eus er goard*, c'est-à-dire : *Ils mènent grande réjouissance en la garde*; et, de là, ce château fut nommé *Kastell joa eus er Goard*; ce que les Français, accoutumez à tordre le nez à notre breton pour l'accommoder à leur idiome, traduisent par château de la *Joyeuse-Garde.* »

D'après le roman de Lancelot du Lac, ce chevalier s'empara seul d'un château fort gardé par quarante géants, et qu'on appelait *Château de Douloureuse-Garde*.

Il en changea le nom en celui de *Joyeuse-Garde,* en mémoire des fêtes et tournois qu'il y donna ensuite à tous les chevaliers. Tristan, ayant appris l'exploit de Lancelot, voulut aller lui rendre visite. La blonde Yseult, sa mie, l'accompagnait, et, en approchant du château, il descendit de cheval, et engagea Yseult à prendre du repos.

> Qu'il est doux le chant des oiseaux!
> Il peint la tendresse et l'inspire.
> O mon Yseult, sous ces ormeaux,
> Qu'il est doux le chant des oiseaux!
> Peut-être il serait à propos
> D'écouter ce qu'il veut nous dire....

Cependant le roi Artur, qui était aussi au château, s'amusait à faire jouter tous ses paladins. Il avise Tristan, dont la visière était baissée, et Yseult, qui avait le visage couvert d'un voile, et envoie son sénéchal Queux s'informer du nom, du rang et de la patrie de ces étrangers. Tristan répond d'un air timide que, *bien qu'il soit chevalier, male fortune l'a laissé de si povre petite chevance, qu'il n'en a d'aultre que ses armes et son destrier, et qu'ores il chemine avec sa sœur à une abbaye de nonnains où (dont li poise) elle va s'enclore.* Queux lui réplique : *Mais ignorez-vous la coustume? nul chevalier ne passe sans jouster; or sus, préparez-vous, car à jouste estes-vous venu.* Tristan, après avoir résisté quelque temps, se décida à jouter, et vainquit successivement plusieurs chevaliers.

C'est aussi à la Joyeuse-Garde qu'Artur fit faire aux dames de sa cour l'épreuve du *court-mantel* qu'il avait reçu de la fée Morgan, sa sœur. Ce manteau se raccourcissait selon que la dame à qui il était essayé avait des droits à plus ou moins d'estime. Il n'allait bien qu'à celle qui n'avait rien à se reprocher.

> « Vous devinez l'épouvante des belles,
> Quand le manteau, soit trop court, soit trop long,
> Allant déjà très-mal à quatre d'elles,
> Queux leur apprend quelle en est la raison[1]... »

. . . .

Nous ne dirons plus rien de ces luttes où les chevaliers et les bardes se disputaient le prix du chant et du courage, enfin de ces épopées chevaleresques qui enchantèrent le moyen âge, et dont on cherche aujourd'hui à rappeler le souvenir après plusieurs siècles d'oubli. En effet, on s'est épris tout d'un coup d'admiration pour nos vieux romanciers, et, grâce à cette tardive résurrection, nous avons vu paraître un grand nombre d'anciens poëmes du cycle carlovingien, et des études savantes et consciencieuses sur ces magnifiques épopées qui attestent et résument, en quelque sorte, l'imagination populaire de l'époque.

C'est sous l'empire de ces idées nouvelles que M. de la Villemarqué publia, il y a quelques années, les *Contes populaires des anciens Bretons*, et jeta un jour tout nouveau sur ces merveilleux récits du moyen âge ; aussi nous ne pouvons donner à nos lecteurs un guide plus sûr et plus fidèle pour les aider à parcourir le champ si vaste du merveilleux, qui semble s'étendre à l'infini.

Avant de quitter Landerneau, allez visiter le château

[1] Creusé de Lesser, poëme de *la Table Ronde*.

gothique de la Palue, et, enfin, la chapelle de Beuzit, dont le clocher à jour semble annoncer un édifice beaucoup plus considérable que celui dont il dépend. Dans un petit taillis qui précède la chapelle, se voit un tombeau en kersanton entouré d'arcades gothiques et d'écussons. Sur le dessus du monument est une statue couchée représentant Olivier de la Palue. Le chevalier est recouvert d'une cotte de mailles, a les mains jointes et les pieds posés sur un lion ; son épée nue est placée à côté de lui.

V

Plougastel-Daoulas. — Calvaire de Plougastel. — Abbaye de Daoulas. — Rungléo. — Village de l'Hôpital-Camfrout. — Le Faou. — Anciennes maisons. — Notre-Dame-de-Rumengol. — Landevennec. — Manoir du Peniti. — Église du monastère. — Tombeau du roi Gradlon. — Cloître de Landevennec. — Crozon. — Église paroissiale. — Anciennes maisons. — Monuments druidiques : sanctuaire ; tombelle ; dolmen. — Sanctuaire de Kercolleoc'h. — Château de Dinant. — Cimetière celtique. — Monument de la pointe de Toulinguet. — Lanvéoc. — Sanctuaire druidique de Landaoudec. — Chateaulin. — Ancien château des seigneurs de Châteaulin.

Prenons maintenant le bateau à vapeur qui va de Landerneau à Brest, et descendons l'Élorn jusqu'à la hauteur de Plougastel-Daoulas. Gravissons cette côte escarpée qui nous dérobe le bourg, et jetons, en passant, un coup d'œil rapide sur cette contrée aride et sauvage, toute hérissée de rochers battus par les vents et les tempêtes. Les bords riants de l'Élorn ont déjà disparu, et l'on se croirait bien loin des sites ravissants que l'on vient de traverser, si l'on n'apercevait déjà, sur le coteau opposé, des campagnes luxuriantes de fraîcheur et de fertilité. Ici les bizarreries de la nature sont des beautés réelles. Les montagnes arides, les plaines fertiles, les collines coupées par des cultures, les landes désertes, les paysages inattendus qui apparaissent tout à coup au sommet d'un coteau, enfin, tous ces caprices de terrain, variés à l'infini, constituent, en effet, en grande partie, l'originalité du sol armoricain, et causent au voyageur des émotions sans cesse nouvelles, auxquelles le Breton lui-même ne peut se soustraire.

Dans le cimetière de Plougastel se voit un des monuments les plus curieux du Finistère. C'est un calvaire en pierre de kersanton, orné d'innombrables statues qui représentent les scènes principales de la vie et de la passion du Christ. Parmi les différents groupes figurés sur ce monument, le plus original est celui qui représente Jésus-Christ entrant à Jerusalem précédé par des paysans bretons dans le costume national, et jouant du biniou, du tambourin et de la bombarde. Cette fantaisie d'artiste prouve l'amour du Breton pour son pays, et mérite, pour cela même, l'indulgence des critiques, au même titre que ce savant auquel les archéologues ont, depuis bien longtemps, pardonné d'avoir voulu faire remonter au temps d'Adam et d'Ève l'origine de la langue bretonne. Après avoir examiné dans tous leurs détails les nombreuses sculptures de ce calvaire, nous laisserons derrière nous la chapelle de Saint-Jean, près de laquelle a lieu, chaque année, le fameux *pardon* des oiseaux, et nous nous dirigerons vers Daoulas, où l'on voit encore les ruines d'une abbaye célèbre dans les chroniques bretonnes.

D'après une vieille légende rapportée par Albert le Grand, cette abbaye aurait été fondée au sixième siècle par un seigneur du Faou, en expiation du meurtre qu'il avait commis sur la personne des saints religieux Tadec et Judulus, et de là serait venu le nom de Daoulas (Daou-glas, les deux deuils). Mais aujourd'hui il ne reste plus de traces de l'édifice construit au sixième siècle, et d'après M. Ch. de la Monneraye, et quelques autres savants archéologues, les constructions existantes dateraient seulement du douzième siècle (1167), comme le prouvent, du reste, des titres originaux d'une authenticité incontestable. Quoi qu'il en soit, ces titres n'infirment en rien l'autorité du légendaire, car il est fort possible que, l'abbaye de Daoulas tombant en ruine vers le milieu du douzième siècle, Guyormark, vicomte de Léon, souscrivit alors l'acte de fondation d'une nouvelle abbaye pour réparer le crime qu'il avait commis en tuant de sa main son oncle Hamon, évêque de Léon.

L'église a heureusement échappé au vandalisme, mais le cloître n'a pas été épargné. Bien des fois, ses colonnes et ses frontons mutilés ont servi à borner les champs ou à empierrer les routes, et cette œuvre de destruction ne se serait pas sans doute arrêtée en si beau chemin si M. le général Barbé n'avait fait l'acquisition de ce cloître, dont les sculptures élégantes feraient honneur à notre époque.

Près du hameau de Rungléo, il existe un monument druidique marqué du sceau de la religion catholique, c'est un menhir, sur une des faces duquel sont sculptées trois arcatures en plein cintre superposées, et dont chacune contient quatre arcades, où figurent, en bas-relief, les douze apôtres, avec leurs attributs distinctifs. L'intervalle compris entre la ligne supérieure de ces arcades et le sommet du menhir est rempli par une niche également en plein cintre, qui offre l'image du Christ bénissant d'une main, et portant de l'autre le globe terrestre. Ce monument est surmonté d'une croix.

Dirigez-vous maintenant vers le village de l'Hôpital-Camfrout, où existait jadis une commanderie de chevaliers de Malte. La façade de l'église, décorée d'ornements gothiques, n'est pas sans intérêt. En quittant le village vous pourrez admirer les belles carrières de kersanton dont on fait un si grand usage en Bretagne; puis, traversant les riantes vallées sillonnées de ruisseaux limpides qui longent les côtes, vous arriverez au Fáou.

Ce bourg est fort ancien et a été jadis le chef-lieu d'un fief très-important, mais, actuellement, il est impossible de le considérer comme une ville, bien que les habitants lui donnent volontiers ce titre pompeux. On remarque encore aujourd'hui un grand nombre de très-anciennes maisons en colombage, couvertes de sculptures grotesques, et souvent même fort indécentes. Il en est une surtout qui se faisait remarquer entre toutes. L'écusson du propriétaire primitif de cette maison était soutenu par deux femmes complétement nues, qui tenaient d'une main une guirlande de fleurs, et faisaient de l'autre un geste indécent. Les guirlandes, prolongées de chaque côté, étaient attachées à des têtes de boucs, symboles de la lubricité, enfin à chaque extrémité se tenait un homme accroupi, dans une position obscène. Deux autres cariatides, soutenant le toit de la maison, portaient de gigantesques phallus, et étaient représentées commettant le péché d'Onam. Ce singulier monument ressemblait plutôt à un temple consacré à Priape qu'à une maison habitée par de braves bourgeois, peu préoccupés des indécentes sculptures qui attiraient les regards des étrangers. Aujourd'hui il ne reste plus de traces de ces figures, mais on aperçoit encore quelques vestiges de la frise qui ont échappé au ciseau du charpentier chargé de détruire ces fantaisies artistiques.

Le Faou possédait jadis un château fort, dont on voit encore l'emplacement marqué par une butte artificielle entourée de fossés.

La chapelle de Notre-Dame de Rumengol (Remed-ol, de tous remèdes), située à une demi-lieue du Faou, est une des plus fréquentées de la Bretagne. Quatre fois par an douze ou quinze mille pèlerins vont implorer la vierge miraculeuse, sous la protection de laquelle est placée une fontaine dont les eaux merveilleuses guérissent les impuretés de l'âme et du corps; aussi ces *pardons* célèbres peuvent donner une idée générale de ces assemblées si communes en Bretagne[1]. Le jour du *pardon,* la procession sort de l'église avec les croix, les bannières, les statues des saints entourées de fleurs et d'oriflammes aux mille couleurs, enfin avec les reliques portées sur des brancards par ceux qui en ont acheté le droit. Le cortége s'avance lentement, majestueusement, au milieu de la foule inclinée. L'air retentit de chants religieux, et le cortége continue sa route au milieu des nombreux pèlerins qui se pressent sur son passage pour toucher les précieuses reliques; enfin une

[1] Les *pardons* de Rumengol ont lieu le 25 mars, à la Trinité, le 23 septembre et le 22 décembre.

multitude d'enfants précèdent et suivent la procession avec de petites cloches qu'ils agitent de toute leur force.

M. de Fréminville pensait qu'au lieu même où existe la chapelle s'élevait jadis un menhir, et le nom même de Rumengol, qu'il faisait venir de *ruz*, rouge, *men*, pierre, et *goulou*, lumière (pierre rouge de la lumière), le portait à admettre l'existence, en ce lieu, d'un monument du culte druidique; mais d'après les titres déposés aux archives de la fabrique, il est prouvé que Rumengol n'est qu'une altération de Remed-ol, et en effet la vierge adorée dans l'église porte aujourd'hui le nom de *Vierge de tous remèdes*. M. de Fréminville, poursuivant son idée, croyait encore que l'existence des quatre pardons de Rumengol remontait à l'époque où les premiers missionnaires détournèrent, au profit de la religion catholique, la vénération que les Celtes accordaient à cette longue *pierre rouge du soleil* qu'ils fêtaient aux quatre équinoxes, et qu'enfin la fontaine située au voisinage de l'église était une ancienne *fontaine sacrée*.

Laissant derrière soi les ruines du château de Kymerc'h et la forêt du Cranou, sombre retraite où les druides venaient accomplir leurs mystérieux sacrifices, on reprend la route du Faou. De là, un bateau de passage vous conduira à Landevennec, joli bourg situé dans un frais vallon, et abrité entre deux coteaux couverts de bois épais au milieu desquels s'élève le clocher de son église paroissiale. L'aspect imposant de ce site, la fraîcheur de cette vallée ombreuse et entrecoupée de ruisseaux forment un triste contraste avec les ruines désolées de l'abbaye de Landevennec, dont on n'apercevrait peut-être plus aujourd'hui les traces si un propriétaire du pays, animé d'un pieux respect pour les anciens débris de ce monastère, ne l'avait acheté pour le sauver d'une entière destruction.

Le logis abbatial, nommé autrefois le manoir du Peniti, est un édifice du dix-huitième siècle (1769), dont quelques parties appartiennent cependant à la première moitié du seizième siècle, comme l'indique une date inscrite sur une lucarne. Dans la cour de ce manoir on aperçoit une statue tumulaire en pierre de kersanton, et quelques fragments assez bien conservés provenant de l'abbaye.

A quelques pas du logis abbatial, existe une fontaine entourée d'un revêtement en maçonnerie au fond duquel on a incrusté une face humaine du travail le plus grossier, que l'on dit être l'image de saint Guénolé, premier fondateur de l'abbaye.

L'église du monastère est aujourd'hui complétement en ruine; cependant on distingue encore très-bien les trois nefs, terminées par trois absides semi-circulaires percées chacune de trois fenêtres. Dans un des transsepts s'ouvre un caveau voûté, dont les parois sont peintes et parsemées de larmes, de fleurs de lis et d'hermines, que l'on distingue encore sous le badigeon qui les recouvre. A l'entrée du caveau on voit une excavation qui paraît être l'emplacement d'un tombeau brisé, et, vis-à-vis, apparaît une voûte pratiquée dans le mur extérieur de l'église, qui ne serait autre que la chapelle où fut enseveli le bon roi Gradlon, au dire d'Albert le Grand : « Le bon roy Grallon déjà cassé de vieillesse... passa paisiblement de cette vie à une meilleure, l'an 405.

— Saint Guenolé l'assista....... — Le corps fut enseveli dans une petite chapelle voûtée à l'antique, pratiquée au mur de l'aisle droite de l'église. Cette chapelle est fort basse, petite et estroite; le sepulchre est à main droite en guise de charnier, de grain marbré, fort petit et court avec une croix tout du long, gravée sur la pierre mesme; sur le paroy en dehors, droit sur la porte, est son épitaphe en vers latins :

> *Hoc in sarcophago jacet inclita magna propago,*
> *Gradlonus magnus, Britonum Rex, mitis ut agnus.*
> *Noster fundator, vitæ celestis amator.*
> *Illi propitia sit semper Virgo Maria.*
> *Obiit anno Domini CCCCV.* »

Aujourd'hui il est assez difficile d'arriver à ce caveau ; cependant des investigations consciencieuses faites dernièrement par M. Perrott, savant archéologue anglais, qui a étendu bien des fois ses recherches jusque sur le sol de l'Armorique, ont ranimé l'espoir des archéologues bretons qui avaient renoncé depuis longtemps à retrouver le tombeau du fondateur du royaume de Cornouaille[1].

Le cloître a complétement disparu, à l'exception d'un vieux mur percé d'une porte en ogive, et cependant en foulant le sol dévasté de cette vieille abbaye qui fut le berceau de l'histoire de Bretagne, on est aussi ému que si l'on parcourait les silencieux couloirs d'un cloître ou les souterrains peuplés de tombeaux d'une de nos

---

[1] Au dernier congrès de Quimper (3 octobre 1858), il a été décidé que des fouilles seraient faites prochainement dans le but de vérifier si le tombeau de Gradlon n'a pas été violé, comme l'ont prétendu plusieurs archéologues.

Menhir et Cromlec'h.

vieilles basiliques. La décadence des pierres fait éprouver à l'âme un sentiment de tristesse comme la décadence des hommes, et l'on ne peut ici, en pensant aux insensés qui profanèrent les tombeaux de l'abbaye, s'empêcher de s'écrier avec le poëte :

> Ah ! race de corbeaux, ignoble bande noire,
> Hyènes du passé, vrais chacals de l'histoire,
> C'est vous qui disputez, dans les tombeaux ouverts,
> Pour prendre leur linceul, les trépassés aux vers !
> . . . .
> Par tout ce que mon cœur peut contenir de fiel,
> Soyez maudits ! . . . .
> C'est vous qui décoiffez toutes nos métropoles,
> Et, comme on prend un casque, enlevez leur coupoles ;
> Qui, pour avoir le plomb, cassez les vitraux peints,
> Et rompez les clochers, comme une jeune fille
> Entre ses doigts distraits rompt une frêle aiguille ;
> C'est à cause de vous que l'on dit des Français :
> Ils brisent leur passé ; c'est un peuple mauvais [1].

L'abbaye de Landevennec possédait un grand nombre de chartes et de manuscrits du plus grand intérêt, mais, à l'époque de la révolution, toutes ces précieuses archives de l'histoire de Bretagne ont été mises dans des futailles, et transportées à Brest pour faire des gargousses [2].

Quittons maintenant ces ruines et dirigeons-nous vers Crozon. Ce bourg possède encore aujourd'hui plu-

---

[1] Théophile Gautier, les Vendeurs du Temple.
[2] Le cartulaire de l'abbaye a seul échappé à ce vandalisme effréné, et existe actuellement à la bibliothèque de Quimper.

sieurs anciennes maisons, mais il n'offre rien de bien curieux pour l'antiquaire. Toutefois il ne faut pas manquer d'examiner, dans l'église paroissiale, un reliquaire admirablement ciselé, ainsi qu'un jubé qui date de 1602 et sur lequel sont représentées les diverses scènes du martyre de saint Maurice et des dix mille soldats de la légion Thébaine. Peut-on passer également devant la chapelle de Notre-Dame-Port-Salut sans se rappeler la charmante légende rapportée par M. de la Rochemacé, dans ses *Études sur le Culte druidique et l'Établissement des Francs et des Bretons dans les Gaules*[1].

« Un pauvre vieillard manquait d'orge pour semer son champ, il entreprend un pèlerinage à la chapelle de Notre-Dame-Port-Salut, près Crozon. Il arrive à la porte, elle est fermée; il fait sa prière et demande à la Vierge un sac d'orge, qu'il lui rendra au double après la récolte. La porte s'ouvre seule. La chapelle est remplie de sacs d'orge; il en prend un et sème son champ. La récolte est magnifique. Il retourne à la chapelle, portant les deux sacs qu'il a promis. Arrivé à la porte, il en dépose un et porte l'autre dans la chapelle. Après avoir rendu grâces, il sort pour chercher le second sac; mais la porte se referme et il fait de vains efforts pour rentrer. Il comprend alors que la Vierge aime à secourir ses amis, mais que jamais elle ne prête à intérêt. »

Nous foulons ici une terre sacrée, nous sommes dans le séjour de prédilection des druides, c'est en effet sur cette péninsule sauvage, éloignée du reste du continent, qu'ils se réunissaient pour discuter ensemble les hautes

---

[1] Chap. IV, page 189. Rennes, 1 vol. in-8.

questions politiques et religieuses qui devaient les occuper tour à tour. C'est là qu'ils accomplissaient leurs mystérieux sacrifices, loin des regards du peuple, qui restait d'autant mieux soumis à leurs lois qu'ils s'entouraient d'une sorte de prestige imposant pour les masses. Malgré les siècles qui se sont succédé depuis la disparition des druides, la presqu'île de Crozon a conservé un aspect étrange, que la nature même de son sol et sa configuration géographique contribuent à rendre plus extraordinaire encore. Située entre la rade de Brest et la magnifique baie de Douarnenez, au fond de laquelle dort la cité mystérieuse du roi Gradlon, elle offre à chaque pas des sites de l'aspect le plus varié, des monuments celtiques aussi bizarres qu'inexplicables, et enfin des curiosités naturelles qui attirent tout à la fois l'attention de l'antiquaire et du touriste. Dirigeons-nous donc en toute hâte vers l'anse de Morgate, bordée de falaises aux cimes fantastiquement découpées, et de rocs grisâtres dans le flanc desquels les flots de la mer ont pratiqué de belles grottes que l'on ne visite pas sans émotion. Une de ces grottes occupe la base du promontoire au pied duquel vient mourir le flot qui s'engouffre dans la caverne avec un murmure plaintif. A peine s'y est-on engagé que l'on aperçoit bientôt, à la lueur d'une clarté qui paraît d'autant plus vive que l'on vient de sortir de l'obscurité, une voûte magnifique de plus de trente pieds de hauteur, et revêtue d'une sorte de vitrification qui semble s'être emparée de toute la grotte, dont l'aspect est vraiment admirable si on l'examine à la lueur des torches. En se laissant aller au cours des pensées que fait naître inévitablement la vue de cette immense nef étincelante de clartés, on pourrait se croire transporté au milieu du palais magique de quelque divinité de l'Océan..... mais le batelier est là qui ramène votre attention sur un fragment de rocher poli par la vague que les habitants appellent *l'autel*, et de nouveau votre imagination vagabonde vous reporte aux premiers siècles du christianisme, à l'époque où les druides étaient encore maîtres de l'Armorique, car selon une ancienne tradition, la grotte de Morgate aurait servi bien des fois de refuge aux premiers missionnaires chrétiens cherchant à échapper à la persécution des habitants de ces côtes.

En continuant à suivre le rivage à l'est de l'anse de Morgate, on arrive à l'embouchure de la petite rivière de Saint-Laurent, près d'un petit îlot sur lequel on voit les vestiges d'une de ces anciennes tours où venaient se réfugier, aux premiers siècles de la féodalité, les chefs de partis ou les seigneurs qui ne pouvaient résister à l'ennemi.

Sur la rive gauche de la rivière, près de la ferme de Raguenez, il existe encore un sanctuaire druidique, composé de pierres disposées en carré long et très-rapprochées les unes des autres. Un peu plus loin, près de la ferme de Kerglinstin, se trouve un alignement de sept pierres, dont deux sont des menhirs de dix pieds de haut.

Revenons maintenant dans l'ouest de la presqu'île, vers le château de Tréberon, près duquel se voit une tombelle ou butte sépulcrale, connue dans le pays sous le nom de tombeau d'Artus. Ce tumulus a probablement été élevé en l'honneur de quelque chef puissant, mais ce n'est certainement pas la sépulture du roi Artus, dont il est tant parlé dans les romans de la Table Ronde, car il est notoire que ce chef breton fut enterré dans l'île d'Aval ou d'Avallon (Côtes-du-Nord). Vis-à-vis ce tumulus est un carneillou ou cimetière celtique, composé d'un grand nombre de pierres placées sans ordre. Deux dolmens mutilés se voient également dans le voisinage.

Gagnons maintenant le cap de la Chèvre en suivant les dunes pierreuses aux flancs sculptés par la mer, car le beau spectacle est encore ici l'Océan, dont la respiration bruyante et monotone trouble à elle seule le calme du désert que nous avons à traverser. Aucun arbre n'apparaît à l'horizon, et il semble que l'homme ait laissé cette terre inculte par respect pour les anciens monuments que l'on rencontre à chaque pas, ou pour ne pas violer, en quelque sorte, le mystérieux séjour des druides.

A quelque distance du village de Rostudel on rencontre un dolmen de dix pieds de long parfaitement conservé. Un peu plus loin est le sanctuaire de Kercolleoc'h, dont les alignements s'étendent entre la pointe de Saint-Hernot et celle de Morgate. « Le principal de ces alignements a onze cents pieds d'étendue vers l'ouest; il forme un angle obtus, et aboutit à une enceinte trapéziforme ayant une avenue de pierres. Tout à côté et hors de rang, est une autre enceinte carrée, formée d'un double rang de pierres plantées, très-serrées les unes contre les autres, et assez élevées. Cette enceinte, la seule que nous connaissions à double rang, porte dans la contrée le nom vulgaire de *Maison du Curé*. Ce nom est-il dû à une ancienne tradition? Un druide aurait-il habité ce lieu, et les premiers chrétiens auraient-ils substitué le mot *curé* à celui de *druide*, pour qualifier le pontife de l'ancienne religion [1] ? »

Dirigeons-nous maintenant vers le Toulinguet, en longeant la baie de Dinant, qui vient rompre un instant la monotonie du paysage. Les dunes pierreuses, les falaises gigantesques, aux formes bizarres, enfin les grèves sablonneuses couvertes d'écume et d'algues marines, ont une sorte de poésie sauvage qui enchante et séduit par son unité même, et l'on se prendrait presque à regretter ces rives solitaires, si l'impression que l'on éprouve en apercevant devant soi un immense rocher, appelé le château de Dinant, et si la grandeur du spectacle que présente la baie, ne venaient les faire oublier. Le château de Dinant est une vaste roche qui s'élance du milieu des flots pour aller se rejoindre à la terre, en formant une arcade gigantesque à travers laquelle la mer s'élance avec furie pour aller remplir la baie. Les grottes qui s'aperçoivent sous ces voûtes ne peuvent être visitées qu'à la marée basse, et encore avec beaucoup de difficulté, car les rochers sont si escarpés qu'il est difficile de résister aux efforts du vent prêt à vous entraîner dans l'abîme.

Près de l'anse de la Pallue existe un *carneillou* composé de blocs de pierres disposés sans ordre.

En approchant de la pointe de Toulinguet on voit un monument fort curieux; c'est un vaste alignement de pierres plantées, disposées sur une seule ligne, et se

---

[1] De Fréminville, *Antiquités du Finistère*, tome II, page 23.

dirigeant du nord au sud. Deux autres alignements moins considérables viennent rejoindre, à angle droit, cette longue rangée de pierres, et présentent la figure que voici :

```
• • • • • • • • • • • • • •
      •           •
      •           •
      •           •
      •           •
      •           •
```

A quelque distance de ce mystérieux monument est un menhir, ou pierre d'avertissement, que l'on rencontre presque constamment au voisinage des enceintes sacrées.

Passons devant Camaret, qui n'a d'importance qu'à cause de sa baie, dont le mouillage est d'une grande ressource pour les bâtiments caboteurs, et, laissant de côté *l'anse de la Mort*, où furent massacrés, en 1694, les Anglais et les Hollandais qui avaient voulu surprendre le port de Brest, gagnons le petit village de Lanvéoc. Dans une lande qui avoisine le château de Lescoat[1], on aperçoit bientôt le sanctuaire de Landaoudec, une des enceintes druidiques les plus considérables et les plus complètes qui se rencontrent encore sur le sol de la vieille Armorique. Ce monument se compose d'une avenue ou allée de pierres plantées, longue de cent trente mètres environ, qui conduit à une vaste enceinte trian-

[1] M. Le Bastard de Mesmeur, propriétaire de ce château, possède un grand nombre d'antiquités celtiques du plus haut intérêt, provenant de fouilles faites par ses soins dans les environs du sanctuaire de Landaoudec et sur plusieurs points de la presqu'île.

gulaire. Une seconde enceinte de figure carrée, adjacente à la première, est défendue d'un côté par une ligne de pierres, et de l'autre par un dolmen en partie mutilé; enfin divers dolmens et menhirs, plantés dans l'intérieur ou au voisinage du monument, complètent l'ensemble de ce sanctuaire encore fort remarquable, bien qu'un grand nombre des pierres qui composaient le plan primitif aient aujourd'hui complétement disparu.

Prenez maintenant le bateau à vapeur qui fait le trajet de Brest à Châteaulin, et, pourvu que vous recherchiez en voyage des idées et des sensations plutôt que des événements imprévus, vous ne regretterez point d'avoir préféré les sites variés de la rivière de Châteaulin aux aspects monotones de la grande route. Voici déjà Port-Launay. Dans quelques instants le clocher de Châteaulin apparaîtra à l'horizon, mais il faut se résoudre à quitter le bateau et à continuer la route en voiture.

Châteaulin est situé dans un vallon très-pittoresque, dominé par une vaste colline sur laquelle s'élèvent les ruines d'une ancienne forteresse. On aperçoit encore la base d'un vaste donjon carré, flanqué, dans chaque angle, d'une tour ronde, dont l'une existe encore en partie, ainsi qu'une portion de l'enceinte extérieure du château, qui était formée de sept tours, reliées entre elles par une forte maçonnerie. Selon les uns, ce château aurait été commencé, en 905, par Alain Ier, roi de Bretagne, et terminé par Alain II, son successeur; mais, selon d'autres, il n'aurait été bâti que vers l'an 1000, par Budic, surnommé *Castellin*, comte de Cornouaille. Quoi qu'il en soit, cette forteresse remonte à une très-haute antiquité, et les persévérantes recherches de M. le docteur Halleguen nous en ont plus appris, à ce sujet, que tous les documents, plus au moins authentiques, qui ont été invoqués à différentes époques. Les fouilles intelligentes dirigées par ce savant archéologue ont, du reste, été couronnées de succès, et il y a quelques années, des fers de flèches, des clefs, des serrures de portes et coffres, des plaques de marbre, des fragments de ciment ou de brique, trouvés au milieu de nombreux débris altérés par le feu, ont prouvé d'une manière évidente que la forteresse avait été détruite par un incendie.

VI

Pleyben. — Église de Pleyben. — Ossuaire. — Chateauneuf-du-Faou. — Chapelle de Notre-Dame-des-Portes. — Spezet. — Belles verrières du seizième siècle. — Landeleau. — Tombeau de François du Châtel, marquis de Mesle, et seigneur de Chateaugal. — Manoir de Chateaugal. — Cléden-Poher. — Église du seizième siècle. — Carhaix. — Église de Saint-Tromeur. — Église Saint-Pierre. — Anciennes maisons des quinzième et seizième siècles. — Mines de Poullaouen et du Huelgoat. — Bourg du Huelgoat. Chapelle de Notre-Dame-des-Cieux. — *Roulers* ou pierre branlante. — La cuisine de madame Marie. — Cascade de Saint-Herbot. — Église de Saint-Herbot. — Abbaye du Relec. — Mont Saint-Michel. — Brasparts. — Briec.

En quittant Châteaulin pour parcourir le plateau qui se développe entre les montagnes d'Arrès et les montagnes Noires, on trouve d'abord Pleyben, l'un des plus gros bourgs du Finistère. L'église, mélange assez original du style gothique avec celui de la renaissance, est surmontée d'une haute tour carrée, percée de longues fenêtres, qui dissimulent la masse et lui donnent de la légèreté. Cette tour est entourée, à son sommet, d'une balustrade à jour accompagnée de quatre clochetons, et terminée par un dôme en pierre surmonté d'une lanterne octogonale. Il y a quelques années, le poids des cloches renfermées dans cette tour imprima à l'ensemble du monument un mouvement qui faillit compromettre son existence; mais d'intelligentes réparations, faites en 1848, le sauvèrent d'une ruine inévitable. Deux autres clochers un peu moins élevés, mais non moins élégants, forment un ensemble remarquable par la hardiesse et l'habileté avec laquelle cet édifice a été construit. Le porche, qui date de 1588, contient les statues des douze apôtres.

L'ossuaire est un des plus anciens monuments de ce genre que possède le Finistère, et c'est peut-être pour cela même que des maçons *capables* l'ont débaptisé et revivifié en le passant au lait de chaux.

Le cimetière renferme un calvaire en pierre de kersanton d'un travail assez correct, qui a été restauré avec intelligence, il y a quelques années, par les soins du curé de cette paroisse. Ce monument date du dix-septième siècle (1650); mais, par une bizarrerie assez inexplicable, les personnages qu'il renferme portent le costume du siècle précédent.

La petite ville de Châteauneuf-du-Faou possédait jadis un château fort dont on aperçoit encore aujourd'hui quelques vestiges sur le sommet d'un coteau qui domine la rivière d'Aulne, et d'où l'on jouit d'un magnifique point de vue. Au revers de cette hauteur la chapelle de Notre-Dame-des-Portes apparaît avec son gracieux portail du quatorzième siècle, couvert de sculptures d'un travail délicat. L'église renferme un morceau de sculpture fort curieux : Le Père éternel, assis et coiffé d'une mitre, tient dans ses bras ouverts Jésus crucifié, tandis que le Saint-Esprit, posé sur sa barbe, couvre de ses ailes la figure du Christ.

Quittons un instant la route impériale de Châteaulin à Carhaix pour aller visiter l'église paroissiale de Spezet et ses magnifiques verrières, qui portent toutes le millésime de 1548. Dans la maîtresse-vitre, où l'on voit encore les armes pleines de Bretagne, bien que, lors de sa fabrication, l'union avec la France fût consommée depuis seize ans, sont représentées la nativité, la vie et la passion de Jésus-Christ. Sur les fenêtres des transsepts est peinte la mort de la sainte Vierge, près du lit de laquelle on peut remarquer un prêtre revêtu d'un surplis, armé d'un goupillon et précédé de la croix. On trouve aussi, dans la même fenêtre, un personnage revêtu d'une robe, et tenant un enfant entre ses bras, personnage que l'on serait tenté de prendre pour la sainte Vierge portant l'enfant Jésus, n'était une barbe très-prononcée, et le caractère de la figure qui se rapproche beaucoup de celle du Christ. Les autres verrières contiennent la légende de saint Éloi et celle de saint Jacques de Compostelle.

Après avoir admiré dans tous leurs détails ces vitraux, considérés, à juste titre, comme les plus beaux du Finistère, regagnons le bourg de Landeleau, où l'on voit encore le tombeau mutilé de François du Châtel, marquis de Mesle et seigneur de Chateaugal, qui épousa, en 1565, la fille unique de François de Keroulas. La jeune héritière n'aimait point le marquis de Mesle; mais elle ne put fléchir sa mère, dont la vanité se trouvait flattée d'une aussi riche alliance. La pauvre fille obéit, mais, peu de temps après, elle mourut de chagrin de n'avoir pu être unie à celui auquel elle avait donné son cœur. L'histoire de cette infortunée a inspiré à un poëte breton un des plus beaux *guerz* connus dans le Finistère, et souvent le soir, en parcourant les montagnes d'Arrès, on entend au loin les pâtres chanter cette ballade mélancolique[1]. Les ruines du manoir de Chateaugal, théâtre de cette touchante histoire, s'aperçoivent encore aujourd'hui au sommet d'un coteau élevé, et les bâtiments qui existent sont habités aujourd'hui par de braves fermiers, jaloux de faire oublier, par leur bon accueil, l'avarice et la lâcheté proverbiales du propriétaire primitif de ce logis.

En continuant d'avancer vers Carhaix, on trouve le village de Cleden-Poher. L'église, du seizième siècle, la maîtresse-vitre, et une croix, accompagnée de statues représentant la passion de Jésus-Christ, méritent quelque attention.

Nous voici à Carhaix, la ville la plus originale de la Cornouaille. C'est une cité du moyen âge, triste, silencieuse, fidèle à ses vieilles mœurs, en un mot, c'est une de ces villes de Bretagne qui sont restées en arrière du progrès de la civilisation, et où l'on retrouve encore aujourd'hui les traditions locales et les croyances du pays. C'est la ville de prédilection des archéologues; c'est le point de départ de leurs excursions scientifi-

---

[1] *Chants populaires de la Bretagne*, par M. de la Villemarqué, tome II, page 105.

ques, et aussi leur point d'arrivée, car jamais ils ne quittent la petite ville bretonne avec la certitude de ne rien laisser derrière eux. Enfin c'est une mine inépuisable dont les filons connus se dirigent en ligne droite vers Brest, Dinan, Quimper, Vannes, etc.; car de là partent les anciennes voies romaines, si curieuses à étudier, si agréables à parcourir, surtout lorsqu'on a pour guide le savant M. Bizeul, l'archéologue par excellence, qui, en consignant avec un soin religieux les découvertes les plus futiles en apparence, est parvenu, à force de patience, à retrouver la direction des grandes voies qui sillonnaient la Bretagne armoricaine.

Le monument le plus remarquable de Carhaix est l'église de Saint-Tromeur, édifice gothique du seizième siècle, dont le portail et la façade ne sont pas sans mérite. Quatre traits de la vie de saint Tromeur sont sculptés en bas-reliefs sur la porte d'entrée de cette église. Dans l'un des compartiments on a représenté l'ordination du saint à la prêtrise; dans le second, son martyre; dans le troisième, le saint, décapité et à genoux devant Comorre, roi de Cornouaille, ramasse lui-même sa tête; dans le quatrième, un ange conduit au ciel le saint martyr, qui porte sa tête à la main. Tous les personnages de ce bas-relief ont le costume du temps de François Ier, faute assez choquante que l'on voit répétée bien fréquemment en Bretagne, où les artistes se bornaient à reproduire le costume de l'époque, sans songer à celui qu'auraient dû porter les personnages qu'ils voulaient représenter. On voit, dans le cimetière, un monument d'une forme assez bizarre, appelé *la Croix des douze apôtres.*

L'église Saint-Pierre, située à l'autre extrémité de la ville, est un édifice du seizième siècle, surmonté d'une belle tour.

Carhaix renferme encore beaucoup d'anciennes maisons en colombage, à corniches saillantes, chargées d'ornements bizarres, et supportées par des cariatides représentant des prêtres, des moines, des femmes, des guerriers, qui, pour la plupart, portent des costumes et des armures des quinzième et seizième siècles; mais la maison la plus curieuse, celle, du moins, qui rappelle le plus de souvenirs, c'est celle où naquit, le 23 décembre 1743, Théophile-Malo Corret de la Tour-d'Auvergne, ce vaillant soldat auquel Napoléon donna le titre de *premier grenadier de France.*

Au sortir de Carhaix l'aspect du pays change tout à coup. Que de bois, que de rochers, que de ravins dans ce centre de la Cornouaille! Tout est calme, silencieux, on n'entend que le murmure des cascades ou le chant des oiseaux, et l'on se croirait presque dans une contrée inhabitée, si l'on n'apercevait de temps en temps, au milieu des bouquets d'arbres, des groupes de chaumières basses, dont les toits semblent toucher à terre. Mais voici les mines de Poullaouen et du Huelgoat, où s'est concentrée toute l'activité de ces contrées. Le bruit des marteaux, le sourd gémissement des machines, donnent une faible idée du travail qui se fait dans les entrailles de la terre, et, pourvu que l'on ait le pied solide et des poumons à l'épreuve, nous comprenons que l'on cède à la tentation de parcourir les galeries les plus profondes. Quant à nous, nous resterons au bord du puisard, et nous laisserons à de plus expérimentés le soin de guider les amateurs dans ce curieux voyage.

La mine du Huelgoat n'est qu'à un kilomètre du bourg, et l'on se prendrait presque à regretter la brièveté du chemin, tant la splendeur du paysage vous fait éprouver de douces émotions et de surprises inattendues; mais, dans cette région centrale de la Cornouaille, il faut s'attendre à marcher d'enchantements en enchantements, et à découvrir au sommet de chaque coteau les horizons les plus étendus et les plus variés. Déjà l'on distingue, au fond d'une gorge profonde, le clocher du Huelgoat qui pyramide à l'horizon, et soudain, à l'extrémité du sentier qui côtoie la montagne, apparaît une magnifique cascade, dont les eaux, couvertes d'écume, se précipitent avec furie à travers les rochers, au milieu desquels elles disparaissent pour reparaître plus loin et se perdre dans la campagne, en se divisant en mille petits ruisseaux qui suivent chacun une direction différente.

Le Huelgoat est un bourg fort ancien, comme le prouvent, du reste, un grand nombre de maisons bâties en pierres de taille, qui portent toutes le cachet d'une assez haute antiquité. L'église paroissiale n'offre rien de remarquable, si ce n'est un lutrin sur le piédestal duquel existent des bas-reliefs singuliers. Nous laisserons parler M. de Fréminville, qui en a donné une description fort complète. « Ce piédestal est à trois côtés : sur le premier est représenté un très-jeune homme à chevelure longue et flottante, ayant les bras et les jambes nus, et, du reste, vêtu de la saye (sagum) des anciens Gaulois; il porte, sur son épaule droite, une espèce de longue massue. Cette figure est placée dans une sorte de niche environnée de branches de gui; on ne peut douter qu'elle représente effectivement un ancien Celte. Sur la seconde face on voit une femme qui paraît être une espèce de bacchante : elle a le sein et les bras nus ; sa robe, longue par derrière, mais très-courte en avant, laisse apercevoir à nu une de ses jambes ; elle a sur la tête un voile rejeté en arrière; dans la main gauche elle tient, par l'anse, un vase en forme d'amphore, et, dans la droite, une coupe à pied qu'elle semble porter à ses lèvres. La figure de la troisième face de ce piédestal représente évidemment l'amour sous les traits d'un jeune homme presque nu, ayant seulement la tête coiffée d'une légère draperie tombant en arrière, et qui, ramenée ensuite par devant, y remplace la feuille de figuier ; dans la main droite il tient une torche enflammée, et, de l'autre, une flèche qu'il semble prêt à lancer.

» L'exécution de ces sculptures est du style le plus barbare, sans correction, sans goût, sans dessin. Je l'avouerai, si elles eussent été faites en pierre je n'eusse pas balancé à les regarder comme très-antiques, et à les attribuer aux Celtes du troisième ou du quatrième siècle au moins; elles portent si parfaitement, en apparence, le cachet des monuments de cette époque, qu'on n'eût pu, raisonnablement, émettre sur elles un autre jugement. Mais le piédestal de bois dont on les a ornées ne peut être bien ancien. Ne seraient-elles pas une copie fidèle faite par un artiste du seizième ou du dix-septième siècle, d'après quelque monument gaulois existant encore à cette époque auprès du Huelgoat, ou sur l'emplacement même de l'église actuelle du bourg?»

Près du bourg du Huelgoat, sur un monticule planté d'arbres séculaires, s'élève la petite chapelle de Notre-Dame-des-Cieux, qui possède des corniches en bois sculpté fort curieuses.

Un énorme *roulers* ou pierre branlante existe encore au voisinage du bourg. Cette masse, qui pèse plusieurs milliers de kilogrammes, peut être mise en mouvement par un seul homme. Enfin, ne quittez pas le Huelgoat avant d'avoir examiné des masses de pierres creusées en bassins, que l'on appelle la *Cuisine de madame Marie* (la Vierge); et, si vous ne parvenez pas à expliquer ces curieux monuments celtiques, qui font le désespoir des archéologues, vous aurez, du moins, le plaisir de vous faire raconter quelques-unes de ces vieilles légendes qui se conservent d'âge en âge chez le peuple breton.

A une lieue du Huelgoat, allez visiter la cascade de Saint-Herbot, qui, suivant une tradition fort ancienne, a été formée de roches que le géant Guéor y transporta par haine contre saint Herbot, et par reconnaissance pour un médecin célèbre dont il en débarrassa les terres. Non loin de la cascade est une belle église gothique, élevée en l'honneur du saint anachorète qui habita longtemps cette retraite. Le jubé, qui date de la renaissance, est regardé, à juste titre, comme une merveille d'élégance et de bon goût. Dans le chœur est le tombeau de saint Herbot. C'est un vaste sarcophage en granit assez grossier, sur lequel est sculptée en relief la statue du saint, représenté en robe d'ermite avec un camail rabattu, les cheveux tombants, la barbe longue, et le bréviaire suspendu à la ceinture; dans le bras gauche il soutient son bourdon. Ses pieds reposent sur un lion couché. Ce tombeau ne porte ni date ni inscription, mais il est supposable qu'il a été élevé en même temps que l'église qui le renferme.

Dirigez-vous maintenant vers les montagnes d'Arrès, puis, après avoir gagné leurs sommets escarpés, descendez dans cette fraîche vallée qui s'ouvre devant vous, et bientôt vous arriverez à l'abbaye du Relec. L'église est un édifice qui doit remonter à la fin du douzième siècle, comme l'indiquent, du reste, les colonnes de la nef et des bas côtés, dont les chapiteaux sont remarquables par leurs sculptures bizarres. Le portail est de construction moderne. Le cloître, aujourd'hui en ruine, est un édifice du treizième siècle.

Après avoir parcouru tout le plateau qui s'étend entre les montagnes Noires et les montagnes d'Arrès, gravissez le mont Saint-Michel, d'où l'on jouit d'un des plus magnifiques points de vue que l'on puisse imaginer, et regagnez la route de Pleyben, qui serpente au flanc de la montagne. Longez les vastes tourbières des marais Saint-Michel, traversez Brasparts, bourg fort ancien, dont saint Jaoua fut le recteur; admirez encore, en passant, les élégants clochers de Pleyben, franchissez le bourg de Briec, assis au pied des montagnes Noires, et enfin dirigez-vous vers Quimper, dont les merveilleux clochers apparaissent à l'horizon.

VII

Quimper. — Cathédrale de Quimper. — Ancienne porte de la ville. — Maison du treizième siècle. — Ancien couvent des Cordeliers. — Église Saint-Mathieu. — Locmaria. — Église de l'ancien prieuré. — Manoir de Poulguinan. — Manoir de Lanniron. — Kerfunteun. — Église de ce village. — Tombeau du peintre Valentin. — Chapelle de la Mère de Dieu. — Manoir de Kergouiec. — Penhars. — Temple des faux dieux. — Locronan. — Tombeau de saint Ronan. — Porzmarc'h. — Ruines du château du roi Marc'h. — Ploaré. — Église de Ploaré. — Douarnenez. — Baie de Douarnenez. — Ile Tristan. — Poullan. — Château de Kervénergan. — Pont-Croix. — Audierne. — Primelin. — Dolmen et fontaine sacrée. — La pointe du Raz. — La baie des Trépassés. — L'île de Sen. — L'Enfer de Plogoff. — Sanctuaire druidique de la pointe du Soc'h. — Dolmen de la baie d'Audierne. — Monuments celtiques de Plovan. — Ruines de Kerity Penmarc'h. — Église de Penmarc'h. — Église des Templiers de Kerity. — Église Saint-Pierre. — Église Saint-Guénolé. — Chapelle de Notre-Dame de la Joie. — Chapelle Saint-Fiacre. — La Torche de Penmarc'h. — Le saut du Moine. — Manoir de Gouenac'h. — Monuments celtiques.

Quimper est une ville fort ancienne, qui prit le nom de Quimper-Corentin, en l'honneur de son premier évêque, et devint le séjour habituel du fameux roi Gradlon après la submersion de la ville d'Is (485-530).

Le monument le plus remarquable de la ville est la cathédrale, placée sous l'invocation de saint Corentin.

C'est un édifice gothique du quinzième siècle, qui fut commencé sous l'épiscopat de Gatien de Monceaux, continué par Bertrand de Rosmadec, son successeur, et achevé, en grande partie, au commencement du seizième siècle. Cette cathédrale, la plus vaste des quatre évêchés (les quatre anciens évêchés de Bretagne : Tréguier, Vannes, Saint-Pol-de-Léon, Quimper), présente une curieuse particularité, c'est que l'axe n'en est pas droit, et que l'extrémité de l'abside n'est pas en face du portail. Quelques antiquaires ont expliqué cette irrégularité par des difficultés de fondation ; mais il n'en est rien, et l'on ne peut attribuer cette bizarrerie qu'à l'architecte qui, suivant une idée mystique assez fréquemment exprimée au treizième et au quatorzième siècles, aura voulu ainsi figurer l'inclinaison de la tête du Christ expirant sur la croix ; cette dernière opinion est d'autant plus admissible, que cette disposition se rencontre à Notre-Dame de Paris, au Creisker (Saint-Pol-de-Léon), à la cathédrale de Nevers, et dans différentes autres églises de France. Le grand portail de la façade est pratiqué entre deux hautes tours, surmontées de deux flèches élégantes qui viennent d'être terminées [1]. Au-dessus du portail, et sur la balustrade de la plate-forme qui unit les deux tours, existait une statue équestre du roi Gradlon,

---

[1] A la mort de Bertrand de Rosmadec, arrivée vers 1440, les deux grosses tours quadrangulaires qui décorent la façade occidentale de la cathédrale étaient terminées, et revêtues de la plate-forme qui s'élève à trente-neuf mètres au-dessus du parvis. Depuis cette époque, on songea souvent à l'achèvement des flèches ; mais des causes de natures bien différentes retardèrent, jusqu'à nos jours, ce travail important, qui serait encore inachevé si monseigneur Graveran n'avait eu l'idée d'inviter tous les fidèles de son diocèse à contribuer durant cinq an-

13.

qui fut détruite à l'époque de la révolution. Le vieux roi, fondateur du royaume de Cornouaille et de l'évêché de Quimper, était fièrement campé sur son cheval de guerre, et, du haut de la cathédrale de son ancienne capitale, il semblait encore veiller sur son royaume; mais il s'est, par malheur, trouvé des *gens d'esprit* qui ont cru de leur dignité et de leur devoir d'abattre l'inoffensive statue.

Bien des années s'étaient écoulées depuis cet acte de vandalisme, et les amis des arts désiraient depuis longtemps voir rétablir la statue, lorsque M. le président de la société archéologique du Finistère entreprit de rendre au roi Gradlon la place qu'il devait occuper, en faisant participer à cette œuvre de restauration tous les habitants de la ville, heureux de verser encore une fois leur obole pour l'achèvement de leur cathédrale. Le succès couronna l'entreprise, et, le 10 octobre 1858, les membres de l'Association Bretonne, réunis à Quimper, inauguraient la statue de Gradlon, en présence de plusieurs milliers de curieux, venus des paroisses les plus éloignées pour voir renouveler une plaisanterie assez bouffonne dont le pauvre roi fut la victime pendant plusieurs siècles. Le jour de la sainte Cécile, l'évêque, accompagné de tout son clergé, montait sur la plate-

---

nées, pour un sou par an, à l'achèvement de la basilique de Saint-Corentin. Cette obole fournit, par année, environ trente mille francs, soit une somme de cent cinquante mille francs pour les cinq années; et c'est ainsi que tous les habitants du Finistère eurent l'honneur de participer à l'achèvement de ces flèches admirables, qui ont valu à M. Bigot, l'habile et trop modeste architecte de Quimper, les félicitations de Sa Majesté l'Empereur, lors de son voyage en Bretagne.

forme de la cathédrale, où l'on chantait d'abord un hymne à grand orchestre en l'honneur du roi Gradlon, puis, aussitôt, un des sonneurs de cloches, muni d'une serviette blanche, d'un broc de vin et d'un hanap d'or, offert par le chapitre de la cathédrale, montait en croupe sur le cheval du roi, et, après s'être assuré dans sa posture, il versait du vin dans la coupe, la vidait d'un trait, puis la présentant au roi, il lui essuyait la bouche comme si c'était lui qui eût sablé la rasade. Cette cérémonie terminée, l'échanson royal jetait le hanap à la foule, qui poussait des cris et couvrait d'applaudissements celui des spectateurs qui avait été assez heureux pour s'emparer de la coupe précieuse. Mais, plus tard, le hanap d'or fut, dit-on, remplacé par un verre, et alors les chanoines récompensaient d'un louis d'or l'adresse du vainqueur.

Albert le Grand nous a conservé exactement la curieuse inscription en vers qui fut placée, en 1424, aux pieds de la statue du roi de Cornouaille; la voici :

> « Com' au pape donna l'Empereur Constantin
> Sa terre, aussi livra c'est' à S. Corentin,
> Grallon, Roi chrestien des Bretons armoriques,
> Que l'an quatre cens cinq selon les vrais chroniques
> Rendist son âme à Dieu, cent et neuf ans ainçois,
> Que Clovis premier Roi chrestien des François ;
> Cy estoit son palais et triumphant demeure :
> Mais voyant qu'en ce monde n'est si bon qui ne meure,
> Pour éternel' mémoire sa statue à cheval
> Fust cy dessus assise au haut de ce portail,
> Sculptée en pierre bize neufve et dure
> Pour durer à jamais si le portail tant dure ;

A Landt-Tevennec gist dudict Grallon le corps;
Dieu par sa saincte grâce en soit miséricords. »

Les deux côtés, sud et nord, de la nef ont également leur portail situé au pied des tours. Le premier est surmonté d'un tympan sur lequel est représenté un des plus gracieux morceaux de sculpture contenu dans l'édifice : c'est l'image de Notre-Dame encensée par des anges. Le second est un porche percé d'arcades ogivales géminées, contre lequel était accolé un ossuaire qui présentait tous les caractères des premières années de la renaissance. Ce curieux monument portait l'inscription suivante :

« Dicite mortales, culmen qui queritis amplum
Quis nostrûm formâ nobiliore lucet;
Quis fuit in nobis dives speciosus inpsve.
Nulli hæc deformis parcere Larva potest.
Sola igitur remanent vitæ monumenta peractæ
Facta; nec ex alio notio certa datur;
Sed quia nos tetigit dextra Altitonantis amici
Nostri si miseret, fundite sæpe preces. »

Puis, plus bas :

Vous qui par illec passez,
Priez pour les trépassez.

L'intérieur de l'édifice renfermait jadis un grand nombre de tombeaux; mais, aujourd'hui, ils ont disparu ou sont en partie mutilés. Toutefois, les débris du tombeau de Bertrand de Rosmadec, qui viennent d'être découverts par les soins de monseigneur Sergent, vont probablement amener le rétablissement des anciennes arcades tumulaires et des armoiries qui les décoraient, et faire ainsi disparaître les affreux placages si largement répartis dans les chapelles latérales. Derrière le chœur on voit encore deux obélisques en marbre noir, érigés sur les sépultures de deux évêques, MM. de Coëtlogon et de Plœuc. Une vierge en marbre blanc, d'Ottin, le tombeau de monseigneur Graveran, dû au ciseau de M. Amédée Ménard, la chaire et quatre bénitiers en granit sont à peu près ce qu'il y a de plus remarquable. Les vitraux ne sont pas non plus sans mérite; mais des transpositions de pièces et des restaurations malheureuses les ont rendus presque indéchiffrables; aussi est-il à désirer que ces riches verrières soient l'objet de la sollicitude éclairée du chapitre de la cathédrale. Nous ne dirons rien de deux tableaux de très-grande dimension, dont l'un a été placé sur la première arcade du collatéral nord du chœur, que l'on a maçonnée à cet effet; il nous semble, du reste, que ces toiles ne sont point à leur place, et pour deux raisons : d'abord parce qu'elles ne sont point faites pour nos monuments d'architecture ogivale, dont on doit pouvoir embrasser l'ensemble d'un seul coup d'œil, et ensuite parce que ces tableaux, étant fort mal éclairés, il est presque impossible de juger l'œuvre de l'artiste.

Après avoir examiné la cathédrale dans tous ses détails, disposez-vous à aller visiter les autres monuments de Quimper. Voici d'abord, rue du Guéodet, une des anciennes portes de la ville, et, tout près, une maison du treizième siècle, où l'on découvre encore quelques sculptures grossières, en partie disparues sous le badigeon. Non loin apparaît le *Marché neuf*, bâti sur l'emplacement de l'église Saint-François; à côté, dans l'enceinte d'une propriété particulière, subsiste encore, en partie, le cloître de l'ancien couvent des Cordeliers, sur lequel M. Aymar de Blois a publié une notice fort intéressante. Cet édifice est inférieur, sans aucun doute, aux cloîtres de Daoulas, de Pont-l'Abbé et de Beauport; mais, si la finesse du travail et la richesse de l'ornementation font ici défaut, il faut tenir compte de l'époque reculée à laquelle remonte cette construction, et regretter que l'on ne cherche point à conserver cet ancien couvent, qui fut la première maison de l'ordre des Cordeliers établie à Quimper.

L'église Saint-Mathieu, située à l'entrée d'un des principaux faubourgs de la ville, est un édifice de la fin du quinzième siècle, qui a subi, il y a quelques années, d'importantes réparations. C'est à cette époque qu'on a posé, au-dessus du fronton de la façade principale, une tour carrée, couronnée d'une galerie à jour, et surmontée d'une flèche élégante.

Les vitraux de cette église sont assez bien conservés, surtout ceux qui occupent la fenêtre du fond du chœur; quant aux deux fenêtres, sud et nord, elles possèdent un grand nombre de vitraux où sont figurées des armoiries; mais, malheureusement, des lacunes fâcheuses ont forcé à employer quelques-unes de nos affreuses vitres modernes, qui brillent de toutes les couleurs de l'arc-en-ciel.

Suivons maintenant une belle promenade qui borde la rive gauche de l'Odet, et bientôt nous arriverons à

Locmaria. L'église de l'ancien prieuré est un des plus anciens édifices du Finistère. Fondée au commencement du onzième siècle par Alain Canhiart, comte de Cornouaille, cette église a conservé, en grande partie, sa physionomie première, et si quelques parties n'avaient pas été remaniées ou défigurées à différentes époques, nous aurions là un curieux spécimen du style *roman*. L'intérieur de l'église n'offre rien de remarquable; seulement en y entrant, on éprouve, comme dans toutes les anciennes églises de nos campagnes, un sentiment de tristesse que le voisinage des tombeaux et la demi-obscurité du lieu sont bien propres à inspirer.

A quelques pas de Locmaria on aperçoit, sur une hauteur, le manoir de Poulguinan, qui passe, à tort ou à raison, pour avoir été la résidence favorite du roi Gradlon. Quoi qu'il en soit, l'édifice actuel ne peut remonter au delà du seizième siècle; mais on voit encore, à droite de la pelouse qui précède le château, quelques massifs de vieux murs et une portion de la cage d'un escalier qui ont appartenu, sans aucun doute, à un édifice très-ancien.

Le voisinage de Lanniron, l'ancienne demeure des évêques, nous fait songer qu'il serait peut-être curieux de donner ici le détail du cérémonial observé lorsque l'évêque de Cornouaille, nouvellement élu, faisait son entrée solennelle à Quimper. Voici le récit d'une de ces curieuses cérémonies :

« Le 15 octobre 1480, Gui du Bouchet, nommé depuis peu évêque de Cornouaille, fit sa première entrée dans sa ville épiscopale. Il avait quitté la veille au soir son château de L'Enniron, et s'était rendu au prieuré de Locmaria, où il avait demandé l'hospitalité pour la nuit à la prieure. Cette dame la lui avait accordée, mais en se saisissant de son manteau qui, en pareil cas, lui appartenait de droit. Elle lui proposa ensuite de lui laver elle-même les mains et le visage, et, après lui avoir rendu ce service, elle garda les gants et le bonnet du prélat comme lui revenant aussi en propre. Le lendemain matin l'exigeante religieuse fut lui demander s'il avait une bourse, il lui fit voir celle qu'il portait à sa ceinture, et elle prit tout l'argent qu'elle contenait (c'était une somme de quarante sols d'argent.) Après toutes ces cérémonies, exercées en vertu des droits annexés au prieuré de Locmaria, l'évêque monta à cheval, et, accompagné d'une suite nombreuse de gentilshommes et d'ecclésiastiques, il s'achemina vers la ville. Arrivé à la porte de la cathédrale, il y trouva le chevalier Guiomark, seigneur de Guengat, qui le descendit de cheval, lui ôta ses éperons et ses bottes. En récompense de ce service, il garda pour lui le cheval, les bottes et les éperons. En vertu d'un certain droit féodal, Olivier de Quelen, seigneur du vieux Chastel, était obligé d'assister à cette cérémonie du débotter une baguette blanche à la main; mais, s'étant excusé pour cause de maladie, il fut remplacé ce jour-là par Conan de Pontcallec.

. L'évêque, descendu et débotté, entra dans une maison voisine, et s'y revêtit de ses ornements pontificaux; il vint ensuite s'asseoir dans une chaise dans laquelle il fut porté dans la cathédrale par quatre chevaliers, qui furent : 1° Jean de Quelennec, vicomte du Faou et amiral de Bretagne; 2° Henry de Nevet; 3° Guillaume de Plœuc, et 4° le seigneur de Guengat. Arrivé dans le chœur, où il fut déposé, il monta à l'autel et y prêta le serment d'usage, de conserver les droits, priviléges et immunités de l'église et du chapitre de Cornouaille, ainsi que de protéger tous ceux qui en étaient vassaux, tant religieux que séculiers. Une messe fut célébrée ensuite et suivie d'un *Te Deum* en action de grâces. »

Quimper peut devenir le centre de diverses excursions à faire aux environs.

Sur la route de Châteaulin nous trouvons d'abord la jolie église de Kerfunteun. C'est un édifice du seizième siècle, surmonté d'un clocher d'une grande légèreté; mais, ce qui recommande surtout cette église, c'est la maîtresse-vitre qui éclaire le fond du chœur. Le sujet en est simple : c'est l'arbre de Jessé, dont le tronc sort du sein du patriarche endormi, et dont les rameaux supportent les personnages les plus marquants de sa postérité, depuis le roi David jusqu'à la sainte Vierge et Notre-Seigneur.

C'est sous le porche de cette modeste église qu'est enterré le peintre Valentin, qui eut une grande réputation en Bretagne, et commit la faute grave, pour un artiste, de ne pas avoir su quitter sa province pour aller à Paris faire sanctionner son talent.

A peu de distance de Kerfunteun on rencontre la petite chapelle de la Mère de Dieu, près de laquelle on aperçoit encore les restes d'un cromlec'h, formé de pierres brutes peu volumineuses; puis, un peu sur la gauche, le manoir de Kergouiec (habitation du savoir), qui appartenait jadis aux Templiers.

Dans la paroisse de Penhars existent encore aujourd'hui les ruines d'une ancienne commanderie fortifiée, qui peut dater du treizième siècle, mais que les habitants de la contrée font remonter à une époque beaucoup plus reculée. Une vaste cave, placée à l'entrée de la cour qui précède cet édifice, avait été l'objet des suppositions les plus extravagantes, et l'imagination populaire s'était plu à y découvrir les ruines d'un temple païen ; aussi, pendant plusieurs siècles, cette cave, qui n'avait jamais contenu autre chose que quelques tonneaux de cidre ou de vin, porta-t-elle, à tort, le nom de *Temple des faux dieux*.

Dirigez-vous maintenant sur Locronan, petite ville fort ancienne, que l'on désignait jadis sous le nom de Locronan Coat-Nevet, pour la distinguer de la ville de Saint-Ronan, près Brest. L'église est un vaste édifice de la fin du quinzième siècle, surmonté d'une grosse tour qui s'élève au-dessus de l'entrée occidentale, et dissimule, en partie, la base d'un clocher placé au-dessus du grand comble du chœur. Au bas de l'église est une chapelle élevée en l'honneur de saint Ronan, et due à la munificence de Renée de France, duchesse de Ferrare, fille de Louis XII et d'Anne de Bretagne. Cette construction, ajoutée après coup à l'église principale, était surmontée d'une belle flèche, abattue il y a quelques années, et qui contribuait à donner à l'ensemble de l'édifice l'aspect de trois églises différentes, surmontées chacune de leur clocher. Le tombeau de saint Ronan, renfermé dans cette chapelle, est un sarcophage en pierre de kersanton, soutenu par six anges, et sur lequel le saint ermite est représenté en relief dans ses habits pontificaux, la mitre en tête et la crosse à la main. Sous ses pieds le saint écrase un dragon monstrueux, emblème du paganisme qu'il détruisit en Bretagne, de concert avec saint Guenolé et saint Corentin. Chaque année, de nombreux pèlerins viennent implorer l'assistance du bienheureux saint Ronan, et il n'est pas rare, même encore aujourd'hui, de voir de pauvres infirmes passer, en se traînant, sous la table funèbre qui supporte sa statue, dans l'espoir d'obtenir leur guérison. Mais, tous les sept ans, on fait une procession solennelle autour des monuments druidiques qui s'élèvent sur la montagne, au flanc de laquelle existait, dans la forêt de Nevet, l'ermitage de saint Ronan, et le cortége, précédé des reliques et de l'image du saint, portées sur un brancard richement paré, suit religieusement le chemin tracé par la tradition [1].

L'église de Locronan possède un curieux calice du commencement du seizième siècle, qui passe pour être un don fait par la reine Anne lors de la visite qu'elle fit, en 1505, au sanctuaire de Saint-Ronan. Une chaire du dix-huitième siècle, exécutée avec art, représente, dans ses panneaux, les principaux actes de la vie de saint Ronan, qu'il serait vraiment curieux de faire connaître en détail; aussi laisserons-nous la parole à un poëte populaire, et aurons-nous recours encore une fois au Barzaz-Breiz de M. de la Villemarqué.

LÉGENDE DE SAINT RONAN [2].

Le bienheureux seigneur Ronan reçut le jour dans l'île Hibernie, au pays des Saxons, au delà de la mer bleue, des chefs illustres.

Un jour qu'il était en prière, il vit une clarté et un bel ange vêtu de blanc, qui lui parla ainsi :

---

[1] On montre encore aujourd'hui, près de Locronan, une croix appelée *Croix Kéban*, et la tradition rapporte que c'est en cet endroit que la femme Kéban brisa la corne du bœuf qui conduisait Ronan.

[2] *Chants populaires de la Bretagne*, Hersart de la Villemarqué, tome II, page 401.

« Ronan, Ronan, quitte ce lieu; Dieu t'ordonne, pour sauver ton âme, d'habiter dans la terre de Cornouaille. »

Ronan obéit à l'ange, et vint demeurer en basse Bretagne, non loin du rivage, d'abord dans la vallée de Léon, puis dans la forêt de Névet, en Cornouaille.

Il y avait deux ou trois ans, au plus, qu'il faisait en ces lieux pénitence, lorsque, étant un soir sur le seuil de sa porte, à deux genoux devant la mer,

Il vit bondir un loup dans la forêt, avec un mouton en travers dans la gueule, et, à sa poursuite, un homme haletant et pleurant de douleur.

Ronan en eut pitié, et pria Dieu pour lui :

« Seigneur Dieu, je vous prie, faites que le mouton ne soit pas étranglé ! »

Sa prière n'était pas finie, que le mouton avait été déposé, sans aucun mal, sur le seuil de la porte, aux pieds de Ronan et du pauvre paysan.

Depuis ce jour, le cher homme venait souvent le voir; il venait avec grand plaisir l'entendre parler de Dieu.

Mais il avait une épouse, une méchante femme, nommée Kéban, qui prit en haine Ronan, au sujet de son mari.

Un jour elle vint le trouver, et l'accabla d'injures :

« Vous avez ensorcelé les gens de ma maison, mon mari aussi bien que mes enfants;

Ils ne font tous que vous rendre visite, et mon ménage en souffre.

Si vous ne faites pas plus attention à mes paroles, vous avez beau dire, vous me le payerez ! »

Alors elle forma le projet d'opprimer l'homme de Dieu, et elle alla trouver le roi Gradlon, de l'autre côté de la montagne :

« Seigneur roi, je viens vous demander justice : ma petite

fille a été étranglée; c'est Ronan qui en a fait le coup, au bois de Névet; je l'ai vu se changer en loup. »

Sur cette accusation, Ronan fut conduit à la ville de Quimper, et jeté dans un cachot profond, par ordre du seigneur roi Gradlon.

On le tira de là, on l'attacha à un arbre, et on lâcha sur lui deux chiens sauvages affamés.

Sans faire attention, et sans avoir peur, il fit un signe de croix sur son cœur, et les chiens reculèrent tout d'un coup en hurlant lamentablement, comme s'ils eussent mis le pied dans le feu.

Quand Gradlon vit cela, il dit à l'homme de Dieu :

« Que voulez-vous que je vous donne, puisque Dieu est avec vous?

— Je ne vous demande rien que la grâce de la femme Kéban; son petit enfant n'était pas mort, elle l'avait enfermé dans un coffre. »

On apporta le coffre, et on y trouva l'enfant : il était couché sur le côté, et était mort. Saint Ronan le ressuscita.

Le seigneur Gradlon et ses gens, stupéfaits de ce miracle, se jetèrent aux genoux de saint Ronan pour lui demander pardon.

Et il revint à la forêt, et y resta jusqu'à sa mort, faisant pénitence, une pierre dure pour oreiller;

Pour vêtement, la peau d'une génisse tachetée, une branche tordue pour ceinture; pour boisson, l'eau noire de la mare, et pour nourriture, du pain cuit sous la cendre.

Lorsque sa dernière heure fut venue, et qu'il eut quitté ce monde, deux bœufs blancs furent attelés à une charrette, et trois évêques le conduisirent en terre;

Arrivés sur le bord de la rivière, ils trouvèrent Kéban, décoiffée, qui faisait la buée pour des gens du village, sans égard pour le sang de Jésus, notre Seigneur [1].

Et elle de lever son battoir, et d'en frapper un des bœufs

[1] Qui fait la lessive le vendredi, cuit dans l'eau le sang du Seigneur.

à la corne, si bien que le bœuf bondit épouvanté, et eut la corne arrachée du coup.

« Retourne, charogne, retourne à ton trou ! va pourrir avec les chiens morts ! on ne te verra plus, à cette heure, te moquer de nous. »

Elle avait encore la bouche ouverte, que la terre l'engloutit parmi des flammes et de la fumée, au lieu qu'on nomme *la tombe de Kéban*.

Le convoi poursuivait sa marche, lorsque les deux bœufs s'arrêtèrent tout court, sans vouloir avancer ni reculer.

C'est là qu'on enterra le saint; on supposa que telle était sa volonté; là, dans le bois vert, au sommet de la montagne, en face de la grande mer.

En quittant Locronan on aperçoit, sur la droite, la forêt de Névet, où saint Corentin reçut un jour, dans son modeste ermitage, le roi Gradlon qui s'était égaré en chassant avec sa suite. Le pauvre ermite, voulant faire de son mieux les honneurs de sa demeure, offrit au roi une collation qui fut acceptée avec empressement, car Gradlon était à jeun depuis le matin, ainsi que ses serviteurs. Mais les provisions semblaient faire défaut, et le cuisinier, ainsi que l'échanson, se demandaient déjà comment ils dresseraient le menu du repas, lorsque le saint les appela en les invitant à le suivre. Il les conduisit alors à une fontaine voisine de son ermitage; puis, ayant rempli la cruche d'or de l'échanson, il coupa un morceau d'un petit poisson qui frétillait dans le bassin, et le donna au cuisinier en lui recommandant de mettre aussitôt le couvert du roi. Les deux serviteurs se mirent à rire, et commencèrent même à se fâcher, mais le saint leur dit de ne s'inquiéter de rien et que Dieu pourvoirait à tout.

Ce que Corentin avait prévu arriva ; l'eau s'était, en effet, changée en vin délicieux, et le petit morceau de poisson s'était multiplié de manière à rassasier deux fois plus de convives que le roi n'en avait à sa suite. A la nouvelle de ce miracle Gradlon fut saisi d'admiration, et se rappelant ce qu'il avait entendu dire de la sainteté de Corentin, il se réjouit d'être venu le visiter, et le nomma immédiatement évêque de Quimper.

Dirigeons-nous, maintenant, vers Ploaré, en suivant les bords de la baie de Douarnenez. L'aspect de toute cette côte est vraiment enchanteur, et l'on se croirait difficilement au voisinage de la mer si l'on n'entendait le rhythme monotone des vagues qui viennent battre le pied des falaises. La fertilité de ces côtes, la fraîcheur de ces campagnes, offrent un saisissant contraste avec la physionomie de la presqu'île du Crozon, si aride et si désolée dans la plus grande partie de son étendue, et il semble que les beautés naturelles de cette contrée favorisée du ciel veuillent rivaliser avec les splendeurs du spectacle que présente la baie de Douarnenez. L'aspect des côtes varie à chaque pas : ici ce sont des rochers gigantesques qui s'élèvent, fiers et menaçants, comme pour défendre à la mer d'aller plus loin ; là, c'est le roc qui a été impuissant à résister, et le flot vainqueur s'engouffre, en mugissant, dans les cavernes qu'il a conquises ; plus loin la mer s'est avancée sans obstacles, et a charrié peu à peu, sur le rivage, des masses considérables de sable fin, qui se déplacent sans cesse et constituent bientôt des dunes irrégulières qui, depuis des siècles, ont envahi d'immenses étendues de terrain. On trouve, en effet, sur ces grèves, de nombreux débris de briques romaines, et divers pans de murs de construction ancienne ne laissent aucun doute sur l'existence, en ce lieu, de quelque *pagus* ou d'un établissesement important. Quoi qu'il en soit, il est à regretter que des fouilles n'aient point encore été faites ; mais nous espérons que nos patients compatriotes qui travaillent à la carte des Gaules pousseront leurs investigations au delà de l'ancienne voie romaine qui longe la baie de Douarnenez dans une partie de son étendue.

Gagnons maintenant Porzmarc'h, et donnons un coup d'œil aux ruines du château du roi Marc'h. C'est là que ce prince, célèbre par ses infortunes conjugales, eut à souffrir les moqueries de ses barons et jusqu'aux insultes de son barbier, qui, ayant découvert un jour que son maître avait des oreilles de cheval, s'en alla en répandre la nouvelle en tout lieu. La légende relative à Marc'h est encore très-connue dans le pays, et, si l'on ne veut l'accepter comme le récit fidèle de l'existence de ce roi, on peut, du moins, supposer que ce prince infortuné portait autre chose que des oreilles de cheval, car il est probable que Tristan, aidé du malin barbier, fit courir ce bruit pour ne point trop humilier son oncle, dont il avait causé tous les malheurs.

Nous laisserons encore une fois à M. de la Villemarqué le soin de vous raconter cet épisode de la vie du beau Tristan, dont le savant commentateur a déjà éclairci quelques points fort obscurs [1].

---

[1] *Contes populaires des anciens Bretons*, par Th. de la Villemarqué, tome I, page 77.

« Tristan faisait ses premières armes en Cornouailles, à la cour du roi Marc'h, son oncle, quand un chevalier irlandais, appelé Morhoult, s'y présenta, réclamant un tribut injuste. Tristan le combat et le tue ; mais, ayant reçu dans la cuisse un dard empoisonné et ne trouvant pas, en Cornouailles, de médecin assez habile pour guérir sa blessure, il se déguise en joueur de harpe, et se rend en Irlande. C'est là qu'il voit la belle Yseult, dont il fait à son tour un portrait si flatteur à son oncle, que le roi veut l'épouser. Tristan, chargé de l'aller demander, part déguisé en marchand, et revient avec elle en Cornouailles. Chemin faisant, il porte à ses lèvres et présente à la princesse irlandaise une coupe contenant un philtre magique destiné à Marc'h et confié à Brangien, servante d'Yseult : tous deux, aussitôt, sentent l'amour couler dans leurs veines. Peu de jours après les noces, le sénéchal, puis le nain de la cour s'aperçoivent de la liaison coupable de Tristan et d'Yseult, en informent le roi, et lui ménagent l'occasion de les surprendre ; mais Tristan déjoue leurs ruses. Enfin, les deux amants sont pris, et on les mène au supplice, quand le chevalier trouve moyen de s'échapper et revient délivrer la reine. Trois ans s'écoulent, au bout desquels un bon ermite, ayant réconcilié les deux époux, l'amant reçoit l'ordre de ne plus reparaître à la cour. Il y reparaît pourtant ; il trouve moyen, sous l'habit d'un fou, de tromper tous les yeux et de renouer ses liaisons avec Yseult. Des barons s'en doutent et suggèrent au roi leurs soupçons. La reine, pour les confondre se met sous la protection du roi Arthur et des chevaliers de la Table Ronde, et propose à son mari de prouver son innocence par un serment solennel. Le jour marqué, comme la suite de Marc'h et celle d'Arthur se rendaient au lieu désigné, Tristan, déguisé en mendiant, s'offre, au passage d'un gué, pour transporter la reine. Elle accepte, et, sur un signe d'elle, son amant l'ayant laissée tomber, elle peut, sans parjure, faire serment qu'elle n'a jamais eu de familiarité avec personne, excepté avec son époux et le maladroit mendiant qui vient de la jeter par terre. La reine ainsi justifiée, tout le monde se livre à la joie; des joutes ont lieu. Tristan y vient sous un déguisement nouveau, et bat, l'un après l'autre, tous les chevaliers de la Table Ronde. Arthur, émerveillé de sa bravoure, propose une grande récompense à quiconque le lui amènera, mais il évite prudemment une nouvelle rencontre et s'éloigne. Quoique l'innocence d'Yseult soit reconnue, son amant n'est point rappelé à la cour; il se retire dans la petite Bretagne et prend le parti de se marier à la fille de Houel, roi du pays, qui porte aussi le nom d'Yseult. Toutefois, c'est en vain qu'il essaye d'oublier son premier amour, c'est en vain qu'il court les aventures périlleuses; au lieu d'une distraction, il y trouve une blessure mortelle. La femme du roi Marc'h peut seule le guérir; il l'envoie chercher. Mais la fille du roi de la petite Bretagne, qui a surpris le secret des amours de son mari, lui fait accroire que la reine de Cornouailles refuse de se rendre à ses vœux, et Tristan meurt de chagrin. »

Voici déjà Ploaré et sa gracieuse église, remarquable par l'élévation et l'élégance de son clocher qui s'aperçoit de plusieurs lieues en mer. Cet édifice remonte au seizième siècle, et les sculptures extérieures, parmi lesquelles on distingue particulièrement des poissons, indiquent que cette église a été construite avec le produit des pêches faites dans la baie de Douarnenez.

Le petit port de Douarnenez n'offre rien de remarquable, si ce n'est sa position sur un des plus beaux lacs d'Europe. Selon les légendes, la superbe ville d'Is, la capitale du roi Gradlon, s'élevait à la place même où l'on voit aujourd'hui la baie de Douarnenez, et à marée basse, on découvre encore des débris de murailles qui prouvent au moins l'existence d'une cité détruite à une époque très-reculée. Les bardes et les conteurs ont vanté bien des fois les splendeurs de la ville d'Is, et de vieux chants bretons disent que quand on bâtit Paris, on ne trouva pas de plus beau nom à lui donner que celui de *Pareil à Is* : Par-Is. C'était en effet une ville riche et puissante que cette capitale du roi Gradlon ; on n'y connaissait point la misère, et la tristesse ne s'était jamais glissée au milieu de ses bienheureux habitants, qui nageaient dans l'opulence et passaient toutes leurs nuits en fête. Il arriva alors, dit la légende, ce qui advient en pareil cas : la richesse gâte les meilleures natures. Les habitants de la ville d'Is devinrent donc bientôt durs et vicieux, les mendiants furent chassés comme des animaux immondes, le temple de Dieu fut délaissé, et les plus honteuses débauches occupèrent uniquement l'esprit de cette population insensée, à laquelle Dahut, la fille du roi, donnait elle-même l'exemple. Mais Dieu, lassé des crimes et des débordements dont cette cité était le théâtre, voulut la punir en la submergeant. On rapporte à ce sujet que saint Guénolé eut en songe une révélation qui lui apprit la volonté céleste, et que le saint homme, guidé par la main de Dieu, se présenta devant Gradlon et lui ordonna de fuir au plus vite. Docile à la voix de Guénolé, le roi monte à cheval et s'éloigne à toute bride, emportant son trésor et sa fille Dahut en croupe. Déjà les flots envahissaient la ville, et Gradlon, trop lent à prendre la fuite, allait peut-être périr, lorsqu'une voix lui cria : « Roi Gradlon, si tu ne veux périr, débarrasse-toi du démon que tu portes en croupe. » Le malheureux père hésite, mais le flot monte toujours, déjà le sabot du cheval est baigné d'écume. Gradlon est en danger, mais Dieu le protége et Guénolé apparaissant tout à coup, touche de son bâton l'épaule de la princesse, qui glisse dans la mer et disparaît dans le gouffre, à l'endroit que l'on nomme encore aujourd'hui Poul-Dahut (par corruption Poul-David).

Le chanoine Moreau parle, dans ses mémoires, de constructions fort anciennes que l'on voyait à l'époque de la Ligue dans la baie de Douarnenez, et, de nos jours (1800), Cambry rapporte, dans son *Catalogue des objets échappés au vandalisme dans le Finistère*, qu'un pêcheur trouva, à la pointe du Raz, des murs à quatre ou cinq brasses de profondeur; il ajoute qu'il a trouvé lui-même un débris de parquet de dix-huit pouces d'épaisseur, espèce de marqueterie composée de petits carrés de pierres et de briques, couverts d'un bel enduit dont le temps n'a pu détruire le poli. Certes, voilà un témoignage incontestable, et la Sodome des Bretons n'a pu être une ville fabuleuse et n'ayant existé que dans l'imagination des bardes et des conteurs, toujours disposés à entourer leurs créations d'un certain prestige merveilleux dont ils ont souvent éprouvé les effets. Un chant populaire nous a encore conservé le souvenir de la destruction de la ville d'Is ; le voici :

SUBMERSION DE LA VILLE D'IS[1].

I

As-tu entendu, as-tu entendu ce qu'a dit l'homme de Dieu[2] au roi Gradlon qui est à Is?

« Ne vous livrez point à l'amour; ne vous livrez point aux folles joies. Après le plaisir, la douleur !

« Qui mord dans la chair des poissons, sera mordu par les poissons; et qui avale, sera avalé.

« Et qui boit du vin et de la cervoise, boira de l'eau comme un poisson; et qui ne sait pas, apprendra. »

II

Le roi Gradlon parlait ainsi :
« Joyeux convives, il me convient d'aller dormir un peu.
— Vous irez dormir demain matin; demeurez avec nous ce soir; néanmoins, qu'il soit fait comme il vous convient. »

Sur cela, l'amoureux coulait doucement, tout doucement, ces mots à l'oreille de la fille du roi :

« Douce Dahut, et la clef ?
— La clef sera enlevée, le puits sera ouvert; qu'il soit fait selon vos désirs ! »

---

[1] *Chants populaires de la Bretagne*, par Hersart de la Villemarqué, tome I, page 63.

[2] Saint Gwénolé, abbé de Landévénck.

III

Or, quiconque eût vu le vieux roi sur sa couche, eût été rempli d'admiration,

D'admiration en le voyant dans son manteau de pourpre, ses cheveux blancs comme neige flottant sur ses épaules, et sa chaîne d'or autour de son cou.

Et quiconque eût été aux aguets, eût vu la blanche jeune fille entrer doucement dans la chambre, pieds nus :

Elle s'approcha du roi son père, elle se mit à deux genoux, et elle enleva chaîne et clef.

IV

Toujours il dort, il dort le prince; quand on entendit dans la plaine : « Le puits déborde ! la ville est submergée !

— Seigneur roi, lève-toi de là ! et à cheval, et loin d'ici ! La mer débordée rompt ses digues ! »

Maudite soit la jeune fille qui ouvrit, après l'orgie, la porte du puits de la ville d'Is, cette barrière de la mer !

V

« Forestier ! Forestier ! dis moi; le cheval sauvage de Gradlon, l'as-tu vu passer dans cette vallée ?

— Je n'ai point vu passer par ici le cheval de Gradlon, je l'ai seulement entendu dans la nuit noire : *Trip, trep, trip, trep, trip, trep*, rapide comme le feu !

— As-tu vu, pêcheur, la fille de la mer, peignant ses cheveux blonds comme l'or, au soleil de midi, au bord de l'eau ?

— J'ai vu la blanche fille de la mer, je l'ai même entendue chanter : ses chants étaient plaintifs comme les flots. »

L'île Tristan, située presque en face de Douarnenez, n'offre aujourd'hui rien de curieux, et il faut encore se reporter à l'époque où vivait Tristan pour se figurer l'ennui que devait éprouver le pauvre roi Marc'h du voisinage de son cruel neveu. Quelques savants en *us* ont cherché, il est vrai, à prouver que le roi Marc'h n'avait jamais existé, et que, du reste, en acceptant la tradition, il avait toujours habité la Cornouaille anglaise avec Tristan, qui ne devait pas quitter la cour, et par conséquent, n'avait pu donner son nom à une île de la petite Bretagne. Quoi qu'il en soit, il est certain que la tradition a traversé les siècles, et encore aujourd'hui, les paysans de Douarnenez et de Poullan vous la racontent telle que leurs aïeux la leur ont transmise. L'île Tristan est encore célèbre pour avoir servi de retraite à Fontenelle, chef de partisans du temps de la Ligue, qui acquit une triste célébrité pour ses brigandages et ses atroces cruautés. M. Pénanros, l'unique propriétaire de cette petite île, qu'il a entrepris de mettre en culture, a fait quelques découvertes archéologiques qui ne sont point sans intérêt. Aussi, après une promenade dans la baie de Douarnenez, c'est une véritable bonne fortune que d'échouer sur le rivage de cette île, où l'on est accueilli avec franchise et cordialité.

Que dire du coup d'œil que présente la baie de Douarnenez lorsqu'on embrasse son ensemble du haut du phare qui domine l'île Tristan? Quel beau lac et quelle riche ceinture! Que de rochers abrupts, de frais bocages, de vertes prairies et de riants paysages! Voyez à droite la pointe de la Chèvre, aride et rongée de toutes parts par les flots de la mer; plus loin, les sept mamelons du Menez-Hom, dont le sommet semble se perdre dans l'immensité du ciel; devant vous, les frais ombrages et les riches prairies de Poullan, de Ploaré, de Douarnenez et de Porzmarc'h ; à gauche, les rochers menaçants et les écueils funestes du raz de Sen et de la baie des Trépassés ; puis, sur ce riche ensemble, déployez le voile de feu qu'étend chaque soir sur ce beau lac le soleil couchant; représentez-vous par la pensée l'entrée de cinq ou six cents barques de pêcheurs aux voiles roses ou blanches qui sillonnent en même temps la baie de Douarnenez, où ils vont passer la nuit, et vous jouirez tout à coup d'un des plus ravissants spectacles que puisse offrir la nature.

Après avoir traversé la rivière de Poul-david et en se dirigeant sur Poullan, on rencontre trois menhirs de hauteurs diverses ; puis, passant rapidement devant le château de Kernévergan, on arrive à Pont-Croix en regagnant la grande route. Cette petite ville était jadis le siége d'une baronie et d'une juridiction importante, mais aujourd'hui elle offre peu d'intérêt ; cependant son église paroissiale n'est pas sans mérite, et le clocher festonné à jour qui surmonte l'édifice est regardé, à juste titre, comme une des plus gracieuses aiguilles de granit dont le département est déjà si riche. L'église de Pont-Croix possède encore un charmant buffet d'orgue du seizième siècle, qui est malheureusement hors d'usage, mais que l'on conserve avec soin dans un des bas côtés de la nef.

Traversons rapidement Audierne, et gagnons le bourg de Primelin, près duquel existe un monument celtique extrêmement curieux. C'est un dolmen de six pieds de long, supporté seulement par deux pierres, et sous lequel est une *fontaine sacrée*. Ce monument est d'autant plus remarquable, que c'est la première fois que nous rencontrons cet exemple manifeste du culte des fontaines.

Nous voici déjà à la pointe du Raz, une des extrémités les plus occidentales du continent européen, après le cap Saint-Mathieu, près de Brest, et le cap Finistère en Espagne. C'est au moment d'une tempête qu'il faut visiter le bec du Raz. Malgré l'élévation du promontoire qui domine la mer, on sent frémir la terre sous ses pieds, et l'on est saisi d'épouvante en entendant les hurlements des flots qui se précipitent avec fureur dans les cavernes creusées dans les rochers. La pointe du Raz présente, du reste, une des passes les plus redoutées des marins ; aussi la baie voisine indique-t-elle suffisamment les dangers que courent les navires en vue de ces parages : on l'appelle la *baie des Trépassés*. C'est sur ces côtes arides et désolées que l'on voit errer, la nuit, les cadavres livides des naufragés qui viennent demander aux habitants de ces côtes un suaire ou une messe[1] ; aussi la petite chapelle qui s'élève au voisinage de ces écueils redoutables est-elle sans cesse visitée par de pauvres gens qui viennent prier la Vierge de les préserver de nouveaux malheurs, et implorer la miséricorde divine pour ceux qui ont fait naufrage.

Dans son *Histoire de la Ligue en Bretagne*, le chanoine Moreau indique plusieurs débris fort curieux qui existaient dans ces parages vers 1585. Il parle d'abord

[1] Brizeux, *les Derniers Bretons*.

d'une ville appelée Roc'h-Guen-Cap-Sizun, qui était défendue du côté de la terre par une triple enceinte de murailles, et, du côté de la mer, par un précipice escarpé, dans lequel était cependant pratiqué un escalier étroit qui descendait jusqu'au rivage. Aujourd'hui, il ne reste plus de vestiges de ces constructions, et, en fait d'antiquités, on ne voit qu'un menhir de quatre mètres environ, qui se dresse sur la côte, près du mât des signaux.

L'île de Sen est à une lieue du bec du Raz. Cette île, qui fut, dit-on, le berceau de l'enchanteur Merlin, a toujours été regardée comme un des centres les plus importants du culte druidique, et, tour à tour, on a dit qu'en ce lieu avait existé un célèbre collége de druides et de druidesses; mais le nom même de l'île (*Sen*, vieillard) ferait croire qu'elle était vraiment habitée par des druides, bien qu'on ne retrouve plus aujourd'hui de traces de cet ancien culte. Selon d'autres traditions, l'île de Sen aurait été un vaste cimetière celtique qui se peuplait chaque nuit de nouveaux hôtes, comme l'indiquent les vers suivants du barde breton :

> Autrefois, un esprit venait, d'une voix forte,
> Appeler chaque nuit un pêcheur sur sa porte;
> Arrivé dans la baie, on trouvait un bateau
> Si lourd et si chargé de morts qu'il faisait eau,
> Et pourtant il fallait, malgré vent et marée,
> Les mener jusqu'à Sein, jusqu'à l'île sacrée.....[1].

Quoi qu'il en soit, cette île n'offre aujourd'hui aucun intérêt, et l'on s'étonne même de n'y rencontrer aucun

---

[1] Brizeux, *les Derniers Bretons*.

de ces monuments celtiques que l'on trouve en si grand nombre sur la presqu'île de Crozon.

Suivez maintenant la côte hérissée de rochers redoutables ; donnez un coup d'œil à *l'Enfer de Plogoff*, gouffre menaçant qui possède le secret de bien des morts inattendues, et gagnez les bords de la baie d'Audierne, où se voit encore un grand nombre de monuments celtiques. Sur la pointe du Soc'h, près d'un poste de signaux, est un sanctuaire druidique composé de pierres plantées, et formant une enceinte de quatre-vingts mètres de longueur sur quarante-deux mètres environ de largeur. Un peu plus loin, tout auprès du corps de garde des guetteurs, sont deux dolmens en partie mutilés. A quelque distance du sanctuaire, et en continuant de s'avancer vers la crique de Poulhant, on aperçoit un des plus beaux et des plus grands dolmens du Finistère. Seize pierres verticales supportent sa plate-forme, composée de trois pierres plates[1] de dimensions extraordinaires. La longueur de ce monument est de quarante-trois pieds, et sa hauteur de six pieds et demi.

L'aspect de la baie d'Audierne est vraiment saisissant, il semble que l'on soit à cent lieues de toute habitation. Les terres incultes, les immenses rochers qui bordent ces côtes désertes, ces monuments immenses d'un culte qui se perd dans la nuit des temps, enfin tout cet ensemble d'une nature brute et sauvage en présence de la mer immense, vous jettent dans une de

[1] Celle du milieu est aujourd'hui complétement détruite.

ces rêveries mêlées d'effroi dont on voudrait sortir, bien que la sensation nouvelle que l'on éprouve ne soit pas dépourvue d'un certain charme.

Traversez Plovan, où s'élèvent deux beaux menhirs, et suivez toujours les contours sinueux de la baie d'Audierne.

Voyez là-bas ces monceaux de ruines, ces tours et ces clochers qui surmontent des temples délabrés, où ne résonnent plus les chants divins... C'est Kerity-Penmarc'h, la vieille cité armoricaine, jadis florissante, aujourd'hui déserte et désolée comme les côtes qui y conduisent. De cette cité, naguère *aussi considérable que Nantes*, il ne reste plus actuellement que deux villages qui, par leur aspect et leur position, prouvent bien qu'à une certaine époque ils ont dû faire partie d'un centre commun. Penmarc'h était fort importante aux treizième, quatorzième et quinzième siècles, elle faisait un commerce considérable, particulièrement avec l'Espagne, et la tradition rapporte que les moindres bourgeois de la ville « buvaient dans des hanaps d'argent; » mais les déprédations des pirates qui infestaient nos côtes à cette époque, une tempête horrible qui détruisit tous les navires des pêcheurs, enfin les ravages qu'y fit Fontenelle, achevèrent de détruire cette opulente cité, à laquelle Terre-Neuve venait d'enlever sa principale branche de commerce : la salaison des poissons. L'espace compris aujourd'hui entre les deux villages de Penmarc'h et de Kerity est couvert de décombres qui indiquent les quartiers détruits; et, chose remarquable, les sentiers tracés au milieu de ces ruines ont conservé

les noms des rues qui existaient en ces mêmes lieux :
on les appelle la rue des Marchands, des Changeurs,
des Argentiers. On distingue encore plusieurs anciennes
maisons entourées d'un mur crénelé et à machicoulis,
et surmontées d'une tour, au haut de laquelle était un
petit beffroi destiné à sonner l'alarme aux premières
apparitions de l'ennemi. Malheureusement les débris de
ces curieuses constructions disparaissent chaque jour,
et, dans quelques années, il ne restera plus de traces
de la vieille cité du moyen âge, dont l'existence même
sera peut-être mise en doute par les archéologues de
l'avenir.

Le grand nombre d'églises que l'on voit encore au
milieu de ce pays désolé est une preuve des plus frappantes de l'importance de Kerity-Penmarc'h. On en
compte six. D'abord celle de Penmarc'h, qui est la plus
grande; elle est dédiée à sainte Nonna, un de ces saints
bretons inconnus dans le calendrier, et dont la cour de
Rome ne soupçonne même pas l'existence. Cette église,
quoique d'un style un peu lourd, présente cependant
quelques parties remarquables, telles que les ogives
de ses fenêtres, et un portail pratiqué au pied d'une
grosse tour carrée garnie de contre-forts. Plusieurs
navires des quinzième et seizième siècles, sculptés sur
sa façade, prouvent que l'édification de cette église est
due à la munificence des armateurs et des marins de
Penmarc'h. La maîtresse-vitre placée derrière le chœur,
est remarquable par la beauté de ses vitraux ; du reste,
toutes les fenêtres de cet édifice, et en particulier celle
du bas côté, à gauche du portail, méritent l'attention.

On voit encore dans l'église une statue en marbre de saint Jean, patron de l'ordre du Temple, qui était jadis placée dans l'église des Templiers, à Kerity. Quatre petits bas-reliefs d'albâtre, représentant les scènes de la passion du Christ, offrent quelque intérêt, car ils donnent une idée de l'art au quatorzième siècle.

L'église de Kerity, aujourd'hui en ruine, est un édifice du treizième siècle qui fut élevé par les chevaliers du Temple; et il est aisé, à la forme de sa tour, moitié clocher, moitié forteresse, de reconnaître, à première vue, le style presque constamment observé par ces moines guerriers. Après la destruction de l'ordre du Temple, cette église fut donnée à la paroisse de Kerity, et placée sous l'invocation de saint Thumète, saint breton aussi inconnu que sainte Nonna.

En se dirigeant vers le phare de Penmarc'h, on rencontre l'église Saint-Pierre, édifice du quinzième siècle, moins considérable que les deux précédents, mais remarquable par sa tour carrée, percée de meurtrières, qui devait servir à la fois de lieu de défense et de clocher. Aux angles de la tour sont placées des cornières qui représentent des figures bizarres d'hommes et d'animaux. Une de ces cariatides représente un homme nu, et occupé à une action de la dernière indécence.

Un peu plus au nord se trouve la chapelle de Notre-Dame-de-la-Joie, puis les ruines de l'église de Saint-Guénolé, édifice encore imposant avec sa belle tour carrée, surmontée de guérites de pierre et garnie de contre-forts et de clochetons décorés d'ornements délicats marqués au cachet du quinzième siècle. Cette église semble n'avoir jamais été achevée, et, après avoir franchi son gracieux portail, orné de sculptures gothiques et d'écussons armoriés, on est frappé de l'irrégularité d'un des bas côtés qui, jusqu'en 1789, était, à ce qu'il paraît, resté inachevé. La chapelle de Saint-Fiacre, située presque en face, n'offre rien de remarquable.

La pointe la plus extrême des immenses rochers qui bordent ces côtes désolées est appelée la Torche de Penmarc'h, et l'espace qui sépare ce rocher de la terre ferme se nomme le *Saut du Moine*. Il est difficile de rêver un lieu plus sauvage que cette pointe de Penmarc'h, et, en quittant ces rivages, on s'imagine avoir eu devant les yeux le plus navrant spectacle que puisse offrir la nature; mais il n'en est rien : c'est au moment d'une tempête qu'il faut se trouver à Penmarc'h, c'est lorsque le tonnerre gronde, que le ciel est en feu et que la mer en furie lance ses vagues contre les écueils; alors mille bruits étranges viennent frapper votre oreille, tous les éléments sont déchaînés, la terre tremble sous vos pieds, et il semble que le promontoire, miné de toutes parts, va céder sous l'effort du flot et s'abîmer pour jamais.

Après avoir examiné, à une demi-lieue de l'anse de Penmarc'h, la chapelle de Traon-Houarn, qui a quelque analogie avec l'église des Templiers de Kerity, rentrez dans les terres du côté de l'est, et vous trouverez bientôt la chapelle de Notre-Dame-de-Buec, près de laquelle se voit une croix fort habilement travaillée.

En suivant le chemin qui conduit de Penmarc'h à Pont-l'Abbé, on aperçoit, derrière le vieux manoir de Gouenac'h, aujourd'hui converti en ferme, un dolmen bien conservé, précédé d'une avenue ou corridor composé de deux rangs de pierres plantées. Sa plate-forme, qui a six pieds de long, présente quatre trous destinés, probablement, à recevoir le sang des victimes égorgées sur cet autel[1]. Enfin, sur le bord même du chemin, on voit un second dolmen dont la table a sept pieds et demi de longueur et neuf de largeur. Les paysans le connaissent sous le nom de *Ti C'horriquet* (la maison des c'horrics ou nains).

[1] Les archéologues, qui regardent les dolmens comme des autels druidiques, ne sont point d'accord sur la destination de ces cavités; mais, comme nous n'avons pas la prétention de prendre part au débat, nous nous bornons à signaler l'opinion du vulgaire.

VIII

Pont-l'Abbé. — Ancien château de Pont-l'Abbé. — Cloître et église des Carmes. — Loctudy. — Église *romane*. — Chapelle de Notre-Dame de Portsbihan. — Ile Tudy. — Combrit. — Château du Cosquer. — Villa romaine du Perennou. — Thermes romains. — Ergué Gabéric. — Chapelle de Kerdévot. — Fouesnant. — Concarneau. — Village de Tregunc. — *Roulers* ou pierre branlante. — *Carneillou* ou cimetière celtique. — Dolmen de Kerangallou. — Château de Rustéphan. — Geneviève de Rustéphan (légende). — Pont-Aven. — Château du Hénan. — Forêt druidique de Lusuen. — Quimperlé. — Église de Sainte-Croix. — Église de Saint-Michel. — Abbaye de Saint-Maurice de Carnoët. — Ruines du château de Carnoët. — Château de Rosgrand. — Arzano. — Querrien. — Banalec. — Rosporden.

La petite ville de Pont-l'Abbé, jadis assez importante, présente, encore aujourd'hui, une physionomie assez originale. Le costume des habitants a conservé intact son cachet d'antiquité, et en traversant ses rues silencieuses, bordées d'anciennes maisons aux pignons et aux corniches sculptés, on se croirait presque au milieu d'une de ces cités du moyen âge que les archéologues reconstruisent avec tant de plaisir dans leur imagination. Mais non, la réalité est là, et en voyant le vieux château de Pont-l'Abbé, il faut reconnaître le dix-neuvième siècle traînant à sa suite une horde barbare de démolisseurs et de plâtriers qui ont juré la ruine de nos anciens monuments. Nous ne savons, en vérité, jusqu'où iront les efforts de cette conspiration sourde qui, depuis cinquante ans, s'acharne contre de vieux murs, et veut ainsi réduire à néant les antiques témoins de notre histoire nationale ; aussi, l'on ne saurait trop flétrir le zèle stupide et inintelligent de ceux qui font, de leur propre mouvement, raser les remparts, démolir les tours et blanchir les murailles de nos vieilles forteresses, pour en faire des *monuments modernes*.

Si le château a été recrépi et remis à neuf, le cloître des Carmes de Pont-l'Abbé a été assez heureux pour échapper à la destruction. L'église est un édifice de la fin du quatorzième siècle (1383), qui a subi quelques restaurations malheureuses dans le courant du quinzième et du seizième siècle. Mais l'élégance des arcades qui séparent les deux parties de l'édifice, la légèreté et la richesse des deux roses qui s'épanouissent au-dessus d'une porte en ogive de la façade principale et sur un des bas côtés du chœur, feraient peut-être oublier ces imperfections, si la partie la plus remarquable de l'édifice, la fenêtre orientale, qui présente une rose de très-grande dimension, n'avait subi de déplorables mutilations, qui ne trouveront pas grâce devant le tribunal de la critique.

Au sud de l'église s'étendent les bâtiments claustraux élevés, au commencement du quinzième siècle, par Bertrand de Rosmadec, qui contribua si puissamment à l'achèvement de la cathédrale de Quimper. Les galeries du cloître sont d'une étonnante conservation, et l'on ne saurait trop admirer la correction des arcades, et surtout la sobriété d'ornementation qui en relève encore le mérite aux yeux des vrais amateurs du beau ; aussi nous faisons des vœux pour que ce monument, qui a heureusement traversé les siècles, reste longtemps entre des mains aussi intelligentes que celles de son propriétaire actuel.

Dirigeons-nous maintenant vers Loctudy, petit village situé au bord de la mer et à une lieue de Pont-l'Abbé. L'église paroissiale est un des plus anciens édifices qui existent en Bretagne, car si l'on ne veut pas faire remonter sa construction au sixième siècle, comme l'ont admis quelques archéologues, il faut du moins reconnaître, avec tous les historiens, que cette église fut donnée aux Templiers, en 1127, par Conan III, duc de Bretagne, et qu'ils la possédèrent jusqu'en 1308, époque de leur persécution. Quoi qu'il en soit, l'église de Loctudy est un des monuments *romans* les mieux conservés de notre Bretagne, et si l'affreux badigeon que l'on a si libéralement étendu sur les colonnes du chœur et de la nef nous dissimule, en partie, les nombreuses sculptures des chapiteaux, il est encore facile de distinguer les croix pattées de l'ordre du Temple, et deux figures d'hommes, grossièrement sculptées, qui attirent tout d'abord l'attention. L'une représente un chevalier du Temple couvert de son haubert, et l'autre un chapelain en prières.

On voit encore, dans l'un des bas côtés, une tombe du treizième siècle, représentant une croix fleuronnée et le lion des sires du Fou. Une autre tombe, du quinzième siècle, est chargée des armes des Kerfloux, seigneurs de Kerazan.

Le porche méridional et quelques fenêtres du même côté datent seulement du quatorzième siècle, et la façade occidentale a été également refaite au dix-huitième siècle; mais ces restaurations, commandées sans doute par la nécessité, n'enlèvent rien à la valeur de cet édifice, qui est malheureusement trop peu connu.

Une petite chapelle située dans le cimetière, et qui porte le nom de Notre-Dame de Portsbihan, renferme quelques fragments d'architecture de transition, et mériterait, pour cela même, une prompte et intelligente restauration; mais les ressources insuffisantes de la paroisse ne permettront peut-être point la conservation de ce petit édifice.

Du village de Loctudy on aperçoit, sur la droite, un groupe de petites îles qui se détachent sur l'azur de la mer comme des vaisseaux à l'ancre; ce sont les îles de Glénans, qui, par suite de l'envahissement successif de l'Océan, se trouvent aujourd'hui à une grande distance du continent, dont elles étaient jadis peu éloignées, puisque, d'après une ancienne tradition recueillie, il y a quelques années, par M. Le Mesle du Porzou, une procession sortait, chaque printemps, d'une église de Loctudy, et se rendait aux Glénans en traversant une longue allée d'arbres. M. Le Mesle a été assez heureux pour reconnaître les deux rangées qui formaient l'avenue, et pour mesurer l'espace compris entre chaque arbre; aussi, fier de sa découverte, il n'a pas voulu donner d'armes au scepticisme des archéologues, et il a fait déposer au musée de Quimper un des troncs d'arbres, qui n'attend plus que le scalpel du naturaliste chargé de déterminer l'âge de ce végétal.

Gagnez maintenant l'île Tudy, si riche en souvenirs historiques, admirez les fertiles campagnes qui bordent la mer depuis Loctudy jusqu'à Concarneau, donnez un coup d'œil aux ravissants paysages de la rivière de Pont-l'Abbé, et, quoiqu'à regret, dirigez-vous en toute hâte vers Combrit, car d'intéressants monuments vont se présenter à chaque pas sur votre route avant d'arriver à Quimper.

Voici déjà le château du Cosquer, avec ses tours, ses fossés, ses machicoulis et ses gargouilles bizarres, qui attestent un édifice de la fin du quinzième siècle; mais, si toute médaille a son revers, un château a aussi deux façades qui ne se ressemblent pas toujours, comme le prouve l'édifice que vous avez sous les yeux. Le château du Cosquer a été, en effet, reconstruit en partie à une époque assez peu éloignée, et l'étrange variété de son ensemble serait capable de troubler le cerveau de quelque touriste sous l'empire de nos merveilleuses légendes bretonnes, et voyageant, à la nuit close, à travers ces paisibles contrées.

Suivez maintenant les bords de l'Odet, et vous serez frappé de la richesse du paysage. Là, sur un lac paisible, se balancent capricieusement des barques de pêcheurs; plus loin, des arbres gigantesques semblent former un rideau de verdure pour abriter cet oasis champêtre qui se développe sur l'autre rive; à droite se

15.

dessine à peine, au milieu d'un bouquet d'arbres, une modeste chapelle; puis là-bas, dans le lointain, l'Océan ferme l'horizon, et vient seul troubler, par sa respiration monotone, la tranquillité du paysage.

Encore quelques pas, et soudain apparaîtra le Perennou, la délicieuse campagne de M. Du Marallac'h. Frappez sans crainte à cette porte hospitalière, et les trésors de cette demeure seront étalés à vos yeux avec cette bienveillance et cette simplicité toute bretonne, qui inspire tout à la fois de l'estime et de l'affection pour ceux qui observent si fidèlement les lois de l'hospitalité. Parcourez ces élégants jardins anglais où l'art est venu aider la nature, et laissez-vous conduire devant un monument d'un genre assez rare en Bretagne. Nous voici devant les ruines d'une *villa* romaine, dont le plan est parfaitement tracé par des pans de murs de hauteurs diverses. Entrons donc dans cette habitation et examinons-la dans tous ses détails. (*Voir la planche.*)

Autour d'une cour L ayant la forme d'un rectangle, et ceinte, sur trois de ses côtés, d'une longue galerie I, sont groupés les appartements dont la forme bizarre appelle tout d'abord l'attention. La distribution des deux ailes de l'édifice est à peu près semblable. Au nord sont deux pièces O P. Puis viennent ensuite trois petites pièces E, F, G, pour l'aile gauche; C, B, R, pour l'aile droite. Les deux chambres angulaires de l'aile gauche K, H, sont plus basses que les autres parties de l'édifice et ne communiquent pas avec l'intérieur. L'appartement correspondant de l'aile droite est également au-dessous du niveau des autres appartements et n'a d'issue que sur l'extérieur. Le développement total de

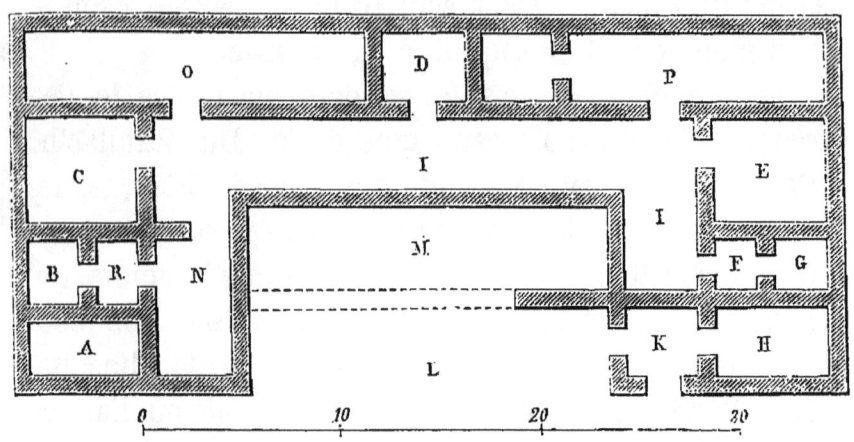

HABITATION PRINCIPALE.

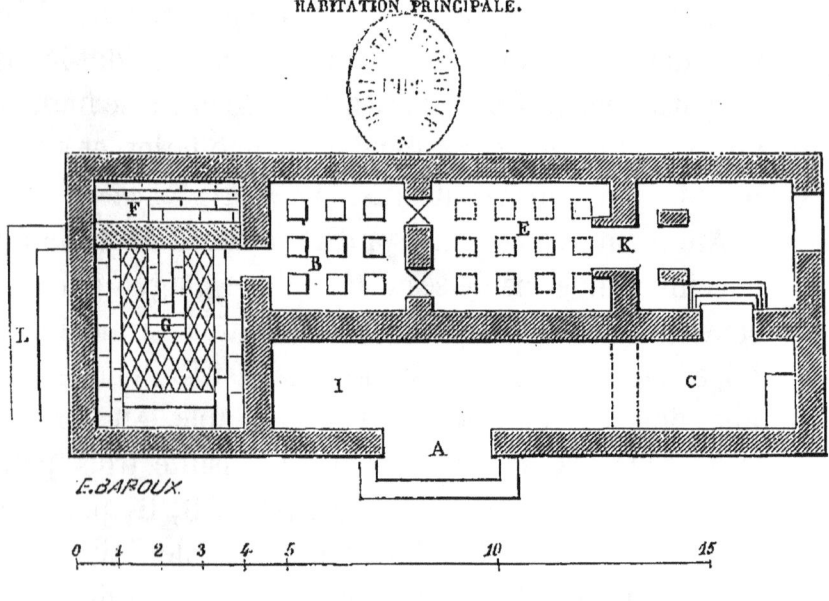

THERMES.

Plans de la villa romaine du Perennou.

l'édifice est de quarante-deux mètres de largeur sur neuf mètres cinquante centimètres de profondeur, pour le corps de logis central, et les ailes ont chacune onze mètres de profondeur sur huit mètres environ de largeur.

Dans l'intérieur du rectangle formé par les trois côtés de la galerie, s'étend une terrasse M, d'où l'on descend dans la cour dallée L. Les parquets des appartements sont formés d'un ciment poli reposant sur un lit de cailloux de un mètre soixante-dix centimètres de profondeur, destiné à protéger de l'humidité les décorations et les peintures dont la conservation était fortement menacée sous le ciel brumeux de l'Armorique. A quelques pas de la *villa* romaine, et se rapprochant des rives de l'Odet, on aperçoit un second édifice dont le plan dessine un rectangle de vingt mètres environ de longueur sur sept mètres de largeur. Le mur de la façade qui est tournée du côté de l'est est interrompu vers son milieu par une porte, précédée d'un perron de deux marches, qui donne entrée dans un vestibule établissant la communication avec les autres pièces de l'appartement. La pièce A, qui servait probablement d'antichambre, donne entrée dans une pièce C, où l'on remarque une cavité dont l'usage se devine. Une porte latérale, située dans cette pièce, s'ouvrait sur un escalier de quatre marches qui conduisait aux parties basses de l'édifice, renfermant le fourneau K et l'hypocauste B E. Des débris altérés par le feu, des traces évidentes laissées par le passage de la fumée, et l'existence de quatre grosses pierres, sur lesquelles on aperçoit encore quatre entailles tapissées par la rouille des barres de fer qu'elles supportaient, ne laissent aucun doute sur la destination de cet appartement.

Repassons maintenant par les pièces C, A, pour arriver à la pièce I, qui forme antichambre pour la partie sud de l'édifice. Cette pièce I conduit dans une chambre G qui donne accès dans une chambre F, où l'on arrive en descendant une marche. Entre ces deux dernières pièces existe encore une porte qui conduit aux chambres B E, qui méritent toutes deux une description spéciale.

Ces deux pièces, placées à un mètre au-dessous des autres parties de l'édifice, sont séparées par deux arcades cintrées, destinées, probablement, à soutenir le mur qui séparait en deux chambres distinctes la partie correspondante de l'étage supérieur. Vingt et une petites colonnes, qui devaient supporter le parquet de ces deux chambres, ont laissé leur empreinte sur le ciment; mais on n'a pu retrouver de débris, ce qui ferait supposer que les pilastres des chambres souterraines étaient tout simplement en bois. La pièce E était sans doute le *sudatorium* ou étuve, et la pièce B le *tepidarium*, comme le fait présumer un tuyau d'écoulement qui passe sous le seuil de la porte et va s'ouvrir dans un déversoir pratiqué dans le mur, et conduisant au canal extérieur L qui allait à la rivière. La salle principale G, remarquable par ses dimensions et la richesse de son ornementation, était sans doute l'*unctuarium*, où l'on frottait d'huile et de parfums le corps des baigneurs. La pièce voisine F, dans laquelle on descend par une marche, avait ses parois entièrement revêtues de marbre blanc; c'était le *frigidarium*, ou salle destinée aux bains froids.

Une grande quantité de tuiles et de débris de poteries grossières sont amoncelés aux environs de ces ruines, mais M. du Marallac'h conserve précieusement des poteries plus fines, décorées d'ornements en relief d'une assez belle exécution, qui ont été trouvées en déblayant les constructions, ainsi que des monnaies à l'effigie de Tibère, de Claude, de Fausta, d'Antonin, de Marc-Aurèle et de Commode.

De retour à Quimper, allez visiter, dans la paroisse d'Ergué-Gabéric, le curieux retable de la chapelle de Kerdévot. Un grand nombre de personnages, portant le costume du seizième siècle, figurent les principaux épisodes de la vie de la Vierge ; aussi l'on pourrait croire que la grande variété de sculptures provoque à elle seule l'admiration passionnée des habitants des environs de Quimper, si l'on ignorait qu'ils attribuent à ce précieux morceau de sculpture une origine surnaturelle. On raconte, en effet, que ce retable fut d'abord aperçu sur la mer, non loin de Locmaria, et que la nouvelle s'en étant promptement répandue dans le pays, les processions des paroisses voisines se rendirent sucsivement à sa rencontre dans l'espoir de s'en emparer ; mais il ne s'approcha du rivage que lorsque la procession d'Ergué se présenta. On s'empressa alors de le placer sur une charette à bœufs, et ceux-ci, sans être conduits, s'arrêtèrent au lieu où l'on a élevé la chapelle de Kerdévot.

Ne quittez pas Ergué-Gabéric avant d'avoir examiné la vitre du maître-autel de l'église paroissiale qui porte la date de 1516 ou 1526. Le dessin de ces vitraux n'est pas toujours correct, et les poses des personnages ont quelque chose de forcé ; mais ce défaut est racheté par l'expression accentuée des figures et par le pittoresque de leur disposition. Les divers panneaux contiennent les principales scènes de la vie et de la passion de Notre-Seigneur Jésus-Christ. Ce sont : la Nativité, la Présentation au temple, le Baptême, l'Entrée à Jérusalem, la Cène, Jésus au Jardin des Olives, le Baiser de Judas, la Flagellation, Jésus chez Pilate, le Portement de croix, Jésus en croix et la Résurrection. Quatre figures représentant saint Barthélemy, saint Étienne, saint Michel et saint André remplissent l'espace laissé par les fleurs de lis au-dessus des arcs qui couronnent les panneaux droits de la fenêtre. Au-dessus d'un autel adossé au mur oriental du transsept sud est une petite fenêtre divisée par un meneau droit surmonté d'une fleur de lis. L'un des panneaux est occupé par un seigneur en costume du quinzième siècle. Ce personnage est agenouillé devant un prie-Dieu, et fait vis-à-vis à une dame vêtue d'une cotte armoriée, et également agenouillée devant un prie-Dieu dans le panneau correspondant.

Regagnez maintenant Quimper, et disposez-vous à dire adieu à la capitale de la Cornouaille, car nous allons la quitter cette fois pour ne plus y revenir.

Un voyage en Bretagne ne peut pas se faire en carrosse, et il faut être bon marcheur pour entreprendre une expédition aussi lointaine ; cependant, avec un peu d'habitude, on arrive facilement à faire trois ou quatre lieues avant déjeuner, et alors on trouve délicieux ce que les estomacs parisiens trouveraient détestable. Dirigeons-nous donc vers Fouesnant, célèbre par la beauté de ses femmes, et les quinze kilomètres qui séparent ce bourg de la ville de Quimper seront bientôt franchis, car la beauté des sites et la fraîcheur du paysage nous feront oublier la longueur du chemin.

L'église de Fouesnant est un édifice du douzième siècle, dont quelques parties ont été refaites à une époque récente. Les arcades de la nef sont à pleins cintres, et reposent sur de lourds piliers, dont les chapiteaux sont chargés d'ornements très-grossiers représentant des figures d'hommes et des têtes de béliers. Contre un des piliers est un antique bénitier de pierre remarquable par sa forme et la bizarrerie de ses ornements.

Allez admirer les sites de Bodiniau et de Kergos, et, après avoir donné un dernier coup d'œil aux costumes pittoresques des femmes de Fouesnant, suivez les bords riants de la baie de la Forêt et dirigez-vous vers Concarneau.

Concarneau est une petite place forte bâtie sur un îlot, à l'entrée d'un havre profond et en vue de la baie de la Forêt, qu'elle domine en partie. Cette petite ville a conservé ses anciens murs d'enceinte, flanqués de tours et garnis de machicoulis qui existaient à l'époque où Duguesclin assiégea cette place et s'en rendit maître ; mais des réparations considérables, exécutées du temps de la reine Anne, furent faites à temps pour sauver ces antiques murailles d'une entière destruction.

A l'époque des troubles de la Ligue, cette ville fut surprise par trente gentilshommes du pays qui professaient la religion réformée, mais, peu à près, elle fut reprise par les ligueurs, qui égorgèrent tous les calvinistes. Le chanoine Moreau nous donne des détails curieux sur le sort de cette ville, aussi, nous n'hésitons pas à citer un long passage de ces mémoires, sans rien changer toutefois à l'orthographe et au style naïf et piquant de l'auteur :

» Conq.^{au} fust pris le 17 janvier 1576 et rendu le
» 22 dudict mois de janvier. On dict que 150 ans aupa-
» ravant ceste place n'estoit qu'un village, ou peu de
» chose, habité de pescheurs et matelots, mais la Reyne
» Anne pend.^{t} q.^{le} estait Duchesse ordonna que Conq.^{au}
» fust fermé de murailles comme il est[1]. On dict que
» cest endroict ainsy fortifié n'estoit qu'une retraicte à
» voleurs, gens de corde; que si quelqu'un avoit assas-
» siné son voysin, ou fait quelque vol, ravy fille ou
» femme, Conq.^{au} estoit sa retraicte. Elle fut surprise
» par les hérétiques calvinistes, gentilshommes du pays
» au nombre de trente cavaliers ou environs, conduicts
» par les sieurs de la Vigne, de la Houlle et de Kermas-
» sonnet, chefs de l'entreprinse. Mais le premier aucteur
» estoit ledict Kermassonnet qui avoit attiré dans son
» parti ledict de la Vigne, homme moral et bien pensant,
» à la réserve de sa religion. Ceste conspiration fust
» faicte et exécutée au manoir de la Vigne, évesché de
» Vennes, demeure ordinaire dudict de la Vigne. Du-
» quel party estoient aussy ceux de la Rochelle, tous
» faisant proffession de ladicte religion et qui tenoient
» du secours tout prest pour leur envoyer sitôt qu'ils

[1] Concarneau était fortifié bien avant l'époque d'Anne de Bretagne; cette princesse ne fit qu'en réparer les fortifications, qui, depuis le siècle de du Guesclin, tombaient en ruine.

» auroient appris la prinse de la ville. Le jour arresté
» pour ce dessein, s'estant acheminés jusqu'à deux ou
» trois cens pas de la porte principalle qui est au cou-
» chant à Conq.^au, ils se tinrent à couvert derrière de
» vieilles masures de maison ; et sachant bien qu'il n'y
» avoit d'ordinaire qu'un homme ou deux de gardes et
» le plus souvent que le portier seul, comme il arriva ce
» jour là, ils firent avancer un de leurs gens armés jus-
» qu'à la porte demandant à parler au Capitaine. Le
» portier luy ayant dict qu'il n'y estoit pas, lors le cava-
» lier mist pied à terre sur le pont levis, disant qu'il
» avoit des lettres pour lui donner ; et tirant des pape-
» rasses de sa poche, en laissa tomber une à terre, ju-
» geant que le portier officieusement l'eust ramassée,
» comme il arriva, car s'estant baissé pour lui ramas-
» ser, le cavalier tira promptement son poignard, duquel
» il donna sur les reins au paovre portier et le tua sans
» qu'il pust jecter un soupir. Cela ainsy exécuté, il fist
» signe à ceux qui estoient demeurés derrière, qui es-
» toient au guet, lesquels s'avançant à course de che-
» vaux, sans aucune résistance entrèrent dedans et se
» rendent maistres de la place sans effusion de sang,
» prirent les clefs des portes et mirent les habitans pri-
» sonniers, qu'ils enfermèrent tous en certain endroict,
» fors quelques ungs qui furent réservés par grâce
» parceque les chefs s'estoient logés chez eux. Qui fut
» une vraye permission de Dieu, car de là vint leur mal-
» heur et totale ruine, et la délivrance de la place. Les
» huguenots se voyant maistres de la place, mirent ordre
» à ce qu'ils jugèrent nécessaire, pointent les canons,
» transportent les munitions de balles, pouldres et

» autres choses requises, aux lieux opportuns, et for-
» tifierent les endroicts les plus foibles ; mettent senti-
» nelle jour et nuict partout et depeschent messaiger
» par mer en diligence, pour la Rochelle, pour advertir
» leurs confrères en Christ, ainsy s'appellent-ils, du
» succez de leur entreprinse. Les priant en oultre très
» instamment de leur envoyer du secours dont ils en
» avoient grand besoin, n'estant que trente personnes
» dans la place gens de déffense ; qu'ils estoient déjà
» assiégés par les communes. Ce qui estoit vray car ils
» n'y furent pas plustost entrés que l'on commença à
» sonner le tocqsing dans toutes les paroisses. Si bien
» que dans deux heures après, la place fust investie de
» la populace au nombre de plus de huict mille hommes
» et de beaucoup de noblesse. De sorte que l'ennemi ne
» pouvoit sortir de jour ny de nuict, que par mer et en-
» cor de nuict et avec grand péril, d'autant que la porte
» du passaige estoit sous la portée de l'harquebuse.
» Ceux de dehors la nuit venue donnoient l'alarme afin
» de fatiguer les assiégés qui estant en si petit nombre
» ne pouvoient prendre aulcun repos. Car tantost on
» cryoit à l'escalade d'un costé ou d'aultre, tantost que
» l'on vouloit mettre le feu à la porte aux vins ou es-
» toient des matériaux comme bois et pailles trans-
» portés. Si bien qu'ils estoient obligés d'estre continuel-
» lement sous les armes ; et néanmoins, malgré leur
» grande vigilance, on y eust entré la seconde nuict après
» la prinse par escalade posée entre la porte aux vins et
» la tour de la munition, si les eschelles ne se fussent
» trouvées trop courtes, si bien qu'alors rien ne réussit.
» Les assiégés ne pouvant reposer la nuict, y em-

» ployoient le jour, laissant alors seulement des senti-
» nelles sur les murailles. Ceux de dehors, encor qu'ils
» fussent certains que le sieur de la Vigne estoit le chef
» de cette entreprinse (et de faict on le voyoit souvent
» se pourmener sur les murailles, ayant une grosse
» chaisne d'or au col qui faisoit trois tours, que
» celuy qui a escript ceste relation dict avoir souvent
» veüe et maniée), si estoit-ce qu'on ne savoit pas qui
» estoient les aultres, ni en quel nombre, d'autant que
» personne n'estoit sorty et on estoit persuadé qu'ils
» estoient d'avantaige. Ceste prinse comme l'a dict fust
» le 17e de janvier après midy, et les nouvelles en arri-
» vèrent à Quimper sur les trois heures, qui estonna
» bien les habitans d'entendre la prinse d'une telle
» place à leur porte, qui ne pensoyent à rien moins
» que d'avoir l'ennemy d'heure à aultre sur les bras,
» n'y ayant que quatre lieues de Conq. à Quimper, et
» d'autant plus avaient-ils paour que pas une des portes
» n'estoient point en estat d'estre fermée ni pas un pont
» levis en estat d'estre haussé. Tout ce qu'ils purent
» faire à la fin fust de clorre les portes et de mettre des
» corps de gardes aux lieux nécessaires. Mais quand la
» nouvelle leur vînt que l'ennemy estoit assiégé et qu'il
» lui estoit impossible de sortir, ils s'assemblerent une
» bonne troupe sous la conduite du sieur de Pratmaria
» de Coatanezre, vieux capitaine, et se rendirent au
» siége où s'assembloient gens armés de huict à dix
» lieues aux environs, et beaucoup de noblesse dont
» les plus signalés estoient les sieurs de Kerhan, com-
» mandant l'arriere ban de Cornouailles, de Kimerch,
» de Kerjollis, de Coatbihan, de Mesle, de Cottigneau et

» son frère de Ploeuc, du Lozan de Cozkaer, de
» Kerdignan et aultres en grand nombre. Les assiégés se
» voyant ainsi resserrés de si près et que les vents es-
» toient contraires à leurs bateaux qu'ils avaient en-
» voyés à la Rochelle, jugerent bien qu'ils avoient faicts
» une folie et eûssent voullu n'y avoir pensé, et de quoi
» le sieur de la Vigne faisoit repprouche à Kermassonnet
» auteur de ceste entreprinse; joinct que quelques ungs
» de leurs gens y mouroient toujours, et même un des
» domestiques du sieur de la Vigne en qui il avoit beau-
» coup de confiance parce qu'il estoit détérminé soldat.
» Le siège dura de ceste façon depuis le 17 de janvier
» jusqu'au 22 dudict mois jour de St. Vincent. Lors-
» qu'ung jeune habitant chez lequel logeoit le sieur de
» Kermassonnet et quelques aultres et pour ceste consi-
» dération n'avoit esté renfermé comme les aultres ha-
» bitans; il se nommoit Charles le Bris, marchand natif
» de la ville de Quimper; revenant de la ville en sa mai-
» son, il n'y trouva que le dict de Kermassonnet et ung
» aultre gentilhomme qui s'estoient jectés sur un lict
» avec leurs habits, qui dormoient profondément parce
» qu'ils avoient veillés toute la nuict. Ils avoient seule-
» ment posés leurs épées et ceinctures avec leurs poi-
» gnards sur la table près du lict. Le dict Kermassonnet
» avoit les clefs des portes en une liasse autour du bras
» qu'il estoit impossible ou dangereux d'oster sans l'es-
» veiller, où en tel cas il n'alloit que de la vie à celuy
» qui eust attenté, s'il eust été découvert. Ce jeune
» homme ayant considéré combien la ville et le pays
» estoient misérables, tant pour la religion que pour
» l'honneur et les moyens si ces sortes de gens y de-

» meuroient ; et si le secours qu'ils attendoient de la
» Rochelle leur arrivoit, combien il seroit difficile de
» s'en délivrer, et l'occasion belle pour rendre un si-
» gnalé service au pays ; considérant que tous les aultres
» dormoient chacun à son tour, à la réserve des senti-
» nelles qui estoient sur les murs, et que personne n'es-
» toit sur la rue, il résolut de faire un acte d'honneur
» et de couraige, et s'en va prendre les deux poignards
» des deux dormans et leur en donne à tous deux en-
» semble dans le sein, et redoublant coup sur coup, les
» tue tous deux sans qu'ils eûssent le temps de jecter
» un seul cry, mais bien quelques tressauts en mou-
» rant. Les deux morts, le dict le Bris prend les clefs,
» et s'en allant le long de la rûe sans faire semblant de
» rien vers la porte principale de la ville pour l'ouvrir
» aux assiégeants. Comme il s'acheminoit ainsi, il y
» avoit un soldat sur la muraille vers la tour de la mu-
» nition, qui prenant garde à sa contenance ung peu
» esmue, eust opinion qu'il vouloit attenter quelque
» chose à leur préjudice, ce qui le fist approcher de
» ladicte porte par dessus le mur. Le dict le Bris s'ap-
» prochoit en haste et le soldat aussy, puis commen-
» çant à courir suant et haletant à ladicte porte pour
» l'ouvrir, et le soldat pour l'en empescher l'espée
» nue au poing, cryant traïson ! Mais la muraille estant
» très haute à l'endroict où le soldat vouloit descendre
» et voyant les clefs de la porte entre les mains dudict
» le Bris, il fist le sault périlleux, se jettant du haut en
» bas de la muraille sur le pavé, et fust comme ung
» miracle qu'il ne se rompît pas le col, il ne se fist aul-
» cun mal qui le retarda de se lever promptement et

» courut à la porte, y pensant prévenir le Bris, et il y
» estoit à temps, sans que de bonheur et par une spé-
» cialle grâce de Dieu, le Bris ne connoissant pas dans
» la liasse qu'elle estoit la clef de ceste porte sinon par
» conjecture, la première qu'il essaya estoit la vraye
» clef, et aussitôt qu'il tourna, le pont levis tomba et la
» porte s'ouvrît. Le Bris s'encourut dehors appellant
» les assiégeans et ayant le soldat à ses trousses, qui le
» courût loing hors la porte l'épée presque dans les
» reins, qui n'apprehendoit pas de mourir pourvu qu'il
» put le tuer. Et de faict alla si loing qu'il se trouva
» engagé, et ne pouvant aller ni avant ni arriere se jecta
» dans la vaze du costé de la mer, où il fust tué et la
» ville prinse de ceste façon le 22 janvier 1576. Les en-
» nemis, qui estoient partie sur la muraille et partie en-
» dormis en leurs logis, furent tous tués. Le sieur de la
» Vigne s'estoit mis dans une fenerie et caché dans le
» foin, où il fust trouvé et tué, puis jecté tout nud par
» une fenestre et jecté sur le pavé. On fist ung monceau
» des corps pareillement tous nuds. La fureur des sol-
» dats s'estant passée, ils se jecterent sur ung domes-
» tique du sieur de la Vigne qui restoit encor, que l'on
» fist passer par les armes hors de la ville; et lorsqu'on
» le menoit il ouït nommer le sieur de Pratmaria, et de-
» manda si ce sieur de Pratmaria estoit là? Ceux qui le
» tenoient lui dirent que oui. — Faictes moy lui parler
» ce dict-il. Et lui estant mené, il lui dict tout bas : Si
» vous pouvez me sauver la vie, je vous ferai avoir, tout
» présentement, la chaisne d'or du sieur de la Vigne
» mon maistre. Le sieur de Pratmaria lui dict qu'il em-
» pescheroit bien qu'il ne mourust, et lui fust délivrée

» ladicte chaisne d'or que ce domestique avoit baillée à
» garder à la femme chez qui estoit logé ledict de la
» Vigne. Pratmaria remonstrant à la noblesse que tous
» les autres avoient esté tués, qu'il ne restoit plus que
» celuy-là duquel on pust descouvrir l'origine et les auc-
» teurs de ceste entreprinse qui pouvoit s'estendre sur
» d'aultres places que Conq.au, il estoit de la prudence
» de le réserver à ceste fin de savoir la vérité du tout
» par son moyen. Et l'envoya à la cour du parlement de
» Rennes, où six à sept mois après il fust exécuté à mort.
» Le bateau que l'on avoit envoyé à la Rochelle y estoit
» arrivé. On ordonna que le secours seroit envoyé,
» mais sitost ils sçurent la nouvelle de la reprinse et de
» la déroute de leurs gens, et tout fust arresté. S'ils
» avoient[1] entierrement emprissonné tous les habitans
» ils seroient restés maistres de la place car il ne leur
» seroit point manqué de secours de la Rochelle. »

Concarneau renferme encore aujourd'hui plusieurs
maisons fort curieuses par leur antiquité; mais son ancienne église gothique, dont la maîtresse-vitre était regardée comme un chef-d'œuvre, a fait place à un de ces
édifices bâtards et de mauvais goût dont quelques archi-
tectes semblent conserver précieusement le secret. Nous
ferons observer à ce sujet qu'il serait peut-être à désirer
qu'on adoptât un type uniforme pour les constructions
des églises de nos campagnes. Par ce moyen, on éviterait
aux communes l'embarras d'un devis difficile à faire et
à vérifier, et, d'un autre côté, l'archéologue et le touriste

---

[1] Kermassonnet et les siens.

ne seraient pas exposés à rencontrer à chaque pas des monuments informes, qui ressemblent toujours plus à une grange ou à une salle de théâtre qu'à un temple où l'on vient adorer Dieu.

Nous voici encore une fois sur la terre sacrée des druides : voici le village de Tregunc, où l'on rencontre à chaque pas des preuves impérissables de leur séjour. Déjà nous avons visité les monuments de Plounéour et de Pontusval, ceux de la presqu'île de Crozon et de la baie d'Audierne ; mais nous n'en avons trouvé nulle part en aussi grand nombre et surtout d'aussi importants. On remarque d'abord dans la lande de Rouz-Kergunus, et tout près d'un dolmen assez considérable, un des plus beaux *roulers* ou pierres branlantes qui existent en Bretagne ; c'est une pierre brute de quatre mètres environ de hauteur sur deux mètres et demi d'épaisseur ; elle pèse de quatre-vingts à quatre-vingt-dix mille kilogrammes et repose sur la saillie d'une roche à demi enfouie dans la terre ; aussi ce bloc énorme peut-il encore être mis en mouvement par un seul homme. Mais, aujourd'hui, la pierre vacillante ou *pierre d'épreuve* est complétement abandonnée ; on ne va plus la consulter comme autrefois, et les maris cherchent un autre moyen pour découvrir si leur ménagère est restée chaste et fidèle. Les paysans de Tregunc passent maintenant sans crainte au pied de l'oracle déchu, et, cependant, c'est à grand'peine qu'ils consentiraient à guider le soir les voyageurs dans la lande de Rouz-Kergunus ; car les plus braves se rappellent sans doute quelques légendes peu rassurantes, où le vieux Guillaume (le diable) joue quelque tour au pauvre monde.

Sur une vaste bruyère, qui s'étend à gauche et à droite de la route de Pont-Aven, vous trouverez un véritable *carneilolu* ou cimetière celtique, occupant un espace de plus de six mille mètres carrés. Vers son extrémité occidentale existent encore deux menhirs considérables, l'un de sept mètres de haut, l'autre de neuf mètres de hauteur et de trois mètres de circonférence. Enfin, dans la lande de Kerangallou (maison du druide), on rencontre un menhir des dimensions les plus prodigieuses; il a six mètres de hauteur, et sa plate-forme, composée de pierres d'un volume considérable, est creusée d'un bassin très-profond, accompagné d'une rigole facile à distinguer. A quelques pas de ce dolmen, onze gros blocs de granit, posés sur la bruyère, y forment un véritable cromlec'h, dont le diamètre est de quatre-vingt-cinq mètres environ. Deux autres cromlec'hs importants existent encore aux environs de la route de Lanriec; enfin quelques menhirs et dolmens, abattus et en partie détruits, constituent le curieux ensemble de monuments celtiques dont la paroisse de Tregunc est encore aujourd'hui si abondamment pourvue.

Un peu avant d'arriver à Pont-Aven, on aperçoit sur la gauche de la route le château de Rustéphan, qui était, au quinzième et au seizième siècle, le rendez-vous de chasse des ducs de Bretagne. Ce château, ou plutôt ce manoir, est le sujet de traditions assez intéressantes. Ainsi le peuple dit qu'anciennement on avait coutume de danser fort tard sur le tertre du château, et que, si l'usage a cessé, c'est que les danseurs aperçurent, un soir, la tête chauve d'un vieux prêtre, aux yeux étincelants, à la lucarne du donjon. On ajoute à cela qu'on voit, vers minuit, dans la grande salle, une bière couverte d'un drap mortuaire, dont quatre cierges blancs, comme on en faisait brûler pour les filles nobles, marquent les quatre coins, et qu'on voyait jadis une jeune demoiselle, en robe de satin vert, garnie de fleurs d'or, se promener, au clair de la lune, sur les murailles, chantant quelquefois et plus souvent pleurant[1]. La ballade qui va suivre fera comprendre le mystérieux rapport qu'il peut y avoir entre ce prêtre et cette jeune fille.

GENEVIÈVE DE RUSTÉPHAN.

I

Quand le petit Iannik gardait ses moutons, il ne songeait guère à être prêtre.

« Je ne serai, certes, ni prêtre ni moine; j'ai placé mon esprit dans les jeunes filles. »

Quand un jour sa mère vint lui dire :

« Tu es un finaud, mon fils Iann;

Laisse là ces bêtes, et viens à la maison; il faut que tu ailles à l'école à Quimper; que tu ailles étudier pour être prêtre, et dis adieu aux jeunes filles. »

II

Or, les plus belles jeunes filles de ce pays-là étaient alors les filles du seigneur du Faou;

---

[1] *Chants populaires de la Bretagne*, par Hersart de la Villemarqué, tome II, page 61.

Les plus belles jeunes filles qui levaient la tête, sur la place, étaient les filles du seigneur du Faou.

Elles brillaient près de leurs compagnes comme la lune près des étoiles.

Chacune d'elles montait une haquenée blanche, quand elles venaient au pardon, à Pont-Aven;

Quand elles venaient au pardon, à Pont-Aven, la terre et le pavé sonnaient;

Chacune d'elles portait une robe de soie verte et des chaînes d'or autour du cou.

La plus jeune et la plus belle, elle aime, dit-on, Iannik de Kerblez.

« J'ai eu pour amis quatre clercs, et tous quatre se sont faits prêtres;

Iannik Flécher, le dernier, me fend le cœur. »

III

Comme Iannik allait recevoir les ordres, Geneviève était sur le seuil de sa porte; Geneviève était sur le seuil de sa porte et y brodait de la dentelle;

De la dentelle avec du fil d'argent (cela couvrirait un calice à merveille).

« Iannik Flécher, croyez-moi, n'allez point recevoir les ordres;

N'allez point recevoir les ordres à cause du temps passé.

— Je ne puis retourner à la maison, car je serais appelé parjure.

— Vous ne vous souvenez donc plus de tous les propos qui ont couru sur nous deux? Vous avez donc perdu l'anneau que je vous donnai en dansant?

— Je n'ai point perdu votre anneau d'or; Dieu me l'a pris.

— Iannik Flécher, revenez, et je vous donnerai tous mes biens;

Iannik, mon ami, revenez, et je vous suivrai partout;

Et je prendrai des sabots, et m'en irai avec vous travailler.

Si vous n'écoutez pas ma prière, rapportez-moi l'extrême-onction. »

— Hélas! je ne puis vous suivre, car je suis enchaîné à Dieu;

Car la main de Dieu me tient, et il faut que j'aille aux ordres. »

IV

Et, en revenant de Quimper, il repassa par le manoir.

« Bonheur, seigneur de Rustéphan! bonheur à vous tous, grands et petits!

Bonheur et joie à vous, petits et grands, plus que je n'en ai, hélas!

Je suis venu vous prier d'assister à ma messe nouvelle.

— Oui, nous irons à votre messe, et le premier qui mettra au plat sera moi.

Je mettrai au plat vingt écus, et votre marraine, ma dame, dix;

Et votre marraine en mettra dix pour vous faire honneur, ô prêtre! »

V

Comme j'arrivais près de Penn-al-Lenn, me rendant aussi à la messe,

Je vis une foule de gens courir tout épouvantés.

« Hé! dites-moi donc, vous, bonne vieille, est-ce que la messe est finie?

— La messe est commencée; mais il n'a pas pu la finir;

Mais il n'a pas pu la finir; il a pleuré sur Geneviève,
Et il a mouillé trois grands livres des larmes de ses yeux.

Et la jeune fille est accourue, et elle s'est précipitée aux deux genoux du prêtre.

— Au nom de Dieu, Iann, arrêtez! vous êtes la cause, la cause de ma mort! »

VI

Messire Jean Flécher est recteur, recteur maintenant au bourg de Nizon;

Et moi, qui ai composé ce chant, je l'ai vu pleurer mainte fois;

Mainte fois, je l'ai vu pleurer près de la tombe de Geneviève.

Nous voici déjà à Pont-Aven, *ville de renom, quinze moulins, quatorze maisons;* mais, quoi qu'en dise le proverbe, c'est une charmante bourgade, sillonnée par la rivière d'Aven, dont les eaux limpides serpentent au milieu des rochers qui encombrent son lit pour aller alimenter les moulins à eau à demi cachés sous les peupliers et les aulnes. Rien de plus frais et de plus champêtre que cette petite ville, rien de plus pittoresque et de plus riant que le paysage qui s'étend à l'horizon. Il faut quitter Paris et arriver à Pont-Aven pour goûter le charme de cette nature calme et de cette poésie champêtre; il faut connaître les poudreux trottoirs de nos boulevards et les exhalaisons malsaines de nos rues étroites pour éprouver un plaisir inconnu à visiter les frais ombrages et les nids de verdure perdudans la vallée qui conduit à la mer.

A l'embouchure de la rivière d'Aven, s'élève l'antique château du Hénan. Cette forteresse, bâtie dans la seconde moitié du quatorzième siècle, est encore munie d'une galerie à machicoulis et flanquée d'une tour hexagone assez bien conservée. Dans l'intérieur de la cour se trouve le logis principal et le donjon, surmonté d'une galerie tréflée d'une exécution assez remarquable. Malheureusement, quelques parties importantes du château sont actuellement en mauvais état, et il est à craindre que, d'ici quelques années, cette forteresse ne devienne la proie des démolisseurs.

Entre Pont-Aven et le Hénan on rencontre deux menhirs, l'un de cinq mètres de hauteur, près de la ferme de Kérangosquer ; l'autre de cinq mètres et demi, dans la lande de Kervéguélen.

Au nord du bourg de Nizon, sur le versant d'une vallée qu'arrose la rivière d'Aven, la forêt druidique de Lusuen (bois des cendres) montre ses chênes séculaires qui ont abrité si longtemps les mystérieuses cérémonies des druides. On trouve dans cette forêt les ruines d'une vaste tour carrée qui doit remonter au neuvième ou dixième siècle, et, tout auprès, deux dolmens bien conservés. La table du premier a six mètres de longueur sur trois de large, et celle du second quatre mètres sur deux et demi.

Un peu au-dessous du manoir de Kermadéoua, existe, au milieu d'un taillis, un troisième dolmen qui atteint des proportions considérables. Sa plate-forme a treize mètres de longueur, et est composée de deux pierres, dont la plus grande est cassée en deux; à chaque extrémité du monument s'appuie un vieux chêne, et un troisième a crû dans une fente même de la table supérieure.

Encore quelques pas, et bientôt nous serons à Quimperlé. Que de verdure, que de fraîcheur dans ce paysage qui se développe à l'horizon, et en même temps que de variété dans cet ensemble! Ici c'est un coteau élevé, couronné de bouquets d'arbres, au milieu desquels des chaumières et des maisons de campagne sont, en quelques sorte, entassées comme dans un nid de verdure; plus loin, c'est un frais vallon sillonné en tous sens par de petits ruisseaux qui serpentent capricieusement dans la campagne avant d'aller se perdre dans des cours d'eau plus considérables, et former ces charmantes rivières, dont les noms sont aussi doux et aussi poétiques que les contrées qu'elles traversent. L'Isolle, l'Ellé, l'Aven, le Ster-gaz et la Laïta, telles sont les rivières qui arrosent les délicieuses campagnes de l'arrondissement de Quimperlé.

Toutefois, ne nous arrêtons pas trop longtemps devant ces ravissants paysages, car nous aurons d'autant plus de peine à les quitter que nous les connaîtrons mieux, et nous avons encore trop de monuments curieux à visiter pour nous laisser aller à ce repos auquel la nature entière semble nous convier.

Visitons d'abord l'église Sainte-Croix, qui faisait jadis partie de l'abbaye du même nom.

Fondée en 1029, par Alain Canhiart, cette église re-reproduit l'exemple, unique en Bretagne avec le temple de Lanleff (Côtes-du-Nord), d'une forme ronde, imitée du Saint-Sépulcre; cependant il faut faire remarquer que cet édifice offre en même temps les deux formes combinées de la rotonde et de la croix, car la forme rectangulaire qui se déploie en face de l'abside ne peut être considérée que comme l'arbre principal de la croix, dont les chapelles latérales forment les bras. Quatre grands piliers composés de colonnettes minces et décorées de chapiteaux sculptés, portent au-dessus du chœur la voûte centrale, et soutiennent une tour dont quelques parties sont relativement modernes. Le chœur est élevé de plusieurs degrés au-dessus des bas côtés, et il est dominé à son tour par le niveau du plancher de la chapelle orientale, à laquelle on arrive par plusieurs marches. La crypte, ou chapelle basse qui règne au-dessous du chœur, est postérieure à l'église d'un demi-siècle au moins ; elle renferme le tombeau de saint Gurloès (en breton Urlou), premier abbé de Sainte-Croix de Quimperlé, et celui de Henri de Lespervez, mort en 1434. Saint-Gurloès est en grande vénération dans le pays, et chaque année, au 25 août, la chapelle souterraine est envahie par les pèlerins qui viennent chercher la guérison de leurs maladies et en particulier de leurs rhumatismes, car il paraît que le bon *saint Urlou* a la réputation de guérir ces infirmités ; aussi il n'est pas rare, de voir les paysans plonger leurs membres malades dans un trou pratiqué sous la table de pierre qui supporte la statue du saint. Cependant cette coutume tend à disparaître ; et les voltairiens de l'endroit ont tant de fois fulminé contre cette pratique supertitieuse, que, peu à peu, elle finira par disparaître complétement.

L'ensemble de Sainte-Croix de Quimperlé est véritablement imposant, et, lorsqu'on y entre, on ne peut se défendre d'un sentiment religieux qu'inspire tout d'abord le jour mystérieux que laissent passer les étroites fenêtres; mais cela ne constitue pas seulement le caractère étrange de cet édifice, et l'originalité de son plan tendant à entourer les cérémonies d'une sorte de mystère, puisque le prêtre est invisible pour la plus grande partie des assistants, est la cause principale qui semble contraindre à la prière et au recueillement.

A l'intérieur de l'église, au-dessus de la porte de la façade occidentale, on remarque un fort beau bas-relief en tuffeau qui appartient, sans aucun doute, au règne de Louis XII ou de François Ier. Ces sculptures sont d'une grande richesse d'ornements et d'une délicatesse de travail digne en tous points de la Renaissance. Au dessous du Père Éternel, les quatre évangélistes sont représentés avec leurs attributs, ainsi que les douze apôtres; enfin, huit autres statues figurent la Foi, l'Espérance, la Charité, la Force, etc. L'ancien couvent est aujourd'hui une propriété départementale, et l'on peut facilement visiter le cloître, qui n'est pas sans mérite, ainsi que les antiques escaliers.

L'église de Saint-Michel domine la ville. Mais, malgré la pureté de ses ogives, cet édifice offre un intérêt médiocre lorsqu'on vient d'étudier la curieuse église de Sainte-Croix.

Quimperlé peut devenir le centre de plusieurs excursions à faire aux environs. Dirigeons-nous d'abord vers l'abbaye de Saint-Maurice, parcourons ses jardins et ses bois silencieux, et après avoir examiné une salle capitulaire du treizième siècle, perdue au milieu de constructions modernes, regagnons les bords du Laïta. Voici déjà les ruines du vieux château de Carnoët, qui faisait l'effroi de nos aïeux et dont le nom seul faisait trembler. Cambry nous en a laissé la description suivante : « Les pans de murs, couverts de grands arbres, de ronces, d'épines, de plantes de toute nature, ne laissent appercevoir que leur grandeur ; des fossés remplis d'une eau vive l'entouroient, des tours le protégeoient ; c'étoit sans doute un objet de terreur pour le peuple du voisinage, il y paroît par les contes qu'on nous en rapporte..... Un de ses anciens propriétaires égorgeoit ses femmes dès qu'elles étoient grosses. La sœur de Saint... devint son épouse ; convaincue, quand elle s'apperçut de son état, qu'il falloit cesser d'être, elle s'enfuit ; son barbare époux la poursuit, l'atteint, lui tranche la tête et retourne dans son château. Son frère, instruit, la ressuscite, et s'approche de Carnoët ; on lui refuse d'en baisser les ponts-levis ; à la troisième supplication sans succès, il prend une poignée de poussière, la lance ; le château tombe avec le prince, il s'abîme dans les enfers : le trou par lequel il passa existe encore ; jamais on n'essaya d'y pénétrer sans devenir la proie d'un énorme dragon. »

Ne quittez pas ces poétiques contrées avant d'avoir visité le *tumulus* de Carnoët, qui a été fouillé en 1842, et dans lequel on a trouvé des armes, des bois de flèches et des joyaux en or, que l'on voit aujourd'hui au Musée de Cluny. Ce monument est curieux à plus d'un titre : d'abord il est d'une dimension considérable, et, d'un autre côté, ses débris tendraient à prouver que tous les dolmens existants sur le sol armoricain ont été dans le principe recouverts de terre, ce qui confirme les archéologues dans la pensée que les dolmens n'ont jamais été des autels, mais bien des tombeaux celtiques.

Visitons les bois et les paisibles retraites de Rosgrand, ainsi que la chapelle du château, qui renferme un jubé en bois délicatement sculpté; parcourons les sites enchanteurs d'Arzano, où Brizeux, le barde national de la Bretagne, puisa ses inspirations; puis, dans une dernière excursion rapide, ou, en quelque sorte, dans un voyage à vol d'oiseau, parcourons Querrien, Banalec, Rosporden, Elliant, puis revenons aux douces solitudes de Quimperlé.

Nous avons vu bien des fois, dans le cours du voyage que nous venons de faire, des sites d'une tristesse et d'une âpreté sauvage, difficile à décrire; nous avons vu la mer en furie venir se briser contre les rochers qui défendent nos côtes; nous avons entendu les mugissements terribles des vagues s'engouffrant dans les cavernes qu'elles ont conquises; nous avons, en un mot, éprouvé les sensations les plus diverses depuis notre départ de Morlaix, et il semble qu'au moment où nous avons terminé notre excursion dans le Finistère, nous devions trouver une retraite paisible, et de délicieuses campagnes pour reposer notre esprit et rêver à notre aise à cette Bretagne tout à la fois si rude et si poétique. C'est, en effet, le lendemain d'un voyage qu'il faut se recueillir pour résumer ses impressions, pour classer ses notes et mettre à profit ce que l'on a appris; mais, si, par malheur, un renseignement utile n'a pas été demandé, si une note, si un croquis a été perdu, le malheur est irréparable, et il faut chercher à oublier cet accident désagréable. Restez donc quelques jours à Quimperlé, et, au milieu de cet oasis champêtre, vous résumerez vos impressions, et vous pourrez, au besoin, combler les lacunes de vos tablettes.

FIN DU TOME PREMIER.

RENSEIGNEMENTS DIVERS

Avant d'entreprendre un voyage on s'occupe, généralement, de la question des dépenses, et, à moins d'être deux ou trois fois millionnaire, il faut bien se décider à prendre une plume et à placer des chiffres les uns au-dessous des autres. Les mathématiciens appellent cela faire une addition, et ils ont bien raison, car il faut avouer franchement que c'est un ennui de plus à ajouter à ceux qu'occasionnent les préparatifs d'un départ; cependant, comme nous avons entrepris de guider nos lecteurs à travers un pays inconnu, nous devons aussi leur éviter les calculs fastidieux, et surveiller enfin leurs dépenses, afin qu'ils aient le courage et les moyens de nous lire jusqu'au bout. Après mûres réflexions, nous avons donc pensé que l'intérêt commun exigeait un neuvième chapitre, et, en dépit d'un malin compositeur qui s'est amusé à tacher la page précédente de ces bienheureux mots : FIN DU TOME PREMIER, nous nous décidons à entrer dans des détails aussi utiles qu'ennuyeux.

I

MOYENS DE TRANSPORTS. — EXCURSIONS.

Pour entrer dans le Finistère, que nous devons d'abord parcourir, il faut nécessairement traverser plusieurs départements; mais le chemin de fer est si rapide, qu'en quelques heures on se trouve transporté dans la capitale de la Bretagne, à Rennes, enfin, d'où il s'agit de partir le plus tôt possible pour arriver à Morlaix, qui forme, en quelque sorte, l'entrée du Finistère. (Voir la carte.)

Partons donc de Paris à toute vapeur, et prenons patience pendant quelques heures.

PARIS A RENNES

Chemin de fer de l'Ouest (ligne de Bretagne).

Gare à Paris, boulevard Montparnasse.

— Deux départs le matin et deux le soir. —

1re Classe.	2me Classe.	3me Classe.
41 fr. 90	34 fr. 40	23 fr. 05

RENNES A MORLAIX

Messageries impériales (Correspondance avec le chemin de fer).

Coupé.	Intérieur.	Rotonde.	Banquette.
25 fr. 30	21 fr. 25	17 fr. 20	17 fr. 20

RENNES A BREST

Messageries impériales (Correspondance avec le chemin de fer).

Coupé.	Intérieur.	Rotonde.	Banquette.
34 fr.	28 fr. 50	20 fr.	20 fr.

MORLAIX A BREST

Messageries impériales (Correspondance avec le chemin de fer).

Coupé.	Intérieur.	Rotonde.	Banquette.
8 fr. 70	7 fr. 25	5 fr. 80	5 fr. 80

CORRESPONDANCES MARITIMES

(Voir page 296.)

On peut encore prendre la route suivante en quittant Rennes :

RENNES A LANDERNEAU

Messageries impériales (Correspondance avec le chemin de fer).

Coupé.	Intérieur.	Rotonde.	Banquette.
30 fr. 80	25 fr. 85	20 fr. 95	20 fr. 95

RENNES A CHATEAULIN

Messageries impériales (Correspondance avec le chemin de fer).

Coupé.	Intérieur.	Rotonde.	Banquette.
34 fr.	29 fr. 50	25 fr.	25 fr.

RENNES A QUIMPER

Messageries impériales (Correspondance avec le chemin de fer

Coupé.	Intérieur.	Rotonde.	Banquette.
30 fr.	26 fr.	22 fr.	22 fr.

RENNES A QUIMPERLÉ

Messageries impériales (Correspondance avec le chemin de fer.)

Coupé.	Intérieur.	Rotonde.	Banquette.
24 fr.	21 fr.	18 fr.	18 fr.

Au moyen de ces indications, on peut se tracer d'avance un itinéraire et calculer à peu près sa dépense. Nous allons maintenant supposer que l'on veuille entrer dans le Finistère par Quimperlé (voir la carte), et alors nous allons donner les prix du chemin de fer et des voitures en passant par Nantes.

PARIS A NANTES

Chemin de fer d'Orléans.

Gare à Paris, boulevard de l'Hôpital, 7. — Plusieurs départs le matin et le soir.

1re Classe.	2me Classe.	3me Classe.
47 fr. 80	35 fr. 85	26 fr. 30

NANTES A QUIMPERLÉ

Messageries impériales (Correspondance avec le chemin de fer).

Coupé.	Intérieur.	Rotonde.	Banquette.
20 fr. 35	17 fr. 30	16 fr. 45	16 fr. 45

NANTES A QUIMPER

Messageries impériales (Correspondance avec le chemin de fer).

Coupé.	Intérieur.	Rotonde.	Banquette.
25 fr. 60	21 fr.	18 fr. 65	18 fr. 65

NANTES A CHATEAULIN

Messageries impériales (Correspondance avec le chemin de fer).

Coupé.	Intérieur.	Rotonde.	Banquette.
28 fr. 25	24 fr. 80	21 fr.	21 fr.

NANTES A LANDERNEAU

Messageries impériales (Correspondance avec le chemin de fer).

Coupé.	Intérieur.	Rotonde.
33 fr. 50	28 fr. 90	24 fr. 35

NANTES A BREST

Messageries impériales (Correspondance avec le chemin de fer).

Coupé.	Intérieur.	Rotonde.	Banquette.
35 fr. 25			

Voir les Correspondances maritimes, page 296.

Plusieurs diligences font chaque jour le trajet entre les différentes villes que nous venons de nommer, mais, cependant, il faut arrêter sa place à l'avance, et encore on n'est pas toujours assuré de pouvoir partir lorsqu'on le désire. Du reste, il est établi entre les différentes villes des services d'omnibus et de diligences qui appartiennent à des compagnies toujours prêtes à faire la guerre aux Messageries impériales.

Un cheval pour promenade se loue 3 fr.; pour excursions, 5 fr. environ.

Une voiture à quatre roues avec un conducteur se loue à raison de 12 fr. pour six à sept lieues, aller et retour, soit douze à quatorze lieues dans la journée; 20 fr. pour quatorze ou quinze lieues sans retour.

CORRESPONDANCES MARITIMES

PARIS A BREST ET MORLAIX
PAR ROUEN ET LE HAVRE.

Il part du Havre, deux fois par semaine, un bateau à vapeur qui va directement à Morlaix, et un autre qui fait le trajet du Havre à Brest. (S'adresser, pour savoir les jours de départ, à Paris, chez MM. Chateauneuf jeune et Soubry, boulevard Montmartre, 8.)

On peut prendre, à Paris, un billet de chemin de fer

pour Rouen, s'arrêter quelques heures dans cette ville, et prendre la correspondance pour Morlaix ou Brest en passant par le Havre.

PARIS A ROUEN

Chemin de fer de l'Ouest (ligne de Normandie).

Gare à Paris, rue Saint-Lazare. — Plusieurs départs matin et soir.

1re Classe.	2e Classe.	3e Classe.
15 fr. 35	11 fr. 50	8 fr. 45

ROUEN A MORLAIX

Voie de mer (Correspondance avec le chemin de fer).

1re Cl. — 1re Chamb.	2e Cl. — 2e Ch.	3e Cl. — 3e Ch.
30 fr.	27 fr.	16 fr.

ROUEN A BREST

Voie de mer (Correspondance avec le chemin de fer).

1re Cl. — 1re Chamb.	2e Cl. — 2e Ch.	3e Cl. — 3e Ch.
30 fr.	23 fr.	18 fr.

PARIS A MORLAIX

Voie de mer (Correspondance avec le chemin de fer).

1re Cl. — 1re Chamb.	2e Cl. — 2e Ch.	3e Cl. — 3e Ch.
46 fr.	35 fr.	24 fr.

PARIS A BREST

Voie de mer (Correspondance avec le chemin de fer).

1re Cl. — 1re Chamb.	2e Cl. — 2e Ch.	3e Cl. — 3e Ch.
46 fr.	35 fr.	26 fr.

CORRESPONDANCES MARITIMES
PARIS A LORIENT, PAR NANTES ET SAINT-NAZAIRE.

NANTES A LORIENT

1re Chambre.	2e Chambre.	3e Chambre.
10 fr.	8 fr.	7 fr. 50

A Lorient on reprend les Messageries impériales pour gagner Quimperlé.

Un service de bateaux à vapeur fait également le trajet de Landerneau à Brest et de Brest à Port-Launay, près Chateaulin.

HOTELS

Il y aurait là un chapitre à faire, nous nous bornerons à donner des chiffres.

Rennes. — Hôtel de France; — Hôtel Julien; 6 et 7 fr. par jour.

Morlaix. — Hôtel de l'Europe; 5 et 6 fr. par jour.

Saint-Pol-de-Léon. — Hôtel de France; 5 fr. par jour.

Brest. — Hôtel de la Tour-d'Argent; 5 et 6 fr. par jour.

Landerneau. — Hôtel de l'Univers; 5 fr. par jour.

Chateaulin. — Hôtel de la Grand'Maison; 5 fr. par jour.

Quimper. — Hôtel de l'Épée; 5 fr. par jour.

Quimperlé. — Hôtel des Voyageurs ; 5 fr. par jour.

Nantes. — Hôtel de Paris ; — Hôtel du Commerce ; 6 et 7 fr. par jour.

Nous croyons avoir donné tous les renseignements désirables ; maintenant le touriste doit faire le relevé des chiffres, et interroger avant le départ les ressources de son budget.

TABLE DES CHAPITRES

Préface. . . . . Page v

Explication de quelques mots fréquemment employés . . . . . . xj

I. — La Bretagne en 1859. — Caractère breton. — Superstitions. — Monuments druidiques. — Fontaines. — Feux de Saint-Jean. — Fêtes, Pardons et Pèlerinages. — Vie privée des Bretons. — Mœurs. — Naissance. — Demande en mariage. — Repas de noces. Première nuit. — Usage. — Mort. — Funérailles. — Fête des morts. . . . . Page 1

II. — Intérieur des habitations. — Ameublement. — Vie de famille. — Aristocratie du sexe. — Hospitalité. — Le mendiant est le *nouvelliste* des campagnes. — Préjugés. — Satire contre les Normands 29

III. — Idées générales sur l'agriculture. 37

IV. — Avenir de la Bretagne. 52

I. — Morlaix. — Maisons des quinzième et seizième siècles. — Église de Saint-Mélaine. — Fontaine gothique des Carmélites. — Musées. — Lanmeur. — Église de Saint-Mélair. — Prieuré de Notre-Dame-de-Kernitroün. — Saint-Jean-du-Doigt. — Chapelle de Saint-Jean. — Légende. — Saint-Thégonnec. — Guimiliau. — Église de Guimiliau. — Calvaire du seizième siècle. — Lampaul. — Landivisiau. — Plouvorn. — Commanderie de Lambader. — Saint-Pol-de-Léon. — Cathédrale de Saint-Pol. — Notre-Dame du Creizker. — Roscoff. — Église du seizième siècle. — Penpoull. — Château de Kerangouez. — Manoirs de Kersaliou et de Kermorruz. — La pierre du diable. — Sibiril. — Tombeau de Jean de Kerouzeré. — Château de Kerouzeré. — Cleder. — Carneillou ou cimetière celtique. — Château de Kergournadec'h. — Château de Kermilin. — Port de Kernic. — Lochrist. — Église de Lochrist. — Anciens tombeaux. — Ancien baptistère. — Fontaine sacrée. — Pont-ar-C'hastel. 73

II. — Lesneven. — Tombeau d'Olivier Barbier. — Lanhouarneau. — Berven. — Église du dix-septième siècle. — Château de Kerjean. — Ancienne ville d'Occismor. — Légende. — Église de Notre-Dame-du-Folgoat. — Légende de Salaün ar Foll. — Notre-Dame du Folgoat (chant populaire). — Goulven. — Église de Goulven. — Plounéour-Trez. — Monuments celtiques remarquables. — Pontusval. — Manoir de Keryvois. — Manoir de Kerisquillien. — Guisseny. — Plouguerneau. — Ancienne cité de Tolente. — Lannilis. — Ruines du château de Carman. —

Manoir de Tromenec. — Tombeau du seigneur de Kermavan.
— LANDÉDA. — Momie de Landéda. — PLOUVIEN. — Tombeau de
saint Jaoua. — Légende miraculeuse de saint Jaoua. — Croix des
trois recteurs. — Carneillou ou cimetière celtique aux envi
rons de Plabennec. — KERSAINT-PLABENNEC. — C'hastel Saint-
Thénénan. 105

III. — GOUESNOU. — Le lit de saint Gouesnou. — Pierre percée de
Gouesnou. — Château de Mezlean. — SAINT-RENAN. — Château de
Pont-ar-C'hastel. — Château de Kergroadez. — Ballade d'Azénor la
Pâle. — PLOUARZEL. — Curieux menhir. — Superstitions. — Manoir
de Kergadiou. — LANRIOUARÉ. — Cimetière mystérieux. — PLOU-
DALMEZEAU. — Château de Trémazan. — LE CONQUET. — ILE
BÉNIGUET. — ILE D'OUESSANT. — Abbaye de Saint-Mathieu. —
PLOUGONVELIN. — Fort de Bertheaume. — VILLAGE DE LA TRINITÉ.
— Fontaine sacrée. 133

IV. — BREST. — Château de Brest. — Légende d'Azénor. — LANDER
NEAU. — Ancienne tradition. — Maisons du seizième siècle. — Église
de Saint-Houardon. — Église de Saint-Thomas. — La lune de Landerneau. — Son origine et ses destinées. — LA ROCHE. — Château de la Roche-Morice. — Légende. — Église de la Roche.
— Ossuaire. — Danse Macabre. — LA MARTYRE. — Église de la
Martyre. — PENCRAN. — Le château de Joyeuse-Garde. — Légende de saint Thénénan. — Château gothique de la Palue. —
Chapelle de Beuzit. — Tombeau d'Olivier de la Palue. 149

V. — PLOUGASTEL-DAOULAS. — Calvaire de Plougastel. — Abbaye de
Daoulas. — RUNGLÉO. — VILLAGE DE L'HÔPITAL-CAMFROUT. — LE
FAOU. — Anciennes maisons. — Notre-Dame-de-Rumengol. —
LANDEVENNEC. — Manoir du Peniti. — Eglise du monastère. —
Tombeau du roi Gradlon. — Cloître de Landevennec. — CROZON.
— Église paroissiale. — Anciennes maisons. — Monuments drui-
diques : sanctuaire ; tombelle ; dolmen. — Sanctuaire de Kercol-

Icoc'h. — Château de Dinant. — Cimetière celtique. — Monument de la pointe de Toulinguet. — Lanvéoc. — Sanctuaire druidique de Landaoudec. — Chateaulin. — Ancien château des seigneurs de Châteaulin.................................. 197

VI. — Pleyben. — Église de Pleyben. — Ossuaire. — Chateauneuf-du-Faou. — Chapelle de Notre-Dame-des-Portes. — Spezet. — Belles verrières du seizième siècle. — Landeleau. — Tombeau de François du Châtel, marquis de Mesle et seigneur de Chateaugal. — Manoir de Chateaugal. — Cléden-Poher. — Église du seizième siècle. — Carhaix. — Église de Saint-Tromeur. — Église Saint-Pierre. — Anciennes maisons des quinzième et seizième siècles. — Mines de Poullaouen et du Huelgoat. — Bourg du Huelgoat. — Chapelle de Notre-Dame-des-Cieux. — *Roulers* ou pierre branlante. — La cuisine de madame Marie. — Cascade de Saint-Herbot. — Église de Saint-Herbot. — Abbaye du Relec. — Mont Saint-Michel. — Braspartrs. — Briec. 214

VII. — Quimper. — Cathédrale de Quimper. — Ancienne porte de la ville. — Maison du treizième siècle. — Ancien couvent des Cordeliers. — Église Saint-Mathieu. — Locmaria. — Église de l'ancien prieuré. — Manoir de Poulguinan. — Manoir de Lanniron. — Kerfunteun. — Église de ce village. — Tombeau du peintre Valentin. — Chapelle de la Mère de Dieu. — Manoir de Kergouiec. — Penhars — Temple des faux dieux. — Locronan. — Tombeau de saint Ronan. — Porzmarc'h. — Ruines du château du roi Marc'h. — Ploaré. — Église de Ploaré. — Douarnenez. — Baie de Douarnenez. — Ile Tristan. — Poullan. — Château de Kervénergan. — Pont-Croix. — Audierne. — Primelin. — Dolmen et fontaine sacrée. — La pointe du Raz. — La baie des Trépassés. — L'Île de Sein. — L'Enfer de Plogoff. — Sanctuaire druidique de la pointe du Soc'h. — Dolmen de la baie d'Audierne. — Monuments celtiques de Plovan. — Ruines de Kerity-Penmarc'h. — Église de Penmarc'h. — Église des Templiers de

Kerity. — Église Saint-Pierre. — Église Saint-Guénolé. — Chapelle de Notre-Dame de la Joie. — Chapelle Saint-Fiacre. — La Torche de Penmarc'h. — Le saut du Moine. — Manoir de Gouenac'h. — Monuments celtiques.................. 224

VIII. — Pont-l'Abbé. — Ancien château de Pont-l'Abbé. — Cloître et église des Carmes. — Loctudy. — Église *romane*. — Chapelle de Notre-Dame de Portsbihan. — Ile Tudy. — Combrit. — Château du Cosquer. — Villa romaine du Perennou. — Thermes romains. — Ergué Gabéric. — Chapelle de Kerdévot. — Fouesnant. — Concarneau. — Village de Tregunc. — *Roulers* ou pierre branlante. — *Carneillou* ou cimetière celtique. — Dolmen de Kerangallou. — Château de Rustéphan. — Geneviève de Rustéphan (légende). — Pont-Aven. — Château du Hénan. — Forêt druidique de Lusuen. — Quimperlé — Église de Sainte-Croix. — Église de Saint-Michel. — Abbaye de Saint-Maurice de Carnoët. — Ruines du château de Carnoët. — Château de Rosgrand. — Arzano. — Querrien. — Banalec. — Rosporden............. 257

TABLE ALPHABÉTIQUE

	Pages
Arzano	287
Audierne	251
Banalec	287
Beniguet (île)	144
Berven	106
Brasparts	223
Brest	149
Briec	223

	Pages
Camaret	211
Carhaix	217
Châteaulin	212
Châteauneuf-du-Faou	215
Cléder	100
Cleden-Poher	217
Combrit	261
Concarneau	267
Conquet (le)	143
Crozon	205
Daoulas (abbaye de)	199
Douarnenez	243
Ergué-Gabéric	265
Faou (le)	200
Folgoat (Notre-Dame-du-)	112
Fouesnant	267
Gouesnou	133
Goulven	121
Guimiliau	85
Guisseny	124
Hôpital-Camfrout (village de)	200
Huelgoat (Le)	220
Kerfunteun	233
Kerity	252
Kerjean (Château de)	107
Kernic (port de)	104

	Pages
Kersaint-Plabennec................................	131
La Martyre.......................................	190
Lambader (commanderie de)....................	86
Lampaul..	85
Landéda..	126
Landeleau..	216
Landerneau.......................................	180
Landevennec.....................................	202
Landiviziau.......................................	86
Lanhouarneau....................................	106
Lannilis..	125
Lanriouaré.......................................	141
Lanmeur..	80
Lanvéoc..	211
La Roche...	185
Lesneven...	105
Lochrist..	102
Locmaria (près Quimper).......................	231
Locronan...	234
Loctudy..	250
Molène (île)......................................	144
Morlaix...	73
Occismor (ancienne cité d').....................	110
Ouessant (île d')..................................	144
Pencran...	190
Penhars...	233
Penmarc'h..	252
Penpoull..	98

	Pages
Perennou (villa romaine du)	262
Plabennec	131
Pleyben	214
Ploaré	242
Plouarzel	140
Ploudalmézeau	142
Plouézoch	84
Plougasnou	84
Plougastel-Daoulas	197
Plougonvelin	147
Plouguerneau	124
Plounéour-Trez	122
Plouvien	127
Plouvorn	86
Plovan	252
Pont-ar-C'hastel	104
Pont-Aven	281
Pont-Croix	248
Pont-l'Abbé	257
Pontusval	123
Port-Launay	212
Porzmarc'h	240
Poullan	248
Poullaouen (mines de)	219
Primelin	248
Querrien	287
Quimper	224
Quimperlé	283
Raz (pointe du)	249
Relec (abbaye du)	223
Roscoff	96

TABLE.

	Pages
Rosporden	287
Rostudel (village de)	209
Rumengol (N.-D. de)	204
Rungléo	199
Saint-Herbot (église de)	222
Saint-Jean-du-doigt	81
Saint-Mathieu (abbaye de)	146
Saint-Pol-de-Léon	88
Saint-Renan	135
Saint-Thégonnec	84
Sen (île de)	250
Sibiril	99
Spezet	216
Tolente (ancienne cité de)	124
Tregunc	270
Trinité (village de)	148
Tristan (île)	246
Tudy (île)	261

ERRATA

Page 87, ligne 29, lisez *Freminville* au lieu de *Fremenville*.
Page 180, au lieu de *Blatn*, lisez *Blain*.
Page 277, ligne 3, *Carneilolu*, lisez *Carneillou*.

Paris.—Typ Morris et Comp., rue Amelot, 64.

www.ingramcontent.com/pod-product-compliance
Lightning Source LLC
Chambersburg PA
CBHW060641170426
43199CB00012B/1631